基于障碍因子约束的建设用地空间拓展综合评价技术

岳建伟　宫阿都　陈云浩 等　著

科 学 出 版 社

北　京

内 容 简 介

本书根据海峡西岸的自然地理条件和资源环境特点，以落实“挖潜”“上山”“下海”等建设用地空间拓展战略为目标导向，在充分考虑土地资源的适宜性、生态安全、自然灾害风险等各种限制因子基础上，将各类限制因子作为建设用地拓展的障碍因素加以研究。通过对障碍因素的综合研究与评价，确定建设用地发展空间的适宜程度，并提出对策措施，为建设用地的空间拓展提供科学依据，推动海峡西岸经济区战略实施并为我国其他国家级区域战略土地空间拓展综合评价探索经验。

本书可作为高等院校及研究所从事土地管理专业、遥感与地理信息系统应用相关专业的参考用书。

审图号：闽 S[2019]93 号

图书在版编目（CIP）数据

基于障碍因子约束的建设用地空间拓展综合评价技术/岳建伟等著. —北京：科学出版社，2020.6

ISBN 978-7-03-065333-8

Ⅰ. ①基…　Ⅱ. ①岳…　Ⅲ. ①城市建设–土地利用–综合评价–福建　Ⅳ. ①F299.275.7

中国版本图书馆 CIP 数据核字（2020）第 091061 号

责任编辑：李秋艳　白　丹/责任校对：何艳萍
责任印制：吴兆东/封面设计：图阅社

科学出版社 出版
北京东黄城根北街 16 号
邮政编码：100717
http://www.sciencep.com
北京虎彩文化传播有限公司 印刷

科学出版社发行　各地新华书店经销
*
2020 年 6 月第　一　版　开本：787×1092　1/16
2020 年 6 月第一次印刷　印张：13
字数：300 000

定价：109.00 元
（如有印装质量问题，我社负责调换）

《基于障碍因子约束的建设用地空间拓展综合评价技术》

作 者 名 单

岳建伟　宫阿都　陈云浩　陈杜彬

李　坤　丁广瑞　王静梅　李　通

丁克松　雷添杰　冯志敏

前　言

随着经济社会进一步发展，我国已经进入新型城镇化、工业化关键时期，城镇建设用地及区域性基础设施用地需求增长很快，许多城市和地区出现了新增建设用地紧张、后备土地资源不足的局面；已经出现保护生态环境与扩展建设用地保持经济增长互为矛盾的现象。因此，如何在新型城镇化时期，探索出适合当地特色的城市建设用地空间拓展路径，既保护生态又保证足够的建设用地，就成了国土管理部门现阶段亟须解决的问题，也是近年来土地利用方面研究的热点之一。

本书作为"海峡西岸建设用地空间拓展关键技术研究"项目（201411003）成果之一，针对海峡西岸经济区（简称海西）的自然地理条件和资源环境特点，以落实"挖潜""上山""下海"等建设用地空间拓展战略为目标导向，在充分考虑土地资源的适宜性、生态安全、自然灾害风险等各种限制因子的基础上，将各类限制因子作为建设用地空间拓展的障碍因素加以研究。通过对障碍因素的综合研究与评价，确定建设用地发展空间的适宜程度，并提出对策措施，在建设用地的空间拓展方面进行了有益的探索，希望能够为推动海西战略实施并为我国其他国家级区域战略土地空间拓展综合评价提供一些借鉴。

本书第 1 章主要介绍海西的自然地理概况、社会经济发展概况，以及海西的战略定位和面临的挑战；第 2 章主要介绍建设用地空间拓展的概念、评价方法等；第 3 章主要从建设用地适宜性评价的障碍因子分析技术路线、评价因子选择、评价过程与方法及结果分析等方面阐述了基于建设用地适宜性评价的障碍因子分析技术，并以邵武市为例进行了实例分析；第 4 章主要从土地生态服务功能与生态安全评价条件下的障碍因子分析技术路线、指标体系、评价方法等方面阐述了基于土地生态服务功能与生态安全条件的障碍因子分析技术，并以晋江市为例进行了实例分析；第 5 章主要从土地利用灾害风险评估条件下的障碍因子分析技术路线、土地利用灾害危险性、承灾体易损性及灾害风险评估模型、灾害风险区分析、灾害障碍因子分析等方面阐述了基于土地利用灾害风险评估条件的障碍因子分析技术；第 6 章在建设用地适宜性、生态服务与生态安全和灾害风险评估的基础上，建立了障碍因子约束的建设用地空间拓展综合评价指标和模型、技术框架体系，并对福建省、晋江市和邵武市进行实例分析；第 7 章编写了利用上述方法进行建设用地空间拓展综合评价的技术规程，明确了技术实施过程和遵循的规则；第 8 章从需求分析、系统设计和界面设计等方面介绍了基于多障碍因子约束的海西建设用地空间拓展综合评价系统。

本书第 1 章主要由岳建伟、李通等编写，第 2 章主要由陈杜彬、岳建伟编写，第 3 章主要由岳建伟、李坤撰写，第 4 章主要由陈云浩、丁广瑞撰写，第 5 章主要由宫阿都、王静梅撰写，第 6 章主要由陈杜彬、雷添杰、冯志敏撰写，第 7 章主要由岳建伟、丁克松撰写，第 8 章主要由陈杜彬、丁克松、丁广瑞、王静梅等编写。本书由岳建伟统稿。

感谢北京师范大学、福建省国土资源勘测规划院、中国人民大学、中国科学院空天信息创新研究院、中国矿业大学、中国水利水电科学研究院、乌鲁木齐气象卫星地面站、自然资源部、福建省自然资源厅、邵武市自然资源局、晋江市自然资源局和其他有关单位及人员的大力支持。

在本书编写过程中，作者参阅了大量翔实的文献资料，同时融入了“海峡西岸建设用地空间拓展关键技术研究”项目中的理论研究和实践经验，由于建设用地空间拓展技术的适用性受限于一定的自然及经济环境，同时受限于时间及作者水平，本书难免存在不足和疏漏之处，敬请广大读者朋友批评指正。

作　者

2020 年 2 月

目　录

第 1 章　海峡西岸经济区概况

为支持和推动福建省加快建设海峡西岸经济区（简称海西），促进该地区又好又快发展，2009 年 5 月，国务院下发了《关于支持福建省加快建设海峡西岸经济区的若干意见》（国发〔2009〕24 号），标志着海西建设从区域战略上升为国家战略。

《福建省建设海峡西岸经济区纲要（修编）》中指出“海峡西岸经济区是以福建为主体，面对台湾，邻近港澳，北承长江三角洲，南接珠江三角洲，西连内陆，涵盖周边，具有自身特点、独特优势、辐射集聚、客观存在的经济区域。①”《海峡西岸经济区发展规划》②认为海峡西岸经济区“是我国沿海经济带的重要组成部分，在全国区域经济发展布局中处于重要位置，具有对台交往的独特优势。福建省在海峡西岸经济区中居主体地位，在对台交流合作中发挥着重要作用。”海峡西岸经济区总的目标任务是“对外开放、协调发展、全面繁荣”，基本要求是经济一体化、投资贸易自由化、宏观政策统一化、产业高级化、区域城镇化、社会文明化。

1.1　海西自然地理概况

福建省位于我国东南沿海，包括 9 个地级市和 1 个综合实验区，介于 115°50′～120°43′E，23°32′～28°19′N，南北最长为 530km，东西最宽为 480km。福建地区拥有得天独厚的自然地理条件，东北与浙江省毗邻，西北横贯武夷山脉，与江西省交界，西南与广东省相连，连接长江三角洲和珠江三角洲，东隔台湾海峡与台湾相望，是中国大陆重要的出海口，也是中国与世界来往的重要窗口和基地。

1.1.1　地形特点

福建省地形图如图 1-1 所示。福建境内峰岭耸峙，丘陵连绵，河谷、盆地穿插其间，山地、丘陵占全省总面积的 80%以上，素有“八山一水一分田”之称。地势总体上西北高东南低，横断面略呈马鞍形。因受新华夏构造的控制，西部和中部形成了北（北）东向斜贯全省的闽西大山带和闽中大山带。两大山带之间为互不贯通的河谷、盆地，东部沿海为丘陵、台地和滨海平原。

① http://www.fujian.gov.cn/zc/ghxx/ghgy/201002/t20100222 1145659.htm。

② http://www.scio.gov.cn/m/zggk/gqbg/2011/Document/875641/875641.htm。

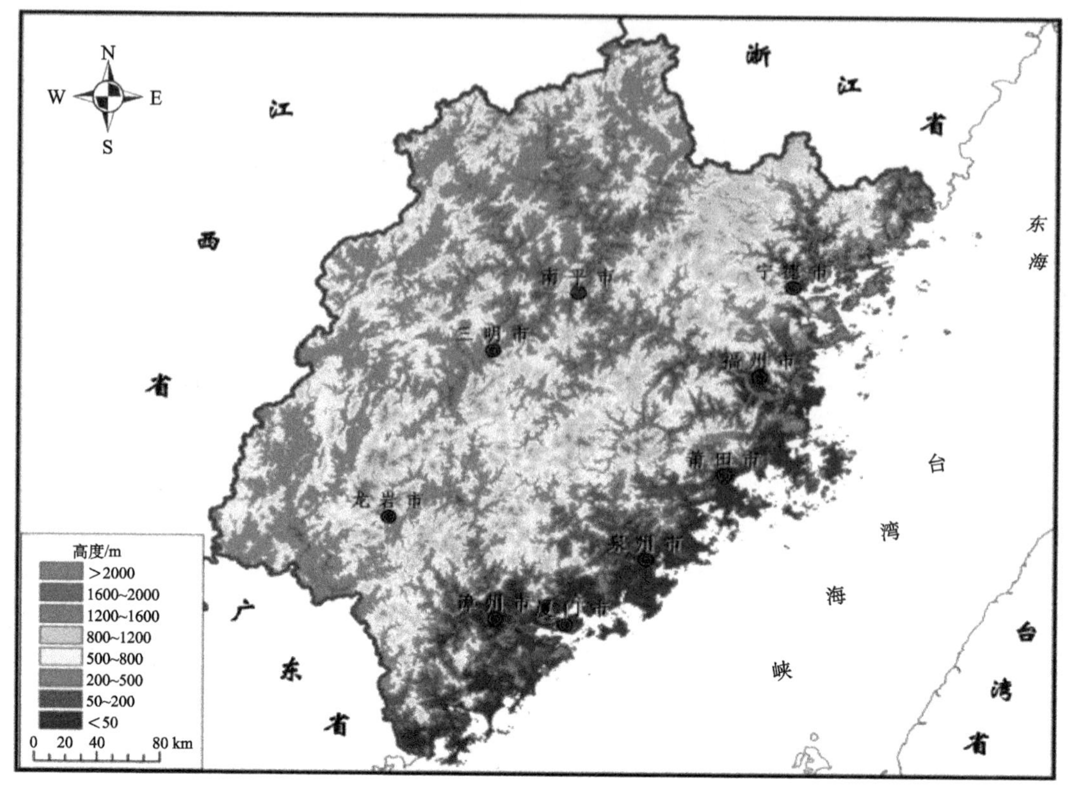

图 1-1　福建省地形图（李通，2016）

福建省陆域面积为 12.4 万 km^2，约占全国土地总面积的 1.29%。全省山地面积为 6.48 万 km^2，占全省土地总面积的 52.26%；丘陵和台地面积为 3.10 万 km^2，占全省土地总面积的 25.00%；平原和水面面积为 2.56 万 km^2，占全省土地总面积的 20.65%。

福建省海域面积达 13.6 万 km^2，海岸线曲折，多港湾、半岛和岛屿。全省大陆海岸线长达 3752km，沿岸大小港湾有 120 多个，沿海岛屿多达 1546 个，岛屿岸线长达 2804.4km，岛屿面积为 1400.1km^2。

1.1.2　生态特点

福建省地处我国东南部，由于纬度、海拔及地形变化较大，境内气候条件区域差异明显，植被类型复杂多样，植物种类繁多。自然植被包括南亚热带季雨林、中亚热带常绿阔叶林、常绿针阔混交林、常绿针叶林、灌丛、草本和山地草甸等。由于长期受人为活动的影响，原生植被多遭破坏，现状植被以次生植被为主，主要有杉木、马尾松、竹林和灌丛等。

福建省水热资源丰富，十分适宜多种农作物、亚热带果树和茶树等的生长。全省大田粮食作物主要有水稻、甘薯、大麦、小麦、大豆和马铃薯等。全省果树品种主要有柑橘、龙眼、荔枝、枇杷、香蕉、菠萝、橄榄、芒果和猕猴桃等 3000 多种，遍布于全省的平原、台地和丘陵山地区。茶树品种达 400 多种，主要分布于丘陵山地区。

1.1.3　灾害状况

全省灾害天气频繁，主要气象灾害有旱、涝、风、寒和冰雹等，其中以干旱和洪涝尤为突出。全省干旱时空分布呈现以下特点：①东南沿海干旱多且旱情重，干旱频次由东南向西北降低且旱情减轻。福州—南安—平和一线以东为全年的重旱区，平均每年有 1.5 次干旱；柘荣—德化—武平一线以西、以北为轻旱区，平均每年有 1 次干旱；两线的中间地带则为次旱区。②以夏旱为主，其次是秋冬旱。全省平均夏旱占 40%，秋冬旱占 38%，而春旱仅占 22%。③大规模的干旱约每 11 年为 1 个周期，与太阳黑子活动周期相呼应。全省洪涝主要有梅雨型洪涝和台风型洪涝，梅雨型洪涝常发生于闽江、汀江等沿河各地和下游平原地区，台风型洪涝则发生于沿海地区，尤以晋江、九龙江下游为常见。全省风害主要有台风、大风、冷空气活动造成的沿海大风和局地强对流天气下的大风，其中台风、大风的破坏性最强。全省寒害主要有倒春寒、梅雨寒和秋寒，其中，秋寒对农业生产的危害最大，是影响福建省晚稻产量的一个重要的气候因素，北部的秋寒较为严重。

1.2　海西社会经济发展概况

改革开放以来，福建省经济一直保持快速的发展势头，1978～2017 年福建省国内生产总值由 66.37 亿元增长到 32298.28 亿元（福建省统计局等，2018），成为我国经济增长最快的省份之一。现阶段，福建省作为我国第四大经济区——海西地区的重要省份，在“海上丝绸之路”倡议的带动下，其经济发展速度逐渐加快，各项建设项目也陆续开展，对建设用地的需求也日益增加。根据《2017 年福建省国民经济和社会发展统计公报》和《2010 年福建省国民经济和社会发展统计公报》，福建省社会和经济概况可概括如下。

1.2.1　人口

2017 年底福建省常住人口为 3911 万人（不含金门、马祖），人口密度为 315 人/km^2，城镇常住人口为 2534 万人，占总人口比重（常住人口城镇化率）为 64.8%（福建省统计局等，2018）。全省人口分布不均衡，主要集中分布于厦门市、漳州市、泉州市、莆田市和福州市，5 市土地面积仅占全省土地总面积的 33.59%，其人口数则占全省总人口的 71.46%，人口密度达 624 人/km^2，而龙岩市、三明市、南平市和宁德市的土地面积占全省土地总面积的 66.41%，人口数仅占全省人口总数的 28.54%，人口密度仅为 126 人/km^2。

1.2.2　经济总量与产业结构

2017 年，全省地区生产总值为 32298.28 亿元，较 2010 年增长了 119.16%；人均地区生产总值为 82583 元/人，较 2010 年增长了 209.43%；全省第一产业、第二产业、第三产业生产总值分别占地区生产总值的 7.60%、48.80%和 43.60%，较 2010 年占比分别变化了–1.65、–2.25 和 3.90 个百分点。

1.2.3 农业与农村经济

2017 年全省农林牧渔业总产值为 4302.44 亿元，较 2010 年增长了 86.49%。2017 年粮食种植面积为 1769.09 万亩[①]，烟叶种植面积为 96.49 万亩，油料种植面积为 177.73 万亩，蔬菜种植面积为 1155.04 万亩。2017 年粮食产量为 665.40 万 t，其中，稻谷产量 479.50 万 t。

1.2.4 工业和建筑业

2017 年全省工业增加值为 13091.85 亿元，比 2010 年增长了 109.73%；规模以上工业企业实现利润 3208.55 亿元，比 2010 年增长了 160.58%。

2017 年全社会建筑业实现增加值 2707.82 亿元，比 2010 年增长了 141.10%；全省具有资质等级的总承包和专业承包建筑业企业完成建筑业总产值 9993.65 亿元，比 2010 年增长了 250.41%。

1.2.5 邮政与交通设施

近年来，福建省交通运输条件不断完善。2017 年交通运输、仓储和邮政业实现增加值 1889.68 亿元，全省铁路营业、公路通车和内河航道里程数分别达 3187.1km、108011.61km 和 3245.28km，较 2000 年分别增长了 50.98%、18.67%和 0.00%；铁路客运和货运分别达 11624.18 万人和 3175.38 万 t，较 2010 年分别增长了 68.69%和–18.57%；公路客运和货运量分别达 37584.83 万人和 95598.83 万 t，较 2010 年分别增长了–88.15%和 52.33%；主要沿海港口货物吞吐总量达 5.20 亿 t，较 2010 年增长了 37.12%。

1.3 海西发展面临的挑战

海峡西岸经济区是中国沿海经济带的重要组成部分，在全国区域经济发展布局中处于重要位置。福建省在海峡西岸经济区中居主体地位，与台湾地区地缘相近、血缘相亲、文缘相承、商缘相连、法缘相循，具有对台交往的独特优势。福建省大力推进海峡西岸经济区建设，综合实力不断增强，为进一步加快发展奠定了坚实基础。当前，两岸关系出现重大的积极变化，为海峡西岸经济区加快发展和与台湾地区合作提供了重要机遇。支持福建省加快海峡西岸经济区建设，是进一步发挥福建省比较优势，实现又好又快发

① 1 亩≈666.67m^2。

展的迫切需要；是完善沿海地区经济布局，推动海峡西岸其他地区和台商投资相对集中地区发展的重大举措；也是加强两岸交流合作，推进祖国和平统一大业的战略部署，具有重大的经济意义和政治意义。

1.3.1　海西战略定位及发展目标

《海峡西岸经济区发展规划》中对海西战略定位和发展目标进行了明确而详细的阐述。

1. 战略定位

海西战略定位包括四个方面：发挥海峡西岸经济区独特的对台优势和工作基础，努力构筑两岸交流合作的前沿平台，加强海峡西岸经济区与台湾地区的经济全面对接，推动两岸交流合作向更广范围、更大规模、更高层次迈进；构建以铁路、高速公路、海空港为主骨架主枢纽的海峡西岸现代化综合交通网络，使之成为服务周边地区发展、拓展两岸交流合作的综合通道；加强两岸产业合作，积极对接台湾制造业，大力发展电子信息、装备制造等产业，加快发展战略性新兴产业，建设成为具有较强竞争力的先进制造业基地和两岸产业合作基地；充分发挥海峡西岸经济区的自然和文化资源优势，拓展两岸共同文化内涵，使之成为国际知名的旅游目的地和富有特色的自然文化旅游中心。

2. 发展目标

通过持续努力，到 2020 年海峡西岸经济区综合实力显著增强，文化更加繁荣，社会更加和谐，成为我国新的经济增长极。

海西发展目标可以归纳为：运用先进科学技术，转变经济发展方式，在优化结构、提高效益、降低消耗、保护环境的基础上，增强综合实力；通过重点领域和关键环节的改革突破，建立起充满活力、富有效率、更加开放、有利于科学发展的体制机制和进一步完善的全方位、多层次、宽领域的对外开放格局；提高全民受教育程度和创新人才培养水平，完善医疗卫生服务和社会保障体系，使人民安居乐业；提高资源利用效率，降低单位地区生产总值能耗，森林覆盖率继续保持较高水平，成为人居环境优美、生态良性循环的可持续发展地区；不断完善服务两岸直接“三通”的主要通道，发挥海西作为两岸人民交流合作前沿平台的功能，不断加强与台湾地区经济融合，形成两岸共同发展的新格局。

建设海峡西岸经济区是中央战略决策的重要组成部分，是福建省贯彻落实十六大以来党中央提出的一系列重大战略思想的伟大实践，是福建省服务全国发展大局和祖国统一大业的历史责任，是站在新的历史起点上加快福建省发展的战略选择，具有十分重要的意义。将有利于促进全国区域经济布局的完善，突显海峡西岸在东部率先发展、东中西部良性互动的全国区域发展格局中的重要地位和作用；有利于形成服务中西部发展的东南沿海新的对外开放综合通道，为中部崛起、西部开发提供一条快捷顺畅的对外开放战略通道，并不断拓展福建省发展空间；有利于构建促进祖国统一大业的前沿平台，提高台湾同胞对祖国的向心力和认同感，为发展两岸关系、推进祖国统一大业做出新贡献。

1.3.2　海西建设用地空间拓展面临的问题挑战

1. 福建省土地利用现状概况

1）土地利用状况

根据福建省2014年的土地利用变更调查数据可知，全省土地面积为1239.51万hm^2，其中耕地面积133.63万hm^2，占全省土地总面积的10.78%；园地面积77.72万hm^2，占6.27%；林地面积834.10万hm^2，占67.29%；草地面积23.52万hm^2，占1.90%；城镇村及工矿用地面积61.94万hm^2，占5.00%；交通运输用地面积20.24万hm^2，占1.63%；水域与水利设施用地面积55.01hm^2，占4.44%；其他土地面积33.35万hm^2，占2.69%。从各土地利用类型所占比例可以看出，林地所占比例最大，其次为城镇村及工矿用地，交通运输用地所占比例最小。

2）建设用地范畴

根据原国土资源部办公厅关于印发《市县乡级土地利用总体规划编制指导意见》的通知（国土资厅发（2009）51号）中提供的土地规划分类体系，建设用地包括城乡建设用地、交通水利用地、其他建设用地。因此，将以上三类用地划归为建设用地，其他类别划归为非建设用地。

3）福建省建设用地利用状况

根据福建省2009～2014年土地利用变更调查数据统计获悉，福建省建设用地面积从2009年的80.2万hm^2增长到2014年的89.8万hm^2，增长了11.97%。2009年全省建设用地面积为80.2万hm^2，占全省土地总面积的6.47%；2010年全省建设用地面积为82.5万hm^2，占全省土地总面积的6.66%；2011年全省建设用地面积为84.5万hm^2，占全省土地总面积的6.82%；2012年全省建设用地面积为86.2万hm^2，占全省土地总面积的6.95%；2013年全省建设用地面积为87.0万hm^2，占全省土地总面积的7.02%；2014年全省建设用地面积为89.8万hm^2，占全省土地总面积的7.24%。2009～2014年福建省建设用地面积增长趋势如图1-2所示，建设用地面积呈线性增长（R^2=0.98）。因此，福建省对建设用地的需求量会逐年增加，且年均增加1.8万hm^2。

2. 福建省建设用地需求量预测

利用福建省2004～2014年的建设用地面积数据，按年均增长1.8万hm^2计算，福建省未来几年的建设用地需求量如表1-1所示。

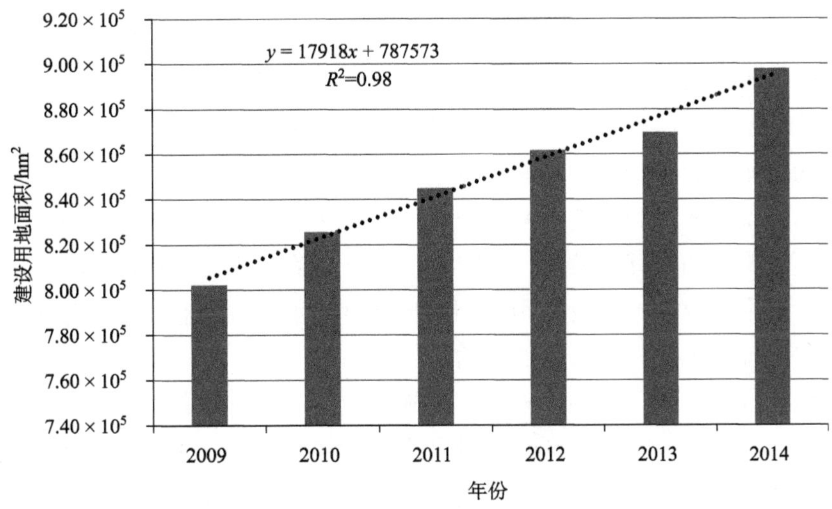

图 1-2　2009～2014 年福建省建设用地面积增长趋势

表 1-1　福建省 2020～2023 年建设用地需求量预测　（单位：万 hm^2）

项目	2020 年	2021 年	2022 年	2023 年
建设用地需求量预测值	100.6	102.4	104.2	106.0

由表 1-1 可知，按照过去的增长趋势，福建省到 2023 年建设用地需求总量将达到 106.0 万 hm^2，将比 2009 年的 80.2 万 hm^2 增长 25.8 万 hm^2，将增长 32.17%。

3. 海西建设用地空间拓展面临的问题

海西正处于社会发展与经济建设的关键时期，城镇化进程不断加快、工业化步伐进一步加大，国民经济和社会发展对建设用地的需求极大。然而，海西由于本身的自然地理条件，可用于经济发展需要的建设用地不断减少，可用于后备资源的土地开发整理难度不断增大，土地供给面临重大问题，导致经济发展遭遇用地瓶颈，土地资源紧缺成为现阶段乃至今后更长时间段内经济社会发展的主要问题。海西建设用地空间拓展面临的问题具体表现如下。

1）行业间用地矛盾突出

福建省陆域面积为 12.4 万 km^2，坡度小于 15° 的土地面积仅有 293.55 万 hm^2，但分布着全省现有 71.64%的耕地和 66.40%的建设用地，现有及规划的生产、生活和各项建设用地都集中于此，行业间用地矛盾突出（福建省人民政府，2009）。更为矛盾的是，这些土地大多集中于东部沿海地带，而沿海地区既是城镇化、工业化发展的主要承载空间，同时也是主要农业产区，随着耕地保护力度的加大，土地资源缺乏问题日益凸显。

2）人地矛盾突出

福建省受自然条件的约束，耕地后备资源严重不足。福建省第二次全国土地调查数据显示，截至 2009 年 12 月 31 日，福建省人均耕地为 0.55 亩，仅占全国人均耕地的 36%，并且由于受沿海气候条件的影响，福建省自然灾害破坏耕地的情况时有发生。福建省地处沿海地区，是台风、暴雨洪涝灾害多发地区，每年大量耕地受灾而被毁坏。2005～2009 年，全省平均每年因灾损毁的耕地面积达到 3 万亩以上。

根据耕地后备资源专项调查，福建全省国家级耕地后备资源总量仅有 5.25 万 hm^2，主要是可开垦荒草地和可开垦滩涂，合计占全省土地总量的 93.35%。其中，可开垦荒草地分布零散，集中连片少，开发利用受到地形坡度和水资源的制约；滩涂围垦投资成本高，存在生态环境保护等政策方面的制约。

随着海西建设不断深入，福建省基础设施建设的力度将不断加大，城镇化、工业化水平不断提高，2020 年规划期末城镇化水平将达到 62%以上，都需要占用土地；并且，产业规模扩大和结构优化对用地的压力越来越大；社会主义新农村建设的不断推进对用地保障提出了新的要求。但福建省土地资源匮乏，可作为建设用地的空间与农业生产、生活空间高度重叠，土地供给压力将越来越大。因此，海西面对的耕地保护任务和经济社会发展迫切需要解决的建设用地供需矛盾相对于其他地区更加严峻，必须努力探索海西建设用地空间拓展的新路径。

4. 海西建设用地空间拓展途径分析

根据海西的实际情况，可以从存量挖潜和增量供给两个方面积极探索海西建设用地空间拓展的潜力来源及拓展路径。在存量挖潜方面，低效闲置建设用地（如三旧用地、低效工矿企业用地、农村闲置建设用地等）成为海西建设用地空间拓展的一个重要来源。然而，城镇低效闲置建设用地的再开发利用可能也无法满足海西经济社会战略发展对于建设用地的需求，主要表现在两方面：一是数量上可能不满足需求，根据海西的发展战略规划，今后经济社会发展仍需要较多的建设用地作为支撑；二是考虑到经济可行性，存量挖潜可能出现成本过高的问题，在社会、经济或者生态效益不能弥补成本的情况下，社会对于存量挖潜的动力会不足。因此，在探索存量挖潜的同时，从增量方面进行海西建设用地空间拓展潜力挖掘也是十分必要的。海西拥有独特的自然地理条件，区域内多丘陵，海岸线资源丰富，根据该地区特殊的地理环境，低丘缓坡和滨海地带开发利用成为海西建设用地空间拓展的另外两大潜力来源。

1.4 小　结

海西建设的实施是一个长期的、持续的开发过程，而海西适宜建设的土地空间狭小，丘陵山地多，平地少，沿海滩涂开发强度差异明显。福建省坡度小于 15°的陆域面积仅有 293.55hm^2，占土地总面积的 23.68%，各项生产生活和建设用地高度集中。在规划期内，坡度小于 15°的土地仍然是城镇化、工业化发展的主要承载空间，同时也是农业主产区和粮食供给地，保障发展和保护耕地的任务艰巨。海西战略启动后，海西面临着承载对台产业转移、衔接长三角和珠三角发展的重任，基础设施建设、现代化综合交通网络和对外开放通道建设，以及大炼油、大化工等一批国家级重大项目落地都对土地利用有非常迫切的需求。据初步测算，按照规划目标，福建省现有的 15°以下的土地面积只能支持 15 年的发展，后续用地保障压力很大。在此情况下，必须以建设用地评价为中心，优先考虑土地资源整合与挖潜，提高土地集约利用水平，在此基础上，还需要统筹考虑土地资源合理配置，拓展发展空间，实时为海西发展提供用地保障。

福建省“八山一水一分田”，不但可用土地面积少，而且地形复杂，既有高度开发的建成区，也有滨海地带和低丘缓坡地区，还有大量的高山峻岭和生态保护区。因此，福建省可用的建设用地空间有限，必须对目前所有的土地进行细致的研究，对其建设潜力进行评价，以扩展建设用地的空间范围，为福建省的发展提供土地支撑。

第 2 章　建设用地空间拓展理论与技术方法研究进展

基于障碍因子分析的海西建设用地空间拓展是在建设用地空间拓展、土地适宜性评价、生态安全等研究的基础上开展的，其理论和方法也依赖于这些方法。

2.1　建设用地空间拓展内涵

2.1.1　基本概念

1. 障碍因子

障碍因子是指某一对象在其发展方向上起到阻滞作用的影响因子，此处是指建设用地在拓展过程中对其拓展过程有阻碍影响的因子。

2. 建设用地空间拓展

建设用地空间拓展是指土地利用类型在空间方向上发生变化，由其他用地类型转变为建设用地，即建设用地在地理空间方向上发生的增加过程。

3. 土地资源适宜性

土地资源适宜性是指土地资源在一定条件下对不同用途的适宜程度，此处是指土地资源对作为建设用地的适宜程度。

4. 生态服务价值

生态服务价值是指人类直接或间接从生态系统中得到的利益，主要包括向经济社会系统输入有用的物质和能量、接受和转化来自经济社会系统的废弃物，以及直接向人类社会成员提供服务。

5. 生态安全

生态安全是指生态系统的健康和完整情况，是人类在生产、生活和健康等方面不受生态破坏与环境污染等影响的保障程度。

6. 灾害风险

灾害风险是指发生的自然灾害对土地用途的风险大小程度，此处是指自然灾害对建设用地使用的风险影响。

2.1.2　建设用地空间拓展的内涵

建设用地空间拓展可从两个方面考虑：一个是建设用地范围的扩展，如开发利用非建设用地；另一个是提高现在建设用地的利用效率。

1. 建设用地范围扩展

建设用地是指建造有建筑物或者构筑物的土地，包括城乡居民点建设用地、区域交通设施用地、区域公共服务设施用地、特殊用地、采矿用地等[《城市用地分类与规划建设用地标准》（GB 50137—2011）]。建设用地范围扩展是指在已有的建设用地周边的农用地或者未利用地上建造建筑物，使之成为建设用地的过程。建设用地范围的扩展必然造成其他类型土地面积的缩减，如耕地面积减少、植被覆盖面积减少等，因此，建设用地范围的无限扩展会造成一系列问题，应该谨慎扩展。

2. 建设用地高效利用

在城镇化建设进程中，城镇建设用地的盲目、无序和低效利用，造成了大量资源的浪费，阻碍城镇化的发展。目前主要通过建设用地整治来提高建设用地的利用程度。建设用地整治主要是对城市建成区闲置、低效利用、不合理利用的建设用地进行改造，完善配套设施，加强节地建设，提升土地价值，改善人居环境，提高建设用地节约集约利用水平。建设用地整治能够从另外一个方向扩展城镇发展建设用地空间。

1）城镇建设用地整治潜力理解

城镇建设用地整治潜力是指在一定的经济社会发展条件和科学技术水平等因素的限制下，依据城市规划和土地利用总体规划，对闲置、低效或不合理使用的城镇建设用地，采用行政、经济、法律、工程技术等措施进行改造所能节约的建设用地面积，以及提高土地利用效率和土地质量的程度。

城镇建设用地整治潜力本身受制于各种外部条件。土地整治潜力的实现不能脱离当前的经济社会发展条件，土地整治潜力能否实现直接受制于区域的经济社会发展水平；土地整治潜力的挖掘受制于当前的科学技术发展水平，土地整治规划设计技术、工程技术等技术的发展水平直接决定了整治对城镇建设用地利用效率或价值提升的贡献度。

城镇建设用地整治潜力具有相对性，潜力的大小取决于土地利用现状和土地经整治后所要达到的标准之间的差距。整治标准是整治后的城镇土地在用地规模、利用结构、利用效益、利用强度、市政公用工程设施、公共生活服务设施及生态环境等方面所要达到的状态。城镇建设用地利用现状相同而整治的标准不同，其整治的潜力也必然会不同。

城镇建设用地整治是将城镇土地从一种低效利用状态转化为合理、高效、集约的利用状态。通过整治，将土地利用结构由不合理转变为合理，将土地利用产出率由低变高，并适度提高土地利用强度，改善城市生产生活环境。相应地，城镇建设用地整治潜力应该是在一定的整治标准下城镇建设用地利用状态要素改善能力的集合，即城镇土地可利用空间的扩展、土地利用结构的优化、土地产出率的提高、土地利用强度的调整、生态环境的改善等方面的综合集成。

城镇建设用地整治目标随着经济社会的发展会发生一定的变化，我国城镇建设用地整治的目标也正在从较为单纯地追求增加有效建筑面积以缓解建设用地供需紧张的状况逐步向全面提高城市土地的产出率、改善城市生态环境等多方面转变。

2）城镇建设用地整治潜力来源

城镇建设用地整治潜力来源可以从整治土地来源和土地利用状态改善两个角度进行分析。

（1）整治土地来源

城镇建设用地整治主要是对低效建设用地的整治，而低效建设用地是指在土地利用总体规划划定的城镇扩展边界范围内，不符合现行规划用途、利用粗放、布局散乱、设施落后、闲置废弃及不符合安全生产和环保要求的存量建设用地。概括来说，其主要包括旧城镇、旧厂矿、旧村庄、废弃道路、废弃殡葬用地、废弃宗教用地等经认定符合低效用地条件的建设用地。

（2）土地利用状态改善

土地整治通过调整土地利用状态各个要素，可以达到改善土地利用状态、提升土地利用效率、提高土地价值的效果。土地整治主要通过规划、工程、政策等手段改善基础设施及公共服务设施配套，提高土地利用强度及效益、改善区域自然及人文环境。

（a）改善城市基础设施和公共服务设施配套的整治潜力

低效用地往往与设施落后、配套难以满足现实需求的境况并存，可以通过改善区域内的道路、供水、排水、供电、热力、燃气、通信等基础配套设施，优化、完善区域公共服务设施配套，提升区域服务能力，从而提高土地的利用强度和效益，如对于居住区域来讲，学校、菜市场、公共交通、购物场所、医院等的合理配套对于提升区域地价具有显著的效果。

（b）调整城市土地利用强度的整治潜力

城市土地利用强度主要包括容积率和建筑密度两个因素。容积率的高低反映土地利用率的高低，容积率越高，说明土地利用率越高。对于建筑密度，城市规划要求控制在35%。分析建筑密度要从市、区及不同用地类型着手，并与标准指标相对比，分析出其整治潜力。由于城市土地利用率不总是与土地的纯收益正相关，因此，在利用城市土地利用强度指标分析城镇建设用地整治潜力时，应先确定具体指标的合理上限，将某一区域土地利用强度的具体数值与之比较，分析出其整治潜力。

（c）提高城市土地利用效益的整治潜力

城市土地收益大小用于衡量城市土地利用效益高低，城市土地产出率是对城市土地利用效益进行评价的具体指标。我国城市土地产出率普遍十分低下，按照现代城市土地利用标准，工业用地每平方千米的土地产出率应大于 50 亿元，而在我国土地产出率公认较高的上海，2010 年全市工业平均每平方千米的土地产出率也只有 13 亿元左右，仅为 20 世纪 80 年代纽约和东京的 1/3 和 1/7①。从比较城市土地产出率的差异上可以看出，我国城镇建设用地整治潜力巨大。提高城市土地利用效益可以从提高城市土地的配置效益和提高城市土地产出率两方面进行。

2.2　建设用地空间拓展理论研究进展

在城镇建设用地空间拓展的研究中，大多研究内容侧重于研究方法的定量化，将促进建设用地空间拓展的驱动因素进行筛选，并采用 GIS 和 RS 技术获得城市建设用地空间拓展信息，以此来模拟不同尺度的建设用地空间拓展过程，同时分析其所引起的生态效应并开展建设用地空间拓展相关理论研究（郭月婷等，2009）。

许多专家和学者利用自然环境数据及社会经济数据对城镇建设用地拓展驱动力加以研究，得出了促进城镇建设用地拓展的驱动力因子，为城镇规划发展及经济增长提供了指导意义。在时间和空间上分析影响建设用地空间拓展的因子的相关关系，不同地区上存在明显的驱动力差异，其中人口的聚集程度、政策环境和经济发展潜力成了影响建设用地空间拓展的主要驱动力（赵可等，2011；屈宇宏等，2014）；研究发现政府的用地政策是影响城市建设用地拓展的主要因素，其次是经济发展和人口因素（刘瑞等，2009），突出了政府政策影响的重要性。Zhang 和 Su（2016）通过比较 30 个中国城市时序夜间稳定光数据（1993～2012 年），研究了城市拓展的决定性因素，得出了中国大城市有较低的城市拓展趋势，大城市的扩张会受到更多限制因子的约束；鲍丽萍和王景岗（2009）对多年的宏观数据研究后发现社会发展是城市建设用地扩张的主要驱动力。更多的研究内容集中在城市建设拓展的驱动力方面，未能多方面考虑城市建设用地拓展中障碍因子的约束作用。

对于城镇建设用地时空拓展领域内的研究，多数学者注重研究建设用地在时间轴方向上的变化趋势，并分析其变化因子。渠爱雪和仇方道（2013）基于多年的徐州城市土地利用现状图，提取住宅、工业和商服用地数据，运用网格分析技术，研究了 1979～2008 年徐州城市建设用地拓展的时空格局特征，发现居住用途的土地拓展面积和强度大于工业和商服用地，不同的土地利用其拓展面积和强度也不相同；陈江龙等（2013）以南京市为研究区，利用遥感等数据研究了我国 1995～2001 年、2001～2007 年建设用地拓展的微观机理，提出了城市规划空间政策对建设用地拓展的约束作用逐渐增大，空间上的城市拓展研究越来越受到重视。

建设用地挖潜是指挖掘和充分利用已建成城市区域内的土地资源潜力，以建设用地

① 《国土资源部关于推进土地节约集约利用的指导意见 》（2014 年）。

集约节约利用为目标导向，充分利用建成区内低效利用的土地资源。余兵和丁中军（2018）认为城镇建设用地空间拓展会在一定程度上影响建设资源节约型、环境友好型社会，在城镇规划指导下，对建设用地空间拓展进行量化分析，科学开发未利用土地，充分利用建设区内的土地资源，保护非建设用地，以实现建设用地空间拓展科学化、合理化目标（余兵等，2018）。

郎昱和叶剑平（2017，2018）以日本、德国、美国的一些城市为例做了国外建设用地空间拓展理念的研究，发现德国的法兰克福通过节约集约利用土地，以 TOD 发展模式为导向，减少交通通勤需求，发展紧凑型城市以减少郊区化需求，以规定基准居住密度等方式实施建设用地空间拓展；美国的普罗维登斯则通过立体化拓展土地利用空间，以交通为导向布局高密度的混合土地利用，并设立专门的产业园区和保护城市开放空间以保证在其狭小的土地上拓展发展多样化产业繁荣经济；日本的横滨和富士山通过现有工厂外部搬迁、内部商业功能强化、改善居住环境来展开城市空间拓展。总结前人的研究内容和特点，将建设用地空间拓展理论分为以下几个方面。

2.2.1　以土地生产效率为理念拓展高效利用的建设用地

节约集约是土地利用的基本原则，最早由重农学派始祖 Quesnay 和 Hodgetts 提出，通过土地投入的数量与劳力、资本的投入相互协调，实现土地的生产效率（邓旭晖和吴佳，2017）。高生产效率是指以相对少的生产要素创造相对多的产出，效率必须达到生产边界，达到帕累托最适境界，才能称为生产有效率，在土地中，指的就是每一单位生产因素在土地使用上所得到的报酬，也就是产出与投入的比，因此可以将生产效率 η 写为（韩乾等，2001）

$$\eta = \frac{投入}{产出} \times 100\% \qquad (2\text{-}1)$$

土地节约集约利用是在城市建设用地拓展过程中必须致力追求的目标，在建设用地供应过程中，应当谨慎控制土地价格，唯有低成本的土地投入，才能生产出售价较低的产品，包括工业生产、住宅与写字楼建设等，提高其企业竞争力；便宜的住宅能够吸引更多的人才移入，解决新移民的居住问题；而便宜的写字楼，更是商务与科技服务业发展的重要载体。合理的土地价格能够推动科技知识投入，推进新一轮的土地生产效率增长，通过土地优惠引导包括大学、政府研究机构、私立研究单位及行业公会入驻，以推动地区产业技术升级，技术的进步能使得人力、资本及土地的运用越来越节约。

2.2.2　以产业集群化发展为理念拓展关联企业聚集的产业用地

任何行业都与其他行业有关联，相同类型的产业在空间上集中，形成产业集聚，多个集聚围绕主导产业，形成产业集群，进而降低生产成本，共享技术，发展科技园是创造产业集群的快捷方式，能够有效地促进土地节约集约利用。

科技园是发展产业集群的途径，是由政策法令到产业关联、专业分工、资源共享与规模经济，进而提升产业竞争力的过程，因此，科技园是产业集群“有界的地理范围”，园区内企业之间通过产业链相互关联（于立宏和费文博，2009），影响着环绕科技园、在城乡接合部发展的产业。科技园应当规划主导产业，串联园中的产业关联与产业链，带动上、下游产业发展，促进集群的形成，确保区域均衡发展。

在建设用地拓展过程中，科技园开发与建设可以引导产业集聚发展，形成产业集群。致力于发展科技园内企业的产业链，是提高土地集约节约利用的重要途径。政府应引导相同类型的分散企业集聚到各自行业集中的楼宇中，以达到规模经济效应，提高楼宇间行业的关联程度，建立产业集群，达到城市中心区土地节约集约利用的目标（施昱年和张秀智，2014）。

2.2.3　以紧凑城市概念拓展生活便利、租金合宜、生态空间充足的建设用地空间

紧凑城市的含义可以概括为：针对城市蔓延问题，以促进城市再发展为目标，以规划开发城市中心区为策略，通过增大城市密度、功能混合土地利用、发展公共交通等方式提高城区土地利用效率，并且通过保护农田、严格限制城市扩张等方式保护自然生态环境，以区际交通形成城市群，从而实现城市可持续发展（闫彩峰和张东升，2014）。

紧凑城市是多个理论概念的集合（刘长松，2016），包括城市精明增长理论、新都市主义理论、边缘城市理论等，其概念首次出现在 1990 年欧洲社区委员会（CEC）发布的布鲁塞尔绿皮书中（袁扬和黄秋亚，2016）。紧凑城市对土地利用方式的要求体现在：①高密度开发，减少对土地资源的占用、遏制城市蔓延、提高公共交通设施使用率、减少公共设施投入与能源消耗；②功能混合利用，缩短人们各种活动的距离，减少交通成本，降低土地使用价格，提升土地利用和竞争力；③以公共交通发展为导向，由轨道交通引导城市发展，遏制和避免城市的无序蔓延；④保护生态环境，在城市发展进程中，尽量减少对自然环境的不利影响，提升人的生活质量（黄永斌等，2015）。

建立合理土地价格梯度实现市场化建设用地空间布局，李嘉图以租金解释土地使用成本，城市住宅总租金可以用以下公式表示：

$$R(d) = y - kd - x \tag{2-2}$$

式中，y 为家庭收入；d 为到市中心的交通距离；k 为每千米的年度交通费用；x 为消费其他商品的费用。郊区住宅总租金则用下面的公式表示：

$$R(b) = rq + c \tag{2-3}$$

式中，r 为租用每亩农用地的租金；q 为农用地面积；c 为建筑物建筑成本。将其代入式（2-2）中可得

$$R(d) = (rq + c) + k(b - d) \tag{2-4}$$

这表示城市土地租金是郊区土地租金加上节省下来的交通成本。当土地价格反映交

通成本差异时，土地需求者才能够根据其对于通勤时间、通勤成本的敏感程度，自主选择工作区域或居住区域。TOD 模式是新城市主义倡导的城市规划模式之一，新城市主义和 TOD 模式的初衷是应对美国郊区蔓延以及相伴而生的中心区衰退现象（梁雄飞，2015；Peng et al.，2017）。

如图 2-1 所示，TOD 中是以区际及城市内轻轨、重轨或快速的公交站点为核心，各点上的商业强度和就业岗位的聚集程度都很高，可提供配套的文化娱乐、餐饮零售、市政服务等，城市中多个 TOD 的串联形成了城市发展轴线，可实现紧凑的土地布局、混合使用的用地形态，使住宅与工作地点均可邻近公共交通服务设施，为步行及共享单车提供良好的环境，提高土地使用密度（王振芳，2017）。

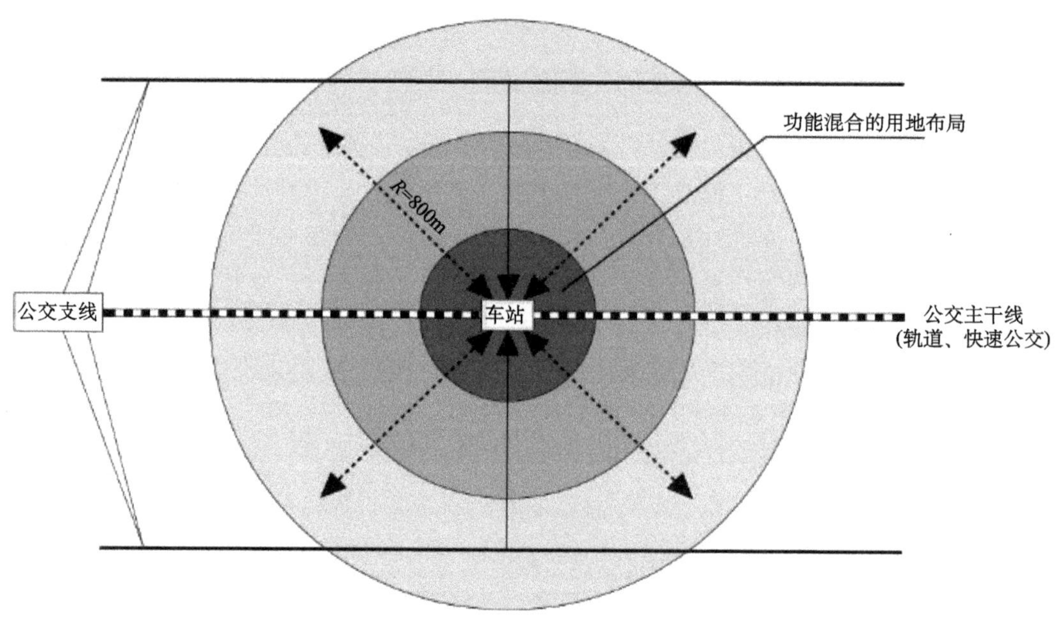

图 2-1　城市 TOD 结构示意图（王振芳，2017）

德国地理学家瓦尔特·克里斯塔勒提出了中心地理论（王士君等，2012），被后人公认为城镇体系分布研究的基础理论。城市集群是在特定的地域范围内具有相当数量的不同性质、类型和等级规模的城市，以生长极理论为支配（於冉，2009），以一个或两个超大或特大城市作为地区经济的核心，土地的高效利用主要体现在以下两个方面：①并非仅仅通过提高容积率来实现土地资源的高效利用，而是将区域土地资源综合来看，这既可以避免单一城市过于拥堵，也可以通过联合发展吸引投资，进而带动周边城市的发展。②城市集群发展可以共享区域内人力资源与技术资源，进而互惠互利，共同发展，也可以为土地价格与利用强度建立合理梯度，提高土地利用的协调性。

紧凑城市是土地节约集约利用的重要发展模式，高密度开发是其核心概念，倡导以老旧城区再开发取代城市扩张。其建设用地利用强调高密度、多用途、社会和文化多样性（吴正红等，2012）。以公共交通为导向的 TOD 项目集中开发方式是实现紧凑城市的重要手段，以站点高密度土地开发及混合土地使用，遏制和避免城市的无序蔓延，保护生态环境。联系起不同中心地及生长极与非生长极城市，生长极城市采用高密度、大面积的建设用地拓展模式，非生长极城市则以生态环境保护的低密度开发为主，为周围城市提供绿带与生态功能，以追求区域间的土地协调利用与发展。

“地尽其用”是国土资源可持续利用与发展规划的终极目标，其意义在于减少资源消耗，包括土地利用面积减少、山坡地与海洋资源保育。建设用地布局方式也会影响可持续发展，但空间布局的方式多元，对实现可持续的目标来说，重点在于建设用地在城区、郊区、海域新生地综合布局，以及城区、郊区、海域新生地的交通串联，以控制农地比重、建筑密度、产出效率和绿化率；而城区、郊区、海域新生地综合布局，能够创造更大的开放空间，整合市内公园与海岸公园、步行空间规划、文化娱乐设施建设。

城市建设用地空间拓展应注重生态环境保护和生态文明建设。我国划定了生态保护红线，生态保护红线是国家提出划定的“生命线”，其对于限制建设用地无限扩张、保护人类赖以生存的环境十分重要（张惠远等，2017），因此在进行建设用地的空间拓展时，要充分考虑生态保护红线的限制要求。在遵循生态红线理论、保护生态环境的前提下，合理开发利用建设用地。

2.3　建设用地空间拓展评价方法研究进展

目前各科学研究领域内的各种评价技术都已具有一套非常成熟的评价理论体系和框架，具有完善的评价指标体系、指标权重体系、评价方法及相对应的评价模型。建设用地的空间拓展要以土地资源的合理开发利用为前提，土地资源的适宜性评价的目的是为合理利用土地资源、调整土地利用结构和布局服务，即在改变土地用途、调整土地利用布局前，先行了解土地对某种新用途的适宜性和限制性（刘耀林，2008）。建设用地是土地开发利用中的典型土地资源利用类型，在建设用地空间拓展过程中，土地资源适宜性评价是不可或缺的环节。

近年来关于建设用地评价的研究，许多专家学者探索了很多评价方法，这些评价方法和内容包括主成分分析法、情景分析法、BP 神经网络、模糊综合评价方法及多因素综合叠加模型等。多因素综合叠加模型也称单纯权重叠加法，在建设用地评价中得到了广泛的应用（陈杜彬等，2017），但是在构建评价指标体系时，不能很好地解决影响因素之间出现的隶属关系，指标分级不能起到良好的缓冲作用。因为评价使用的评语具有一定的模糊特色，所以宜采用模糊综合评价方法。应用这种评价方法，各指标权重具有举足轻重的地位，且对各指标间进行了隶属度的计算。模糊评价的权重通常是专家根据经验给出，难免带有主观性。层次分析法（analytical hierarchy process，AHP）是一种定量和定性相结合，将人的主观判断用数量形式表达和处理的方法，尽量减少个人主观臆断所带来的弊端，使评价结果更可信（陈杜彬等，2017）。因此基于层次分析模糊综合评价方法更有利于建设用地空间拓展评价研究。

黄山和林恒萍（2017）遵循生态保护优先原则，采用极限因子的方法将基本农田、生态保护红线和重点保护水域等影响建设用地空间拓展的因子设定为不可建设因子，对研究区内因耕地、生态保护需要而不适宜建设开发的区域设置成极限指标，将其作为强制性因子不参与研究区建设用地空间拓展适宜性评价，然后将地质地貌、自然灾害、土地利用条件等自然因素作为评价指标，运用适宜性指数法对晋江市开展建设用地适宜性评价和建设用地拓展空间分析，其一般评价过程如下：①评价指标体系构建；②各因子量化分级；③评价指标权重叠加计算；④计算建设用地综合适宜指数。

$$F_{\mathrm{c}} = \sum_{i=1}^{n}\left(w_i \times s_i\right) \tag{2-5}$$

式中，F_{c} 是建设用地综合适宜指数；n 是一般因子的评价指数个数；w_i 是评价指标的权重；s_i 是第 i 项评价指标值（黄山和林恒萍，2017）。

模糊综合评价方法是基于模糊数学理论而确定的一种评价方法。该方法使用程度语言描述参评对象，较适用于解决那些模糊的、非定量的、难以明确定义的实际问题。其基本思想是：首先确定评价因素及评价等级标准和权值；然后根据模糊集合变换原理，用隶属度描述各因素之间的模糊界线，构造模糊评价矩阵；最终通过多层的复合运算，确定评价对象所属等级（宋晓莉等，2006；吴丽萍，2006）。

在指标因子分析内容上，基于土地资源适宜性的建设用地评价较多地采用了德尔菲法与层次分析法相结合的评价模型（李坤和岳建伟，2015），另外，也有成对明智比较法和由 AHP 发展而来的 G1 法。研究过程中多因素综合叠加模型应用最广泛，研究区域逐渐偏向于我国的东南、西南等地区，并且生态适宜性的评价得到了越来越多的重视。王海鹰等以 GIS 和 RS 技术为支撑，利用德尔菲法确定影响城市建设用地生态适宜性的自然、社会经济和生态安全等因素（周豹等，2013），采用 AHP 计算相关因子权重，以深圳市为例，遵循生态保护优先的原则，建立了一套城市建设用地生态适宜性评价模型体系（王海鹰等，2009）。

对于综合评价方面需要考虑更多的影响因素，各个影响因素之间又具有关联性，由于影响因子的不确定性等，更多的研究工作者采用了基于 AHP 的模糊综合评价方法对某类多要素影响的对象进行评价研究。其中，宋晓莉等（2006）研究了模糊综合评价方法在风险评估中的应用，介绍了模糊综合评价的基本思想和方法，给出了模糊综合风险评估法的实施过程，并举例说明了该方法的应用。杨俊等和崔娟敏等分别基于 AHP 的模糊综合评价方法研究了土地整治项目实施后效益评价和土地集约利用水平评价，通过研究结果可靠性分析证实，基于 AHP 的模糊综合评价方法是进行土地集约利用评价的可靠方法（叶珍，2010），实例表明，模糊综合评价方法可操作性强、效果较好。

另外针对不同的评价对象，为了提供更合适的评价方法，又有部分研究工作者对模糊综合评价方法进行了改进；其中，李根等（2016）基于改进 AHP-FCE 研究了新常态下中国能源的安全评价，强化了人理因素的重要作用。模糊综合评价方法凭借自身的准确性和方便灵活等优点，结合 AHP（李玉琳等，2006），在具体评价工作中的应用使得评价成果可信度提高。

FAHP 综合评价方法是利用模糊综合评价方法结合 AHP 确定指标权重来对评价对象进行客观的真实评价（陈杜彬等，2017）。AHP 是美国运筹学家 T. L. Saaty 等于 20 世纪 70 年代提出的，并得到了广泛应用，AHP 是一种把定性与定量分析相结合的多准则决策方法（李俊晓等，2015）。1965 年美国 L. A. Zadeh 教授宣告了模糊数学的建立。1980 年前后，模糊理论被引入中国，其引起了国内一些学者的关注，许多学者逐步开展了研究，取得了丰富的理论与应用成果。模糊综合评价方法的基本思想是利用模糊线性变换原理和最大隶属度原则考虑与被评价事物相关的各个因素，对其做出合理的综合评价（张震等，2006；柳顺和杜树新，2010）。由于模糊综合评价方法是将定量与定性分析、精确分析与不确定性分析相结合，模型简单、计算方便，因而其在土地资源评价中已得到应用，主要应用方面包括土地质量评价、土地适宜性评价、土地集约利用评价等，随着对土地资源复杂系统评价研究的逐步深入，模糊综合评价方法越来越受到重视（李希灿等，2009）。

模糊综合评价方法步骤如下（荣梅，2011）：

（1）建立模糊评价指标体系，指标体系要真实、客观地反映评价对象，设计的评价指标体系要遵循一致性、可测性、可比性、独立性、可行性的原则（张新爱和郑莉芳，2016）。

（2）确定评价因子集，根据评价指标体系确定因子集 $U=\left[u_1,u_2,\cdots,u_i\right]$。

（3）确定因子权重集，可通过统计实验法、分析推理法、专家测评法和层次分析法确定因子权重集 W。

（4）确定评价评语集，评语集是可能的总的评价结果所组成的集合，评语集的确定要根据实际情况而定，一般等级划分在 3～7 级，即评语集 $E=\left[e_1,e_2,\cdots,e_n\right](3\leqslant n\leqslant 7)$。

（5）建立模糊评价矩阵，根据所评因素给出相应的评价等级，统计并列出评价结果统计表，据此统计表求出各因素属于不同等级评语的隶属度，建立模糊评价矩阵 R。

（6）计算综合评价结果，先从最低层进行评价，将每层评价结果作为上一层单因素评价集，逐层进行评价，直到最高层的评价结束，完成评价。

2.4　小　　结

国内外学者在建设用地空间拓展的研究方面取得了大量的成果，为我国经济的发展起到了很大的促进作用，但还存在以下几个问题。

（1）对于建设用地空间拓展的障碍性因子研究较少。

在国内外城市建设用地空间拓展理论的研究中，建立了较为完备的城市拓展理论和评价体系，建设用地空间拓展理论和评价方法应用成熟，为城市土地集约节约利用和合理规划开发做出了较大的贡献，但是建设用地空间拓展研究中强调其驱动力影响因素，多从正面根据评价体系去评价和评估城市建设用地空间拓展所造成的影响，而较少考虑建设用地空间拓展障碍因素，对于建设用地空间拓展的障碍性因子研究较少。

（2）建设用地空间拓展指标因子之间具有很大重叠性。

在国内外建设用地空间拓展评价研究中发现，多要素因子之间在不同层面具有一定的相关性，尤其是在选取的评价指标因子众多的情况下，因子间相互影响较复杂，影响目标评价结果的准确性，往往通过专家知识对各因子间的权重进行赋值，主观影响较大，所以建设用地空间拓展指标因子之间具有很大的重叠性，这种现象会造成某些指标权重过大，影响评价结果的正确性。

所以本研究针对上述问题，从多障碍因子约束分析入手，综合考虑土地资源适宜性、生态服务和生态安全、土地灾害风险 3 个方面的建设用地空间拓展障碍因子，建立建设用地空间拓展评价指标体系，并运用 GIS 技术、层次分析法、专家打分法等方法确定评价因子权重，研究海西建设用地空间拓展综合评价模型，构建基于障碍因子的海西建设用地空间拓展模糊综合评价方法，为破解海西地区建设用地供需矛盾提供技术支撑，也能为其他地区建设用地拓展提供参考。

第 3 章 基于建设用地适宜性评价的障碍因子分析技术

建设用地适宜性评价属于土地评价的范畴，它是于 20 世纪 90 年代末在土地评价理论与方法相对完善的情况下兴起并发展起来的，是土地评价的一个细分领域，其评价思想、理论体系、方法体系与土地评价一脉相承。目前的土地适宜性评价偏重于对农业用地指标体系和方法的研究，而且对于山区建设用地的适宜性评价研究还处于起步阶段。

3.1 基于建设用地适宜性评价的障碍因子分析技术路线

基于建设用地适宜性评价的障碍因子分析拟以建设用地适宜性评价为目标，根据建设用地的地形、地貌、地质、人文、气象等现状，分析其影响，对其进行土地资源适宜性评价，在此基础上提取障碍因子，利用计算机和 GIS 技术实现对研究区基于障碍因子的建设用地土地资源适宜性评价。

基于建设用地适宜性评价的障碍因子分析技术路线如图 3-1 所示。在 GIS 技术的支持下进行，对常规的土地的评价和现有建设用地的适宜性评价的理论方法体系、流程进

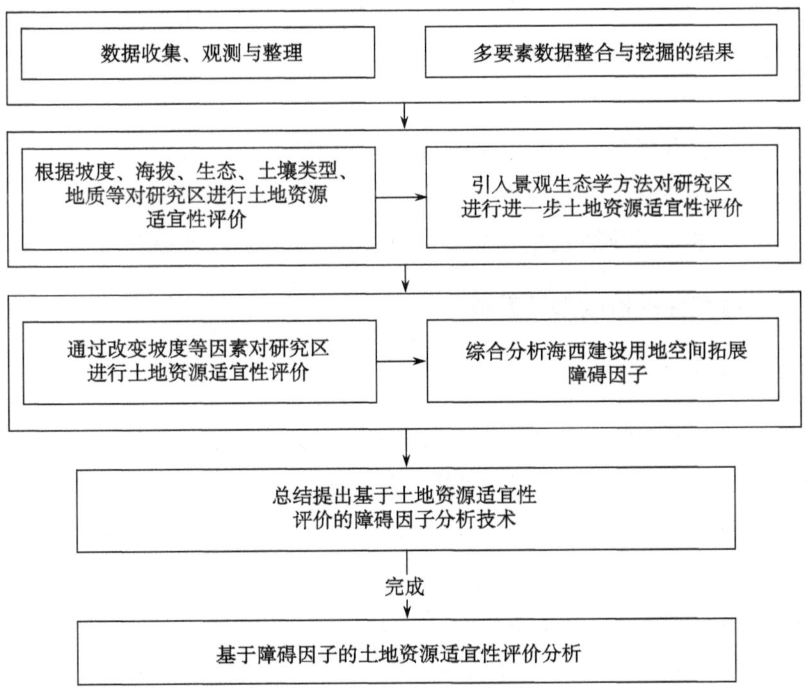

图 3-1 基于建设用地适宜性评价的障碍因子分析技术路线图

行总结和提炼，并结合福建特殊的自然资源禀赋状况及建设用地空间扩展目标进行评价方法的研究和改进，使之适用于实际研究区域，实现理论与实践的结合。具体如下。

首先，明确评价目的和评价范围，这是所有土地评价首先需要确定的内容，在此基础上进行研究区域的数据收集与处理；将获取到的数据全部转化为GIS支持的矢量和栅格的数据格式，在此基础上进行后续评价指标各个分值的计算。

其次，在第一部分评价影响因素分析的基础上筛选自然因素、社会因素、经济因素、特殊因素构建评价指标体系。然后对评价方法进行研究，这部分内容主要包括网格法划分评价单元，采用极限一般的评价模型进行评价分值的计算，采用AHP法确定评价指标的权重。

最后，对于得到的评价分值进行适宜性分级和各障碍因子的分析，障碍因子主要是指对适宜性影响比较大的因素。根据得到的适宜性结果，得到适宜建设的范围、面积和空间分布情况。

3.2　建设用地适宜性评价因素分析和选择

土地是由自然要素、社会经济要素组成的综合体。自然要素包括气候、地质构造、岩石、地形地貌、土壤、植物、动物、微生物等自然要素，社会经济要素包括人口、社会需求、土地制度、土地政策与法规、生产力水平、市场状况、区位、经济结构和生产力布局、区域条件、投入水平。土地评价即对土地各个组成要素的综合鉴定。进行建设用地适宜性评价，即以生产建设为土地的利用目标，选取与建设用地相关的要素，进行建设条件的分析与评定，综合确定土地是否适合生产建设及其适宜程度。

土地的组成要素有很多，进行土地评价不可能将所有的要素都考虑进去，只能选择主要的、有代表性的要素，并且要结合评价目的和要求及评价区域的土地特点，因地制宜，综合取舍。在建设用地适宜性评价过程中，评价要素的选择要遵循一定的原则。

3.2.1　建设用地适宜性评价的理论基础

1. 地域分异理论

地域分异是自然地理学的基本规律，指各种自然地理要素在空间上呈现连续的变化，形成不同的景观类型，主要有水平分异和垂直分异，水平分异的尺度范围变化比较大，有大到全球尺度的纬度带分异规律和沿海到内陆的分异规律，也有某一区域地方性小气候现象的分异规律。纬度带分异规律指太阳辐射的差异造成地球水热分布不均，出现气候从赤道向两极递变的现象。从沿海到内陆的地域分异是指从沿海向内陆，水分的递减造成气候现象呈现从沿海到内陆从湿润多雨到干旱逐渐变化的现象。这两个地域分异规律是大范围的，也是主要的水平分异规律，在该分异规律的作用下，地球上形成了各种不同的景观现象。从自然景观上，土地类型、动植物、地形地貌、土壤、地表组成、水分等表现出规律性的变化，在不同的区域上出现各种不同的现象，各种自然要素的特征、分布及组合既有差异性又有一致性，既有大范围的一致性和差异性，也有小范围的一致性和差异性。在人文景观上，水平地域分异规律形成了不同的风俗习惯、语言、文化和民族等。应该指出，自然景观的水平分异规律是人文景观分异的基础；垂直分异规律表现为各类自然要素的特征在某一区域表现出垂直分层的现象。由于水分和热量会随着高度的变化而变化，具有规律性差异，某一区域不同高度的气候、土壤、生物等就会出现带型分布，出现随高度的变化而变化的自然带，例如珠穆朗玛峰地区和乞力马扎罗山的垂直自然带。

土地也是自然的综合体，属于一类自然地理要素，其各个组成要素——气候、地质、地貌、土壤和各种人类活动在空间上也表现出一定的地域分异规律，这里的地域分析规律，强调其水平分异规律，因此，土地的各种特性在空间分布上，在地域分析规律的支配下，在不同的尺度范围下，表现出一定的差异性和一致性。而土地评价即对不同区域的土地各种特性的鉴定，其在特性空间上表现出一致性和差异性，成为土地评价的基础。

2. 区位理论

区位理论是关于人类活动和自然物体的空间分布及其在空间中相互关系的学说（程旭，2014）。自然界中各类自然物体和人类活动均具有一定的空间位置信息。地理空间中的任何空间对象均有时间、空间、属性特性，一个事件的发生必有空间位置信息，失去空间位置信息，自然界中任何空间对象都是不完整的。所谓宇宙，其本质意义也即时间和空间。已有研究表明，世界上大部分信息和空间位置具有一定的关系。区位理论不仅研究地理空间对象本身的空间位置信息，也研究其与其相近的其他空间对象的相互关系。这里的空间对象指地球表层的各种地理要素。世界万物都是相互联系的，距离越近，其相关性越大，这也是地理学第一定律。从自然界到人类社会，无不表现出这一规律，一个地方的气候、生物特征、土壤总是和附近相似，距离越远差异越大，各种风俗习惯、方言、文化也是如此。我国南北方自然环境差异很大，有不同的气候和植被，同时人类的体型特征也是北方人体型相对大，南方人体型则相对小些。在全国各地，不同人群有不同的性格特征和生活习惯。但和国外相比，国内人群各种特征则对内表现出相对一致性，对外表现出明显差异性。

土地作为一类地理空间要素，空间位置属性特别明显，位置具有永久固定性，各种特性在空间位置的影响下，表现出明显的差异性。无论在大尺度范围内还是在小尺度范围内，均可以看到这些差别，一个城市，城市中心的土地价格明显高于郊区的，在不同城市之间，大城市的地价明显高于小城市的地价。另外，某一区域的土地也会明显受到相邻区域土地的影响，例如现在国内的房价，在大城市，如果一个小区附近建了一所学校，则该小区的房价会明显上涨。

在近年来区位理论的研究和发展过程中出现了各种不同的区位理论。18世纪，德国经济学家冯·杜能创立了农业区位论，提出了著名的杜能圈。随后，又出现了工业区位论、交通区位理论、中心地理论等。

区位影响城市用地功能的配置和用地企业的经济效益，在城市土地利用中起着决定性作用，决定经济活动的互补、集聚和互赖性级城市土地的开发程度（刘晓聪，2014）。在土地评价的过程中，要以土地区位理论为支撑，将区位理论的思想、方法应用到土地评价的过程中。

3. 土地肥力和土地生产力理论

土地养育了人类，也养育了世间万物。不仅是人类，自然界的各种生物也源源不断地获取生存所需的各种物质和条件，土地不仅为人类和自然界的生物提供生存必需品，也为他（它）们提供了生存活动的场所。在自然界没有人类活动参与的情况下，植物在土地上生长，在一定的气候条件下，通过土壤的自然肥力，获取生长所需的水分、养分、矿物质，在光合作用下，将无机物转变为有机物，从而供人类和其他动物从中获取能量。这是在土壤的自然肥力作用下，动植物获取物质和能量。在人类出现以后，地球上出现了农作物，人们可以改善作物的生长条件，投入一定的劳动，使植物产出更高的产量，这是土壤的人工肥力，即人类劳动和土壤自然肥力的结合。土壤的自然肥力是其客观属性，不需要人类活动的参与，土壤的人工肥力则需要人类劳动的投入。最初，土地具有的生产力即指土壤的肥力，在农业生产中，这也是特指。土地具有生产力不仅仅是因为土地的土壤具有肥力。随着人类社会的发展，人地关系不断进步，人们可以对土地进行一定投入从而获得一定的经济收益，甚至在某些条件下，人们可以不用投入，也可以获取经济收益。

在现在的土地科学理论中，土地生产力即以土地作为劳动对象，与劳动和劳动对象以不同的方式组合所产生的生产能力和生产效果（封丹，2013）。土地具有生产力，因而土地就会有价值。价值作为土地的一部分，在土地评价中具有重要的影响。

4. 生态系统理论

生态系统是生物和非生物环境构成的一个综合体（王晓强，2010）。在一个生态系统中，会有非生物组成的物质和能量，即各类生态因子，包括土壤因子、气候因子、地形因子等，这些因子为生物提供生存的环境，也有由各种生物组成的生产者、消费者、分解者。一个生态系统在不停地进行着物质循环和能量流动。生态系统具有一定的稳定性，包括抵抗力稳定性和恢复力稳定性，抵抗力稳定性是指抵抗外界破坏保持稳定的能力，恢复力稳定性是指生态系统在遭受破坏后恢复的能力，抵抗力稳定性越弱，恢复力稳定性越强，二者是相反的关系。生态系统中，生物的群落结构越复杂，物种越丰富，抵抗力稳定性就越强。生态系统具有一定的自我调节能力，有很多功能和服务价值，如森林生态能涵养水源、调节气候。生态系统有很多分类，尺度有大有小，常见的有森林生态系统、农田生态系统和城市生态系统，需要说明的是，地球也是一个生态系统，是尺度最大的生态系统。生态系统理论是研究生物和环境的一个全新视角，具有基础性强的特点。土地也是一个生态系统，在生态系统理论的视角下进行土地评价研究，会有全新的思考和借鉴，生态系统理论对土地评价具有一定的指导价值。

3.2.2　建设用地适宜性评价要素选择的原则

1. 综合分析与主导因素相结合的原则

土地是土壤、气候、植被、地质地貌及人类活动的综合体，其质量的高低是其各组成要素相互作用的结果，是各要素组成物质的综合反映。因此，土地评价必须综合考虑其组成要素，以综合性原则作为基础，既考虑各要素的特性，又综合分析其相互间的作用、组合方式和因果关系（姚金艳，2014）。需要指出的是，不同的土地用途对土地质量有不同的要求，有时候，各个要素对土地质量在一定用途条件下的影响并不相同，个别的要素可能会起关键性作用，因此，在评价过程中，必须要找出这些影响土地质量的主导因素或限制性因素，特别要重视稳定性大、暂时又不易改造却对土地质量长期起限制性作用的因素。在评价过程中，只有坚持主导因素与综合分析相结合，才可以保证其简洁性与科学性（梁学庆等，2006）。

对于建设用地而言，建筑的地基条件、地形地质等自然条件对用地选择有重要影响，是用地选择的主导因素，同时用地的交通状况、区位条件、经济发展水平、人口、生态条件也会影响用地的选择。在建设用地评价因素的选择过程中，必须综合考虑这些因素的影响。在评价过程中，对因素权重的设置要体现主次之分。

2. 针对性原则

针对性原则有两层含义，一是土地质量是相对于土地用途而言的。土地资源具有多宜性，可用作多种用途（陈茵茵，2008）。不同的土地利用目的对土地有不同的要求，例如在农业种植领域，水稻和玉米、小麦的生长对土地要求的差异很大，在适合种水稻的土地上种植玉米的话，就很难成功。在建设用地领域，厂房用地和居民住宅用地对土地的要求就有很大的差异。土地质量的高低、是否适宜一定要针对特定的土地用途而言。二是要针对特定的土地用途和评价目的，进行评价要素的选取和指标体系的构建及权重的确定。显然，农用地的评价、旅游用地的评价、建设用地的评价及土地的可持续利用评价的评价要素的选择是有很大差异的。

对于建设用地适宜性评价而言，在确定评价要素时，一定要针对建设用地的要求和特点选择评价要素。一般而言，针对建设用地，土地的工程地质性质、地形对其质量有重要影响。工程地质至少包括 3 个方面：①由土质、岩性、水文条件共同决定的地基承载力。②由地形条件地表起伏度、坡度、破碎度、坡向所决定的地面工程量的大小。③由泥石流、滑坡、泄流、崩塌等自然灾害决定的工程病害程度。在城镇建设用地方面，除了上述土地的工程性质影响其“质量”之外，还包括一些生态条件，主要有照度、通风条件、交通通达度及区位等（王辉，2012）。

3. 因地制宜原则

在建设用地适宜性评价过程中，必须要考虑研究区域的自然、社会经济条件。评价因子的选取并非固定不变，而是因地制宜、灵活选取，不同的评价区域或土地类型选取不同的评价因子。对于建设用地的适宜性评价，区域不同，条件不同，评价目的不同，其指标体系和权重也就不同。即使对于同一区域，在同样条件下，研究角度、侧重点不同，影响因素的选择、指标体系构建及权重的确定也会不同。评价指标体系的构建要结合研究区域的具体环境特点、研究角度及研究目的（侧重点可能是空间扩展、合理利用、规划布局、生态保护等）（孙建筑，2013；牛叔文等，2014）。

与平原城市相比，山地城市的地形、地质、地貌等自然环境复杂，生态脆弱，在开发利用的过程中，容易破坏生态环境，引发山地滑坡、泥石流、冲沟等自然灾害，因此，山地城市的建设用地适宜性评价更注重自然因素的影响，特别是生态因素。

由此可以推论，土地评价没有必要都采用一个指标和尺度。可以根据不同土地利用需求，针对实际生产情况，按不同的评价依据对不同区域土地进行评价。只有这样，才能实现土地合理利用的目标，更好地满足土地规划需要。各地进行土地评价务必从实际出发，才能提高其实践性（刘卫东等，2010）。

3.2.3　建设用地适宜性评价要素的分析

基于以上分析和原则，结合福建省自然环境特点及本章的研究目标，选择了自然因素、社会经济因素两大类因素。其中自然因素包括地貌、工程地质、植被、土壤、气候，社会经济因素包括区位、交通通达度、经济发展水平、人口等。

1. 自然因素

1）地貌因素

地貌也称地形，指地球表面高低起伏的空间形体，是地球表层系统的组成要素之一（林爱文，2008），是一个地区地形的总特征，世界上只有五种地形，分别是高原、山地、丘陵、盆地、平原。地形由坡度、坡向、高程、地形复杂度等组成。一个区域的地形对建设用地的选择影响很大，地形影响建设用地的生产布局和工程建设的难易及成本的高低，同时也影响生活生产的安全性。在开阔平坦的地形条件下进行开发建设就容易；在悬崖峭壁、崎岖不平的地形条件下，不仅土地利用的开发难度大大增大，同时用地的安全性也很难保障。虽然在人类现有的工程技术条件下，人们可以削山造地，基本不存在人类不可以利用的土地，但是开发成本大大增加，同时对生态和土地的可持续利用也会造成严重影响，甚至破坏。所以，要从开发成本、工程的复杂度、生态及土地的可持续利用方面考虑其适宜性和合理性。

坡度：计算坡度最常见的两种方法是百分比法和度数法。其计算公式如下：坡度 =（高程差/水平距离）×100%，这是百分比法的表示方法；坡度的度数法表示方法可以通过三角函数求得坡度，其公式为 $\tan\alpha$（坡度）= 高程差/水平距离，坡度表示方法用度数法。坡度影响开发利用的难易程度，在不同的坡度下，修建建筑物或者构筑物的成本、难易程度是不同的，同时安全性也不同。不同的土地利用类型对坡度有不同的要求，见表 3-1。我国将耕地分为 5 个坡度级，分别为＜2°、2°～6°、6°～15°、15°～25°、25°，坡度小于 2°的认定为平地，其他的按坡度划分的地类主要有坡地和梯田。对于某些土地利用类型，当坡度超过一定临界值时，是不适合利用的，例如 25°以上的土地开垦造成的水土流失概率为 100%，因此 25°以上的土地为严格禁止开垦的坡地。一般而言，在研究中一般将坡度在 25°以上的土地划分为不适宜开发利用的土地。

表 3-1 不同土地利用类型的临界坡度

临界坡度/（°）	土地利用类型
1	国际机场跑道
2	铁路、货运主干线；地方机场跑道；翻耕和耕作无限制；商用卡车装满货物无速度限制
4	主干公路
5	除草播种机械；土壤侵蚀；在建筑上土地开发困难；住房、道路；对一般开发而言坡度过陡
9	铁路坡度最大值
10	重型农业机械；大型工业厂址
15	标准轮式拖拉机；地点开发
20	双向翻耕；房基地基构筑；收割机操作
25	等高农业耕作；载重拖车

坡向：坡向对用地选择有一定影响。一般阳坡太阳日照多，温度较高，水分蒸发强烈；阴坡则相反。另外，同一山体，背风坡的降水量小于迎风坡。相对而言，阳坡的用地选择要优于阴坡。

高程：高程也称海拔，指地面某个地点高出海平面的垂直距离，高程影响土地的水热条件分布。理论上讲，高程每升高 100m，气温降低 0.6℃。但降水量则随着高程的增加而增加，增加到一定程度，降水量反而减少。高程不同，土壤、植被、生物具有显著差异，从而影响土地的质量和优劣。如图 3-2 所示，世界上海拔 200m 以下的人口占全部人口的 56.5%，海拔 200～500m 占 24%，随着海拔的升高，人口比例逐渐降低。程晓亮和吕成文（2008）利用黄山市的人口和地形数据研究发现，黄山海拔 400m 以下的人口密度随海拔变化明显，海拔 400m 以上则人口密度变化平缓。

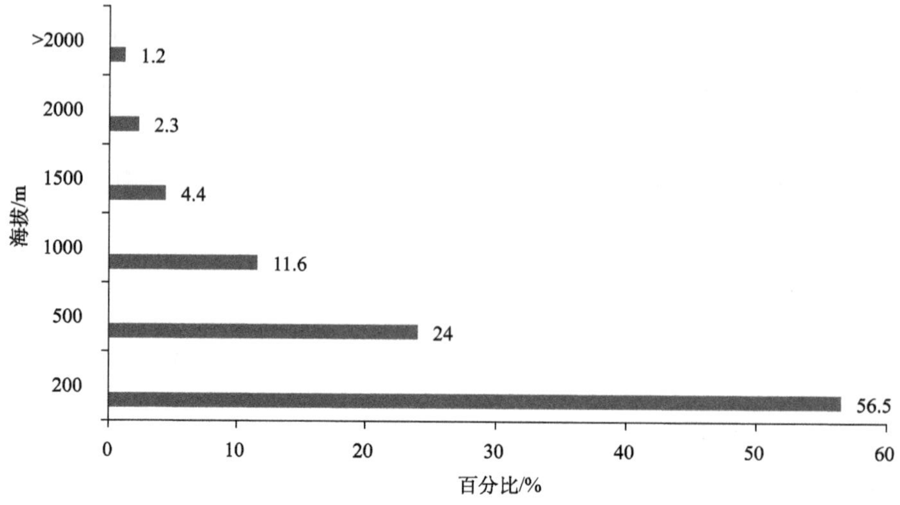

图 3-2　世界人口随海拔分布示意图

地形复杂度：地形复杂度指地形变化的频度，也称破碎程度，主要由坡度、地表切割深度、地势起伏度组成。在建设用地适宜性评价过程中，不仅要考虑局部某一区域的地形情况，同时也要考虑区域周围的地形情况，以及其变化情况。显然，某一区域平整面积越大，越适宜用作建设用地，越适合进行大面积的建设用地的开发利用和生产布局，面积越小，用地成本和障碍就会越大。此外，如果地形起伏变化大，平坦区域不成片，则用地的适宜性也会降低。

邵武市山地众多，地形因素对邵武市的用地选择、开发利用、生产布局、土地规划、建设用地的空间拓展具有重要影响，邵武素有“八山一水一分田”之说，近年来，随着经济的发展和人口的增加，邵武市人地矛盾突出，建设用地十分短缺，同时，邵武市低丘缓坡地众多，要进行建设用地的空间拓展，向山要地，实施“上山”战略势在必行，地形因素在建设用地适宜性评价中是重要考虑因素。本书对地形因素进行了充分的考虑和研究，并着重研究了地形复杂度。

2）工程地质因素

人类在特定的地质环境中修建工程建筑，地质环境和工程建筑关系密切，相互制约、相互影响。首先，工程建筑的稳定性和正常使用受地质环境的影响，并受其制约，例如松软的地基由于承载力不足，是无法在其上兴建民用或者工业建筑的，否则会引起沉降不均匀和过大。其次，地壳的构造运动会引发强烈的地震，可以将建筑物夷为平地，造成巨大损失。因此，在建设用地的选择工程中，必须对地质环境进行足够的了解，特别是对严重制约工程建筑的不良地质作用和现象进行详细而深入的研究（时伟等，2016）。进行建设用地的选择，必须保证工程建筑的安全，必须全面研究建筑场地及其周围的与地质环境有关的工程地质条件和问题，以及施工期和施工后因某些地质条件改变可能诱发的工程地质问题。

工程地质条件指工程建筑物所在地区地质环境各项因素的综合。主要包括：

（1）地层岩性。构成地层的岩土是建筑物的地基、建筑材料或建筑介质，其特性包含岩性、成因、时代、产状、成岩作用特点、风化特征、变质程度、物理力学性质、接触带及软弱夹层等，对建筑物的安全稳定有重要的影响，因而是基本的工程地质因素。

（2）地质构造。地质构造包括断层、褶皱、节理构造的特征和分布，特别是形成规模大、时代新的活动性断裂，具有控制地震等灾害的作用，因而对建筑物的沉降变形、安全稳定等具有重要意义，所以工程地质研究的基本对象是地质构造。

（3）水文地质条件。水文地质条件包括地下水的分布、埋藏、成因、动态和化学成分等。在工程建设中要特别重视地下水，其能够降低岩土体的稳定性，例如地基承载力和沉降量的计算要考虑地下水位的变化；为预防基坑工程中的基坑突涌、流土、堤防工程的管涌及道路工程中的道路翻浆等，首先要考虑的也是地下水位的变化。另外，地下水对建筑材料的腐蚀也是我们不得不面对的工程问题。

（4）地表地质作用。地表地质作用与岩性、气候、建筑区地形、构造、地表水和地下水作用密切相关，主要包括泥石流、崩塌、滑坡、岩溶、风沙移动、河流沉积与冲刷等。它影响建筑物的整体布局、设计和施工方法，对评价建筑物稳定性和预测工程地质条件的变化意义重大。

（5）天然建筑材料。工程中常用的黏土、沙砾、石料等建筑材料的分布、类型、品质、开采条件、储量及运输条件等，都关系到场址选择、工程造价、工期长短等，有时甚至成为选择工程建筑物类型的决定性因素，因此也是工程地质条件的一个重要组成部分。

3）植被

植被可以进行光合作用，吸收二氧化碳，呼出氧气，保持了大气中氧气含量的稳定。在一些缺乏绿色植物的城市中，人口密集，工业污染严重，大气质量下降，生活在这些地区的人们还是有些不适应。

4）气候

气候要素对土地质量的影响主要体现在光、热、水在地球表面的分布。光热水分布的差异构成了地域分异的基础。这里的光指的是太阳辐射，热指的是热量，水指的是降水。良好的光照条件不仅对农业生产有重要影响，同时也影响居民的生活质量和工业生产的效率。在工业生产和居民点布局过程中要充分考虑光照条件，居民点和工业一般都位于采光良好、光照充足的区域。

2. 社会经济因素

1）区位

土地区位有自然区位和经济区位，其中自然区位是指某一区域土地在地理空间中的位置及其与附近区域土地的关系。它包含两层含义：一是土地本身所包含的各组成要素，如地质、地貌、气候及水文等所处的空间位置；二是该土地位置上各组成要素与附近土地上的各组成要素，如地质、动植物、水文等自然环境的相互作用及其空间关系。土地的自然区位对经济区位和交通区位的形成有重要的影响作用，在土地形成和发展的过程中，也起着基础性的作用，例如自然区位决定了我国沿海与内陆的土地差异。

在人类社会经济活动过程中所表现的社会物化劳动投入和人地关系即土地经济区位（杨光，2013）。为使土地更好地发挥生产、工作、游憩和交通四大功能，人类不断投入技术、资金和劳动，对土地进行利用改造，例如在城镇内平整场地、修筑地基和道路，以及给排水、供电、通信、供热、煤气等工程性基础设施及建筑厂房、商店、办公楼等服务设施中均凝结了大量的人类劳动投入，使土地经济区位条件大大提高。从结果来看，土地经济区位是指不同区域的土地之间在生产、经营、休闲、文化、消费等社会经济活动中所表现出来的相互作用与关系（杨光，2013），它影响土地的利用布局和发展方向。

土地交通区位主要指某地段或区域土地与交通设施和路线的相互关系，主要包括耗时、距离、费用 3 个方面。它一方面影响社会经济活动中人与物、物与物、人与人之间的交往接触频率、机会和便利程度，另一方面影响信息、人、物传输或流动的成本。因此，交通区位的制约经济区位向实质性的效益转化。此外，土地聚集效益、市场演变及扩大也受到交通区位优劣的重要影响。

以上 3 种区位相辅相成、有机联系，同时作用于一定的地理空间范围，并对土地利用的空间布局和选择起决定性的作用，形成土地区位的优劣差异。

2）交通通达度

交通通达度是指某特定地域空间范围内的土地的交通运输条件。如果要度量某一空间范围内土地的交通通达度，可以从 3 个方面来进行，即道路类型、数量及道路的影响距离范围。道路有多种多样的划分方法，不同类型的道路在城镇交通中具有不同的作用，一般可分为主干道、次干道和支路。主干道是城市的交通大动脉，连接城市重要的交通枢纽和设施，是城市人和物资流通的大道。次干道联系城市的主干道，支路最小，联系次干道。

每一类型道路都有一定的影响距离。各类道路的影响距离是不同的，整个城市内部的交通网络骨架由次干道构成，其对全市、镇都有影响，对于主干道、次干道，其影响距离均为

$$d = S / 2L \tag{3-1}$$

式中，d 为影响距离；S 为建成区面积；L 为主干道或次干道的总长度。

按市内路的疏密状况，一般将岔路以下的道路的影响距离确定为 0.3～0.7km（傅伯杰，1991）。

3）经济发展水平

某一区域的经济发展水平对建设用地的适宜性具有重要影响，经济发展水平越高，

这一区域的土地经济价值就越高，土地的估价就越高。某一区域的经济发展水平是土地经济属性的重要体现。衡量经济发展水平的指标有很多，包括人口、GDP 及人均 GDP 等。

3. 其他因素

在建设用地适宜性评价过程中，会有一些特殊的因素，这里统称为其他因素，主要有矿产压覆区、生态限制区、基本农田保护区、自然和人文保护区，这些区域由于自然条件、法律法规或其他政策的限制，无法在其上进行建设用地的开发利用。在评价过程中，应直接将这些区域设为限制建设区。

3.3　建设用地适宜性评价过程与方法

3.3.1　极限一般法评价模型

土地适宜性评价具有实用性、应用性及针对性强的特点，近年来随着研究的深入，不断有新的评级方法和模型出现。在建设用地适宜性评价的研究中，出现了很多评价模型和方法。早期的适宜性评价主要是经验法，凭借研究者的经验和知识及对研究区土地质量的掌握情况，进行土地适宜性的评价，这种方法不可避免地带有很强的主观性，随着计算机、GIS 等技术的出现和发展，这种方法很快被淘汰。截至目前，在一般的土地适宜性评价中，应用最广的土地适宜性评价方法是多因素综合叠加模型，运用该模型评价的基本思路是将各评价因素分别生成单个图层，并赋予不同权重，计算各个图层的分值，最后将各图层加权叠加，得到结果。该模型最早由麦克哈格在土地的生态适宜性评价中提出，当时称为“千层饼模式”（Mcharg，1969）。其基本模型见式（3-2）。

$$S = \sum_{i=1}^{n} W_i X_i \quad i = 1,2,3,\cdots,n \tag{3-2}$$

式中，S 为适宜性等级；W_i 为权重；X_i 为变量因子的分值。

基于该模型，国内学者汪成刚和宗跃光（2007）提出了限制-潜力分析模型，用于建设用地适宜性评价。限制-潜力分析模型将评价因素分为生态潜力因素和生态限制因素，分别对其进行评价，由潜力值扣除限制值得到评价结果，见式（3-3）。

$$S = \sum_{i=1}^{n} W_{ip} X_{ip} - \sum_{i=1}^{n} W_{ic} X_{ic} \qquad (i = 1,2,3,\cdots,n) \tag{3-3}$$

式中，S 是生态适宜性等级；X_{ip} 是生态潜力的变量值；W_{ip} 是生态潜力的权重；X_{ic} 是生态限制的变量值；W_{ic} 是生态限制的权重（Mcharg，1969）。

此外，在近年来的实际研究中，建设用地适宜性评价也出现了一些其他的评价方法，如主成分分析法、神经网络模型（焦利民和刘耀林，2004）、情景分析法（危小建等，2014）、BP 神经网络模型（孙华芬等，2008）、风险管理视角分析法（桂昆鹏等，2014）。其中，

BP 神经网络模型属于比较新的方法，在国内，该方法由刘耀林、焦利民等于 2004 年首先提出，并应用于实践研究。

在针对山区的建设用地适宜性评价研究中，我国很多学者将评价因子分为一般因子和极限因子，采用了新的评价方法。这里将方法归纳为极限一般法，在有些研究中，也称为刚性和弹性分析法（孙晓莉，2013）、“极限条件法”与“适宜性指数法”（杨子生等，2014），或者特殊与一般分析法（张晓晓等，2014）。在建设用地适宜性评价中采用该评价方法，将评价要素分为一般因子和极限因子。对于一般因子，如坡度、交通区位、地基承载力，其适宜性会表现出从极度不适宜到极度适宜的渐变特性，极限因子没有这一渐变过程，直接表现为适宜或者不适宜，如地质灾害区、自然保护区、重要矿产覆压区、基本农田保护区等。另外，一般因子在一定条件下会转变为极限因子，如当坡度大于 25° 时，一般因子就变为极限因子了。式（3-4）是其基本模型。

$$M = (\sum_{i=1}^{n} W_i \times V_i) \times (\prod_{j=1}^{m} X_j) \tag{3-4}$$

式中，M 为特定评价单元的综合评价得分；W_i 为特定评价单元的第 i 个一般因子的权重系数；V_i 为特定评价单元的第 i 个一般因子的量化分数；X_j 为特定评价单元的第 j 个极限因子的量化分数，其值为 0 或 1；n 为一般因子个数；m 为极限因子个数。该模型中，对于极限因子采用求积的方式计算，对于一般因子则采用累加求和的方式计算（李坤和岳建伟，2015）。

3.3.2　基于移动窗口法计算地形复杂度

地形复杂度由海拔复杂度、坡度复杂度及地表破碎度组成。每个复杂度的计算都会对应一个公式。移动窗口法，即 GIS 中栅格数据处理中的开窗运算。选定一定的窗口大小，计算每一个评价单元的地形复杂度，将其作为一项评价指标。

1. 海拔复杂度

$$\mathrm{CE}_1 = \sum_{i=1}^{k} R_i \left(\frac{h_i - h_{\min}}{h_{\max} - h_{\min}} \right) \tag{3-5}$$

式中，R_i 为第 i 级高程下的土地面积占评价单元土地总面积的比重；h_i 为第 i 级高程；$h_{\max}$ 为评价单元的海拔最大值；$h_{\min}$ 为评价单元的海拔最小值。

2. 坡度复杂度

$$\mathrm{CE}_2 = \sum_{j=1}^{k} R_j \left(\frac{S_j - S_{\min}}{S_{\max} - S_{\min}} \right) \tag{3-6}$$

式中，R_j 指第 j 级坡度下的土地面积占窗口内土地总面积的比重；S_j 指第 j 级坡度；$S_{\max}$ 指评价单元坡度最大值；$S_{\min}$ 指评价单元坡度最小值。

3. 地表破碎度

$$CE_3 = \frac{1}{S}\sum_{i=1}^{k} n_k \tag{3-7}$$

评价单元内以特定厚度沿等高线等间距横切地表，切面上斑块数量的累计值与评价单元的面积之比，式中，CE_3 为评价单元的地表破碎度；n_k 为第 k 级高程下的土地斑块数量；S 为评价单元的土地面积。

4. 综合地形复杂度

$$CE = \lambda_1 CE_3 + \lambda_2 CE_2 + \lambda_3 CE_3 \tag{3-8}$$

式中，CE 表示综合地形复杂度；λ_1、λ_2、λ_3 表示相应的系数，且 $\lambda_1+\lambda_2+\lambda_3=1$。

3.3.3　基于极限一般模型构建评价指标体系

在建设用地适宜性评价过程中，指标的选取和标准化、权重的确定及如何将 GIS 和决策过程结合始终是评价研究的关键。实践证明没必要将每一个项目都选作评价因子，只需从诸多因子中选取少数几个能够真实、全面反映影响建设用地适宜性评价的评价因子即可，并且评价因子的选取并非固定不变，而是因地制宜地灵活选取，不同的评价区域或土地类型选取不同的评价因子。对于建设用地适宜性评价，区域不同，条件不同，评价目不同，其指标体系和权重也就不同。即使是同一区域，同样条件下，研究角度、侧重点不同，影响因素的选择、指标体系的构建及权重的确定也会不同。评价指标体系的构建要结合研究区域的具体环境特点、研究角度及研究目的（侧重点可能是空间扩展、合理利用、规划布局、生态保护等）（李坤和岳建伟，2015）进行，例如孙建筑、牛叔文分别从工程地质条件和地形角度进行分析，构建评价指标体系，与其他研究有所差别。

本书将建设用地适宜性评价指标归类到自然因素、社会经济因素及其他因素中（王海鹰等，2009）。自然因素最重要的是地形和地基承载力，社会经济因素最重要的是城镇区位和交通通达度（通过缓冲区分析得到），其他因素主要是一些特殊因素，如生态因素、灾害因素及各类保护区因素。生态因素考虑的是与河流、湖泊的距离及植被的覆盖度；灾害因素考虑的是地震、冲沟、塌方、滑坡、泥石流等；另外，也有基本农田、风景保护区、自然保护区等特殊区域。

本书采用的极限一般评价方法将各评价因素分为一般因子和极限因子。一般因子包括高程、坡度、坡向、地形复杂度、地基承载力、区位、交通通达度，极限因子包括基本农田保护区、自然保护区、生态限制区、人文保护区、矿产压覆区、坡度大于 25° 区域。建设用地适宜性评价指标体系见表 3-2。

表 3-2　建设用地适宜性评价指标体系

影响因素	评价指标	分类条件	评价分值
自然因素	高程/m	>200	1
		>100～200	3
		60～100	4
		<60	5
	坡度/(°)	>25	0
		>15～25	2
		>7～15	3
		0～7	5
	坡向	S/H	5
		SW/SE	4
		W/E	3
		EN/NW	2
		N	1
	地基承载力/(t/m^2)	>25	5
		>15～25	4
		>7～15	3
		0～7	1
	河流	>200m 缓冲区	5
		>140～200m 缓冲区	4
		>100～140m 缓冲区	3
		60～100m 缓冲区	2
		<60m 缓冲区	1
	地形复杂度/%	>80～100	5
		>50～80	4
		>20～50	3
		>10～20	2
		0～10	1
	土地利用类型	工矿、居民地	5
		旱地	4
		草地	3
		林地	2
		农田、水域	1
社会经济因素	建成区	市区建成区	5
		0～10km 缓冲区	4
		>10km 缓冲区	1
	国道、省道	1km 缓冲区	5
		>1～2km 缓冲区	4
		>2km 缓冲区	2

续表

影响因素	评价指标	分类条件	评价分值
社会经济因素	县道、乡道	0.5km 缓冲区	5
		>0.5～1km 缓冲区	3
		>1km 缓冲区	2
其他因素	基本农田保护区		0
	自然保护区		0
	生态限制区		0
	人文保护区		0
	坡度大于 25° 区域		0
	矿产压覆区		0

3.3.4　基于层次分析法的权重计算

采用层次分析法确定权重，最终计算出的权重见表 3-3。

表 3-3　各因素权重表

一级指标	二级指标	评价因子	权重
自然因素	地形	坡度	0.20
		高程	0.15
		坡向	0.09
		地形复杂度	0.13
	地质	地基承载力	0.12
社会经济因素	区位	建成区	0.07
	交通通达度	国道、省道	0.08
		县道、乡道	0.09
其他因素	土地利用	土地利用类型	0.07

3.3.5　评价单元尺度分析

进行土地评价，需要对评价单元进行划分，且评价单元是整个评价的基础。土地评价对象的最小单位即土地评价单元（董亮，2010）。虽然土地的各种特征在空间分布上表现为无规律的连续变化，但在单个评价单元内，土地的各种特性则相对均一，且能看出土地利用的程度和水平。在评价单元的对比中，不同评价单元具有明显的差异性和可比性，同一评价单元内的土地的基本属性具有一致性。对于整个土地评价范围的土地，可以按土地形状的组合方式，将其划分成一个个土地片，即土地评价单元（董亮，2010）。对各个评价单元进行差异性的综合分析评价，对每个评价单元的结果进行综合整理即得到土地评价的结果（孙艳敏，2005）。土地评价单元最终会反映出土地评价的结果。

评价单元的划分有多种方式，常见的有三种类型，即以土地资源分类单元划分、以土壤分类单元划分、以土地利用现状分类单元划分。此外，有一些其他划分方式，如以地貌单元划分、以行政单元划分、以多属性叠置分析形成碎多边形划分、以 GIS 栅格为基础的地理网格单元划分。近年来，随着 GIS 等空间信息技术的发展及其在土地评价中的应用，在建设用地适宜性评价中，出现了越来越多的用网格法划分土地评价单元的现象。

本书评价单元的划分采用网格法，即将评价区域划分为相邻的规则网格。参考已有研究，网格大小通常是 10m×10m×30m×30m，结合数据可获取性选择的网格大小是 15m×15m，所有图层的栅格大小均以此为基准进行分值的计算和最终结果的计算。网格法计算简单，标准统一，相较于传统的评价单元划分法，其评价单元更小，对评价区域的划分更精细，能充分反映评价单元的一致性和差异性。在 GIS 的支持下，网格单元与 GIS 的栅格数据相吻合，便于计算机分析和处理，计算效率高，而且其中间成果是基于网格的，其成果更有利于应用。

3.3.6 评价因子分值量化方法研究

不同的评价因子对评价结果的影响是不同的，如何度量这些因子也是一个关键的问题。从空间形态上看，这些影响因子可以分为点状因子、线状因子和面状因子。不同空间形态因子的量化方法各异。

1. 点状因子、线状因子量化方法

这类因子的量化既与其距离设施的相对远近有关，又与因子涉及的设施规模有关。它们的影响一般表现为扩散型，如城镇区位、道路交通、河流、建成区。计算点状因子或线状因子的作用分值时，根据评价单元与中心点或线的相对距离，以指数或线性方式向外衰减。因子作用分值的计算通常有两种衰减模型，指数衰减模型和线性衰减模型。

1）指数衰减模型

$$f_i = M_i^{1-r} \quad \left(r = d_i / d\right) \tag{3-9}$$

式中，f_i 为因素作用分值；M_i 为规模指数；d_i 为实际距离；d 为因素影响半径；r 为相对距离。

2）线性衰减模型

线性衰减模型的公式为

$$f_i = M_i\left(1 - r_i\right) \tag{3-10}$$

式中，f_i 为在某个相对距离上某因素对土地的作用分值；M_i 为某个因素个体第 i 级规模指数；$r_i = d_i / d$，表示评价因子与评价单元间的相对距离，d_i 为实际距离，d 为因素影响半径。

在计算扩散型因子，如城镇区位、道路交通、河流、建城区的分值时，其计算基于指数衰减模型，并结合实际研究情况，对要素因子做缓冲区分析，对不同的缓冲距离区域分类，对不同的缓冲距离赋予不同的分值。

2. 面状因子量化方法

面状因子呈均匀分布状态，很多情况下具有非扩散性质和全域覆盖性质，计算其作用分值的时候可直接采用区域赋值的方法（李团胜等，2013）。计算分值时，将土地评价单元图与面状因子样点进行空间叠加，落入面状因子内的评价单元作用分直接取面状因子的功能分。常用的面状因子的量化方法有最大最小值法和均值度法。本书在研究区位因素时，对于属于面状要素的建成区，并没有将其视为均质区，而是将其视为扩散性因子，计算其分值时，按照线性衰减模型，通过获取缓冲区计算其分值。

1）最大最小值法

该类方法指标分值的计算分两步进行。

第一步：按如下公式计算指标的初始值。

$$f_i = \frac{100\left(x_i - x_{\min}\right)}{x_{\max} - x_{\min}} \tag{3-11}$$

式中，f_i为某因子的指标作用分值；$x_{\max}$、$x_{\min}$、x_i分别为指标最小值、指标最大值和某单元实际指标值。

第二步：对求出来的指标的初始值部分进行修正，可以根据评价的实际情况和要求进行。指标的初始值只是计算出来的属性值的相对值，实际中可能会使用绝对值，如坡度，并且也可以根据指标的初始值的分布情况进行标准的设定。

2）均值度法

均质区有三种类型，分别是数值型均质区、阈值型均质区、语言型均质区。数值型均质区，其衡量定级因子优劣的原始数据为可度量的数值，依据这些数据划分的均质区称为数值型均质区，如人均耕地等。阈值型均质区是定级因子的原始数据为包含一定区域的阈值，且已划分出若干级别的均质区，如有机质含量、钾等。区域状态为语言表述的均质区称为语言性均质区，如地貌类型、土壤类型等。

采用均值度法一般要先进行均质程度的检验。不同类型的均质区有不同的量化方法。数值型均质区的计算公式为

$$P_i = \frac{100\left(b_i - b_{劣}\right)}{b_{优} - b_{劣}} \tag{3-12}$$

式中，P_i为某因子在第i级情况下均质区的作用分值；$b_{优}$、$b_{劣}$及b_i分别为某因子最优、最劣及第i级均质区的原始数据均值（史利霞，2013）。其他两种类型均质区分值的计算与该均质区类似，只是b_i的取值有差别。可将高程、坡度、地形复杂度、地基承载力视为属于数值型均质区进行划分的度量值。这些因子分值的计算均基于以上公式，并进行

了分值的分类和无量纲化。

3. 评价因子的无量纲化

不同的评价因子，其计算出来的指标值单位或者量纲是不同的，例如坡度和缓冲距离。对于各种因子计算出来的分值，还需要进行无量纲化，可归纳为四种类型无量纲化：正向因子、负向因子、适度因子和定性因子的无量纲化。

正向因子即实际指标值越大越好的一类指标，如交通通达度、地基承载力。该类无量纲方法可用数学公式表示如下：

$$X_i=\begin{cases}0 & S_i<D_{i\min}\\ \dfrac{S_i}{D_i}R_i & D_{i\min}\leqslant S_i\leqslant D_{i\text{opt}}\\ R_i & S_i>D_{i\text{opt}}\end{cases} \tag{3-13}$$

式中，X_i为 i 种因子的量化指数；D_i为对 i 因子的要求值；$D_{i\min}$为 i 因子要求的低限；$D_{i\text{opt}}$为 i 因子的理想值；S_i为因子的量测值；R_i为常用保证率测度，表示 i 因子的风险性测定。

负向因子与正向因子相反，即指标值越大土地质量越差的一类指标，如坡度、地形复杂度、与城镇中心的距离等。其无量纲方法可用式（3-14）表示：

$$X_i=\begin{cases}R_i & S_i<D_{i\min}\\ \left(1+\dfrac{S_i-S_{i\max}}{S_{i\max}-S_{i\min}}R_i\right) & D_{i\min}\leqslant S_i\leqslant D_{i\max}\\ 0 & S_i>D_{i\max}\end{cases} \tag{3-14}$$

式中，$D_{i\max}$表示对该因子要求的上限，其他符号同上。

适度因子指某种土地用途对该因子的需求存在一个适宜范围，既不能低于一定值，也不能高于某一值，过多过少都会成为限制因素，如高程，可用式（3-15）表示，式中符号同上。

$$X_i=\begin{cases}0 & S_i<D_{i\min}\text{或}S_i>D_{i\max}\\ \dfrac{S_i-S_{i\min}}{S_{i\text{opt}}-S_{i\max}}R_i & D_{i\min}\leqslant S_i\leqslant D_{i\text{opt}}\\ \dfrac{S_{i\max}-S_i}{S_{i\max}-S_{i\text{opt}}}R_i & D_{i\text{opt}}\leqslant S_i\leqslant D_{i\max}\end{cases} \tag{3-15}$$

定性因子一般不能用连续的数值表示，如坡向。对于这类因子，采取直接赋值的方式。

基于以上分析，并结合网格法划分的评价单元，所有因子无量纲化的值取整数 0～5，即 $R_i=5$，$0\leqslant X_i\leqslant 5$ 即无量纲化后各评价要素的栅格单元值取值范围为 0～5。在无量纲化分值标准设定时，基于以上公式进行定量化分析，并对个别因子的评价分值进行分类和调整，使之更符合研究实际，见表 3-3。

3.3.7　评价分值的计算

评价分值的计算大体上分为两个过程。第一个过程是单因子分值的计算，第二个过程是综合分值的计算。其计算流程如图 3-3 所示。

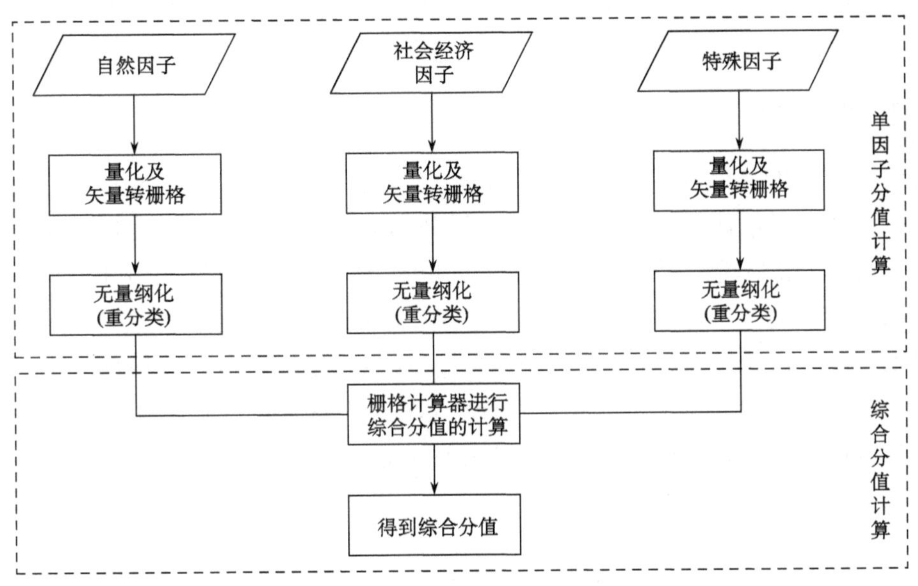

图 3-3　评价分值的计算过程

1. 单因子分值的计算

单因子即参与评价的各个要素，包括自然的和社会经济的，对于地形因子，包括高程、坡度、坡向和地形复杂度，其数据是 DEM，可以在 ArcGIS 空间分析模块的支持下，直接进行地形因子分值的计算，其数据格式不需要进行转换，计算出来的值即因子的量化值，对于量化值，使用 ArcGIS 重分类功能进行无量纲化，得到各因子相应的评价分值。对于地基承载力，其数据基础是地表的组成类别，即地层数据，属于矢量数据，且是面状数据，对于这类数据，在计算时，采用均质度法对不同的地层类别赋予不同的分值，得到分值后，还需要进行矢量转栅格的操作。对于得到的栅格数据，同样使用重分类功能进行无量纲化，得到相应的因子评价分值。交通因子、区位因子的数据分别属于矢量格式的线状数据和点状数据，其对评价结果的影响属于扩散型，其分值的量化首先对其进行缓冲区分析、赋值，然后进行矢量转栅格的操作，最后进行重分类操作，无量纲化，得到评价分值。土地利用现状数据和建成区数据属于矢量格式的面数据，其分值的量化采用均质度法赋值，之后是矢量转栅格，重分类进行无量纲化操作，得到评价分值。

对于其他要素，主要是一些特殊要素，如基本农田保护区、自然保护区、生态限制区、人文保护区、矿产压覆区、坡度大于 25° 区域直接转为栅格，赋值为 0 即可。

2. 综合分值的计算

对各个评价因子的计算得到的分值均是 0～5 的栅格值，在得到各个因子的评价分值后，即可采用极限一般的评价模型进行综合分值的计算，其在 ArcGIS 中实现，即使用栅格计算器对各个因子的图层进行运算得到综合评价分值。

3.3.8　评价结果分级

得到综合评价分值以后，将综合分值转变为百分制。然后根据数据分布情况，采用自然断点法，根据评价分值，将评价结果分为非常适宜建设区、较适宜建设区、一般适宜建设区、限制建设区和禁止建设区。其中，禁止建设区即评价分值为 0 的区域，各特殊因素所在的区域的评价结果都会是禁止建设区。限制建设区是某一评价因子限制性比较突出的区域，如地基承载力不足，地形坡度过大，所在区域偏僻，作为建设用地的话，需要对其进行一定的改进。一般适宜建设区、较适宜建设区和非常适宜建设区均是可以进行建设的区域，只是其适宜性的程度有所差异，如所需要的经济投入、地面工程量。

3.4　邵武市建设用地适宜性评价及结果分析

根据前述评价方法，对邵武市建设用地适宜性进行评价。各类评价因子分值均为 0～5 的栅格分值，成果图的颜色均采用同一颜色标准。

3.4.1　单因子影响评价

1. 高程影响评价

高程分值基于 DEM 计算，对 DEM 的高程值按照表 3-3 的分类标准进行，最终计算出来的分值结果如图 3-4 所示。

2. 坡度影响评价

基于 DEM 计算坡度，计算出来的分值如图 3-5 所示，在坡度分值的计算中，直接将坡度大于 25° 的区域赋值为 0。其他的赋值标准参照表 3-3。

3. 地形复杂度评价

采用移动窗口法，按照式（3-7），对高程、坡度和地形起伏度 3 个要素进行计算，最终得到的地形复杂度分值图如图 3-6 所示。

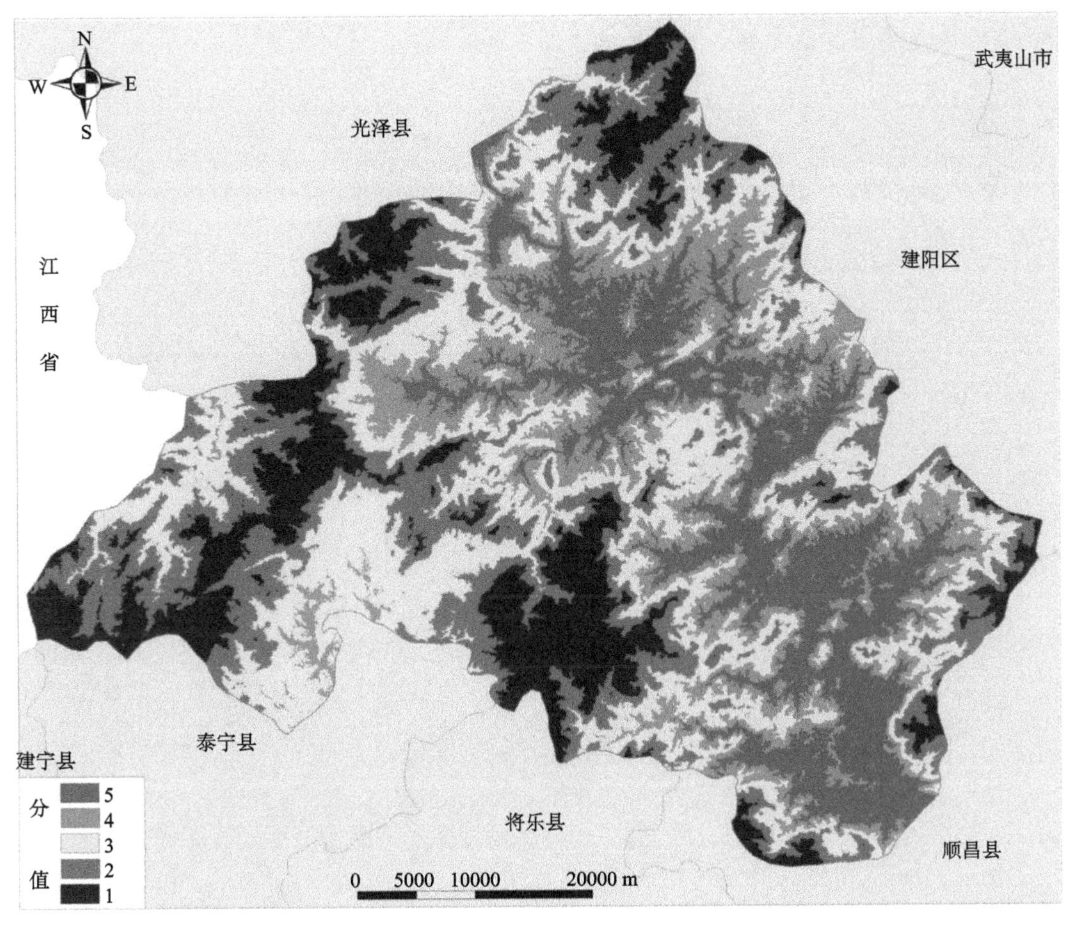

图 3-4　高程评价分值图

4. 区位影响评价

区位影响通过建成区反映，建城区包括市区建成区、乡镇建成区及村建成区，此外建成区也可以反映出人口经济发展水平的影响，建成区一般是人口比较集中的地方，经济水平相对较高。分别对于各类建成区进行缓冲区分析，根据市区及缓冲区距离区 20km、40km 和 60km 三级，得到市区、0～20km、20～40km、40～60km 四级，评价分值分别赋为 5、4、3、2，对于不在缓冲区范围内的赋值为 1，缓冲区叠加的区域取分值较大的。由于市区和乡镇的影响范围不同，这里乡镇建成区则取缓冲距离 5km、10km 和 15km 三级，得到乡镇建成区、0～5km 缓冲区、5～10km 缓冲区、10～15km 缓冲区四级，评价分值同样赋为 5、4、3、2，对于不在缓冲区范围的赋值为 1。各类建成区的原始数据为 shp 矢量数据，通过在遥感影像上分类和手动数字化相结合的方式得到。在各类建成区 shp 矢量数据的基础上进行缓冲区分析，得到缓冲区之后，将缓冲区矢量数据进行矢量到栅格的转换，栅格的大小为 15m×15m，栅格的值由矢量缓冲区的数据的属性字段得到，即各评价单元的值。最终得到评价分值如图 3-7 所示。

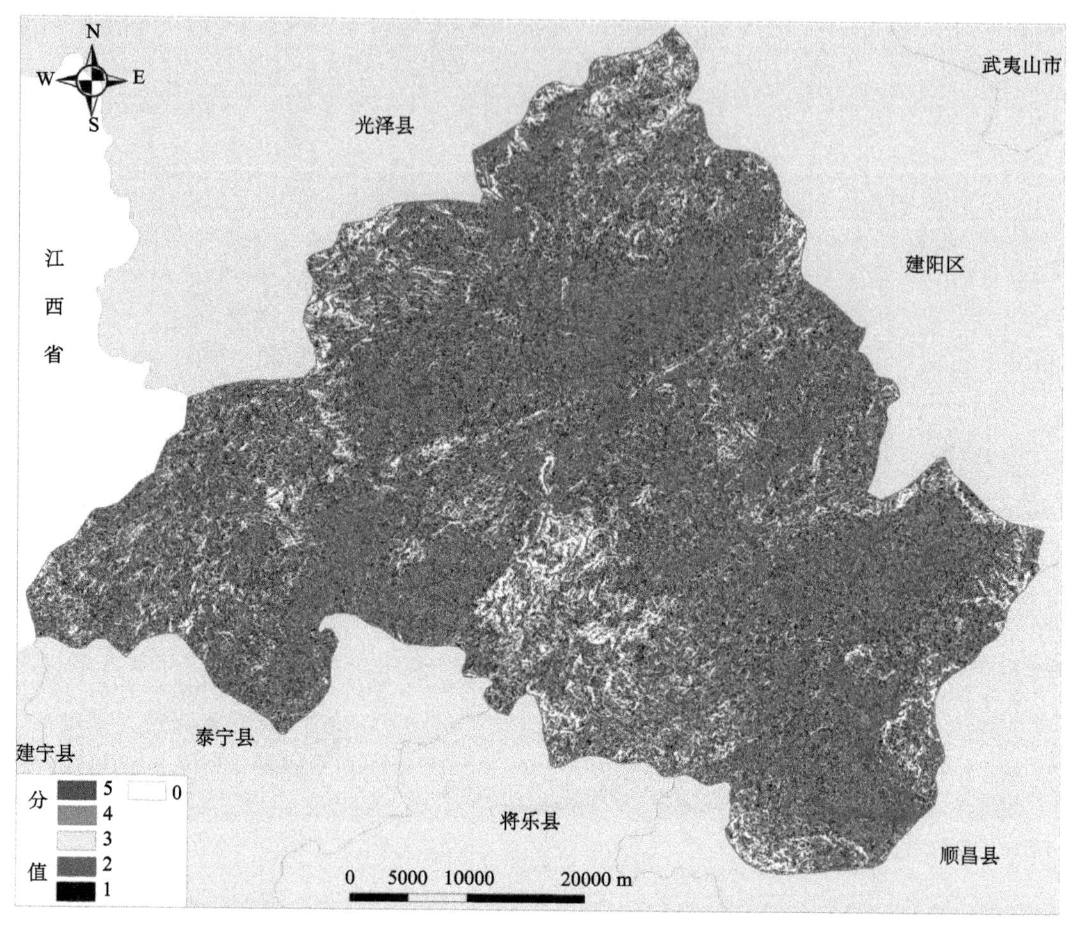

图 3-5　邵武市坡度分值图

5. 交通通达度影响评价

邵武市有很多重要交通干线，其交通通达度的计算首先是各类交通路网的密度计算，交通线路密度的计算通过各类交通线路的分布情况求得，对于不同类型的交通线路，主要有高速公路、国道、省道、县道、乡道，设置不同的缓冲距离（参考表 3-2），赋予不同的分值，对于缓冲叠加的区域，在一定的阈值设置下，进行一定的累加计算，使得同一区域的交通通达度能够反映其所在区域各类交通线路的综合影响。计算的分值分布如图 3-8 所示。

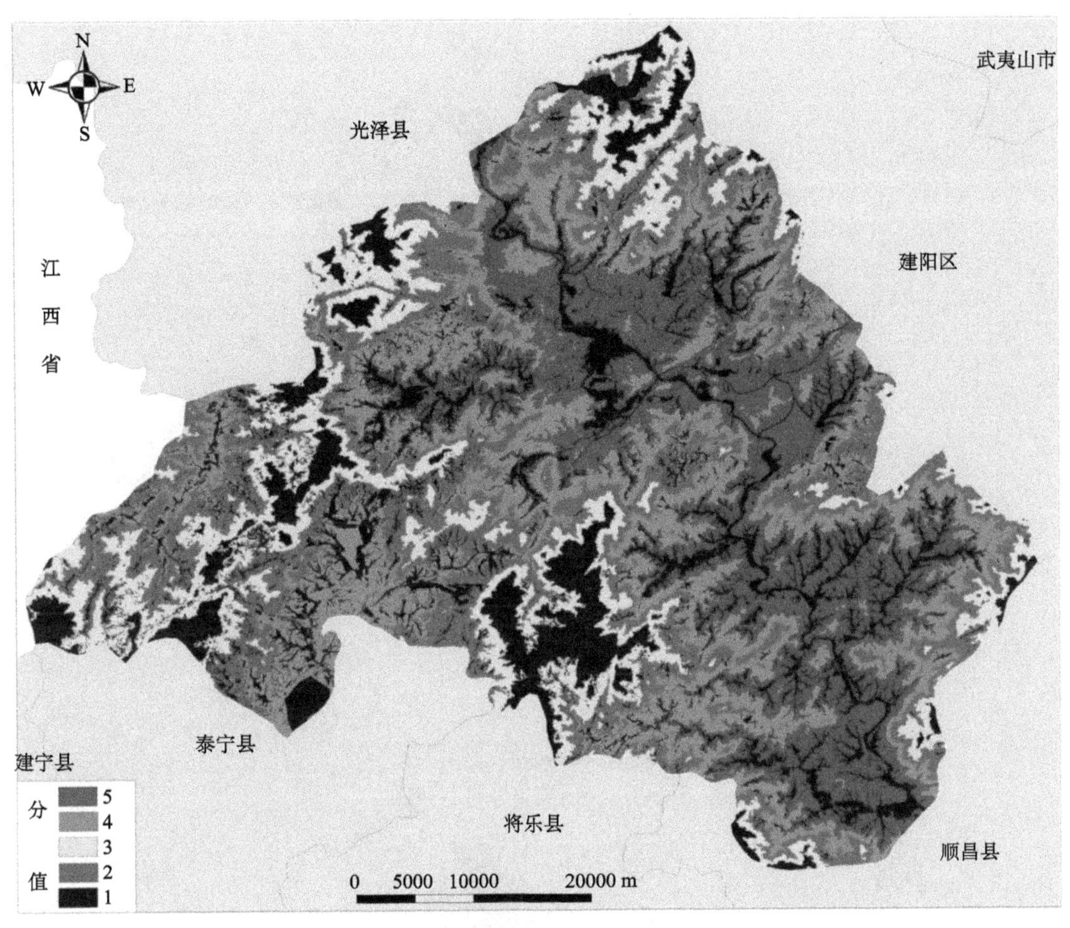

图 3-6 邵武市地形复杂度分值图

6. 特殊因素影响评价

特殊因素即各类极限因素，有基本农田保护区、生态限制区、自然保护区、人文保护区、生态限制区和坡度大于 25° 区域，其所在区域如图 3-9 所示。图 3-9 中，将各类特殊区域综合叠加，其影响分值均为 0。

3.4.2 综合评价结果

对上述各评价因子的分值用栅格计算，采用极限一般评价模型，进行相加和相乘运算，得到综合评价分值后，将评价分值为 0 的区域直接划分为禁止建设区，对于评价分值不为 0 的区域，采用自然断点法将结果分值分为四级，分别是非常适宜建设区、较适宜建设区、一般适宜建设区、限制建设区四类，如图 3-10 所示。

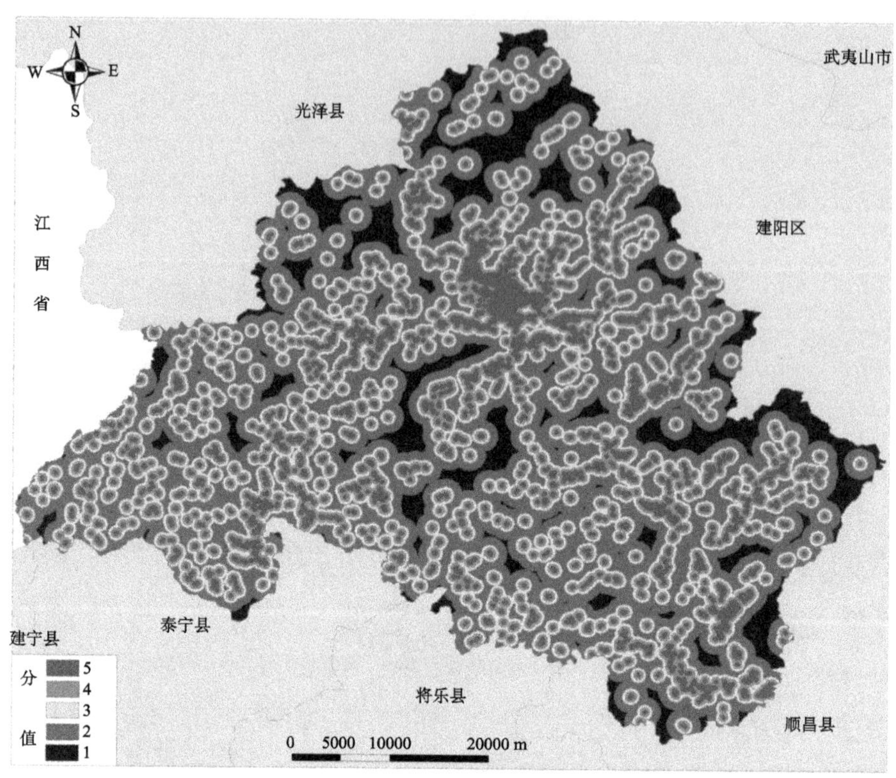

图 3-7　区位因素评价分值图

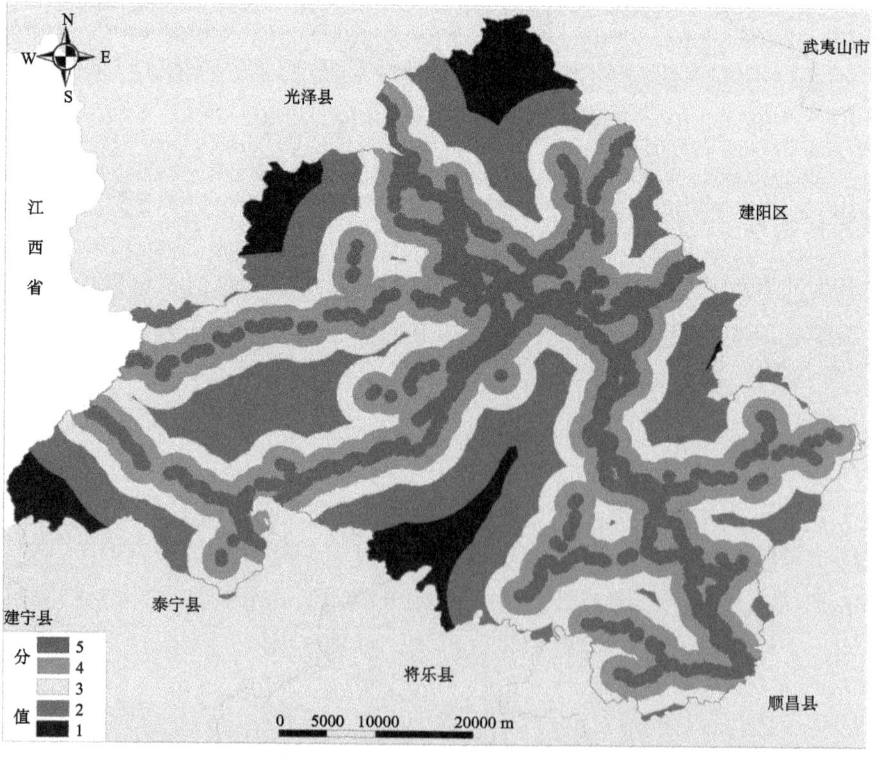

图 3-8　交通通达度评价分值图

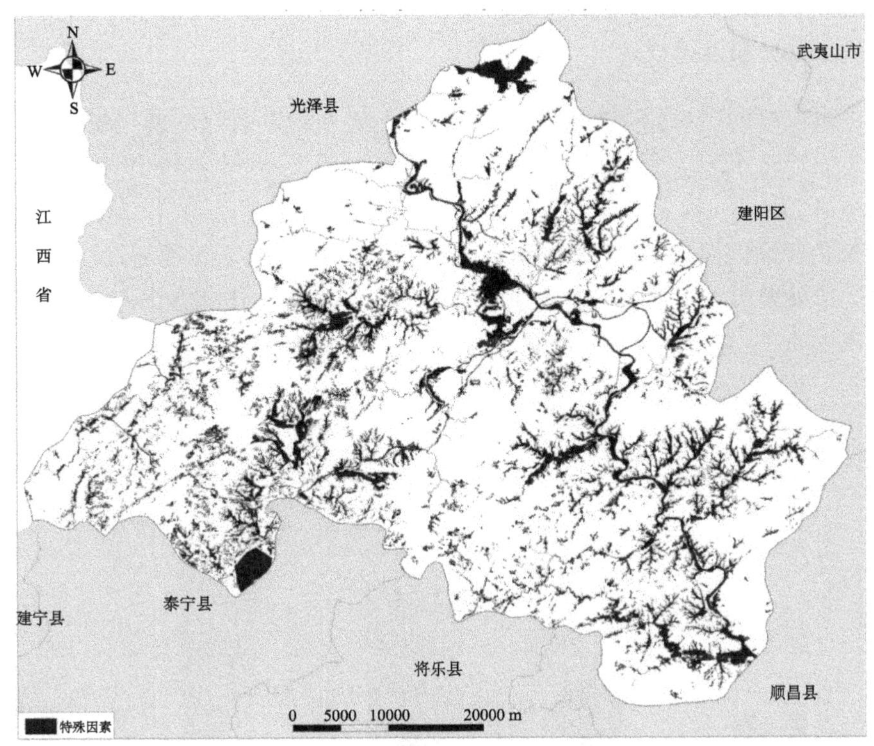

图 3-9　特殊因素综合分布图

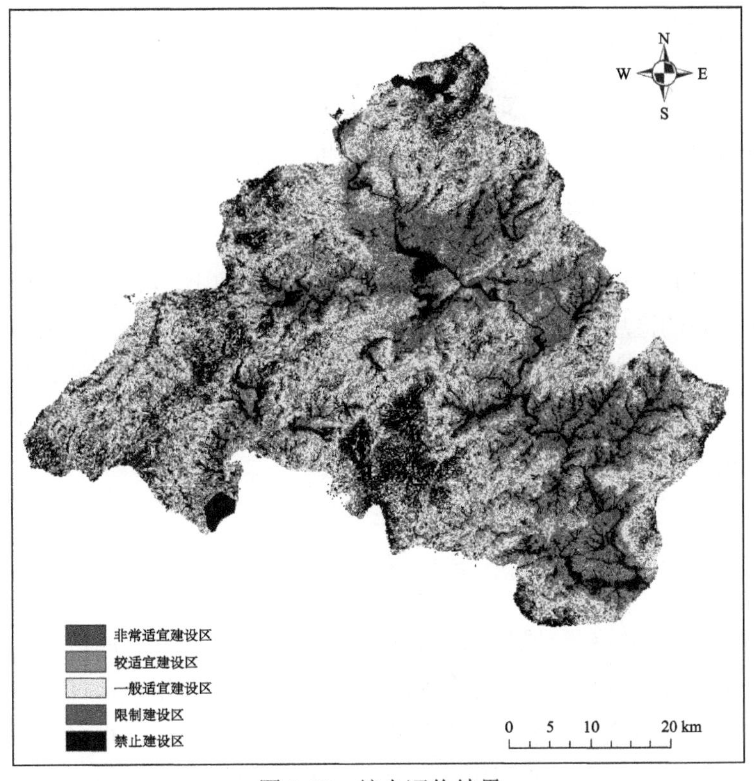

图 3-10　综合评价结果

3.4.3 评价结果分析及建议

邵武市土地总面积是 2852km^2，研究结果中，非常适宜建设区面积是 408.12km^2，占总面积的 14.31%；较适宜建设区面积是 461.74km^2，占总面积的 16.19%；一般适宜建设区面积是 674.21km^2，占总面积的 23.64%；限制建设区面积是 877.85km^2，占总面积的 30.78%；禁止建设区面积是 430.08km^2，占总面积的 15.08%。各类适宜性面积所占比例见图 3-11。结果表明，邵武市不适宜建设开发的土地面积高达 45.86%，较适宜建设开发的土地面积仅约 30.50%，因此，邵武市可用于建设开发的土地有限，需合理规划利用。

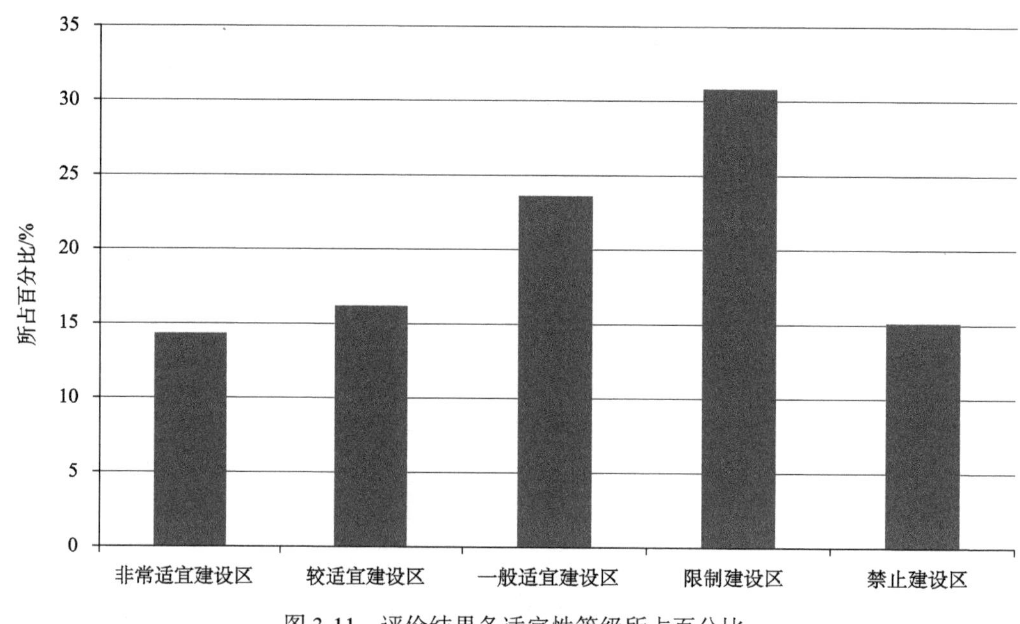

图 3-11　评价结果各适宜性等级所占百分比

另外，可以看到，邵武市非常适宜建设区主要分布在现有建成区附近、地势平坦的区域及交通区位好的区域，禁止建设区及限制建设区主要分布在一些偏远地区，这里地势陡峭、坡度大、海拔高。从行政区划来看，邵武市城郊镇、下沙镇、沿山镇适宜建设用地分布区域多，建设用地面积大；大埠岗镇、和平镇、金坑乡等乡镇限制建设区和禁止建设区分布较多，可适宜用作建设用地的面积不多。

3.5 小　　结

多因素综合叠加模型在一般的土地适宜性评价中得到了广泛的应用，其计算简单，易于理解，在建设用地适宜性评价中得到了广泛的应用。近年来，在人口、资源、环境问题突出，建设用地紧缺，人地矛盾突出的背景下，国内进行了很多建设用地适宜性评价的研究，研究的目的、面向的问题多种多样，以土地的合理利用、城市用地规划、建设用地拓展居多。从研究区域的特点上看，出现了越来越多的针对山地城市建设用地的适宜性评价。特别是随着国内经济的发展，城市化进程的加快，城市建设用地紧缺的问题突出，尤其是山区，一边要拓展建设用地空间，一边要切实保护耕地。近几年，国内西北、西南、东南等山区城市掀起了轰轰烈烈的“削山造地，上山建城”工程或项目。这些工程或项目的实施均需要建设用地适宜性评价作为支撑。山区与平原区域的城市具有截然不同的自然环境条件，其生态环境脆弱，不合理的开发利用极易导致人地关系的不协调，造成水土流失和生态退化，影响土地的可持续利用，甚至引发严重的地质灾害。可以看出，这种环境下的建设用地适宜性评价有很多特殊的因素，对建设用地适宜性评价具有严重限制性，如生态限制区、基本农田保护区、地质环境条件恶劣区、矿产压覆区等，对于这些区域应该直接划为不适宜建设区。

应当指出，对于建设用地，在目前人类的技术工程水平下，并不存在绝对不可利用的情况。人类可以削山填海，只是开发使用成本、限制性大小、经济可行性等会有差别。在改进措施程度和大小对评价结果的影响方面未进行研究，当前的土地评价对这方面也缺少研究，希望以后的研究能在这方面做一定的探索。另外，建设用地适宜性具有时间属性，并不会永久不改变，随着社会经济的发展和人类活动的影响，适宜性会随着时间不断发生变化，当前被评为不适宜建设的区域，将来也有可能高楼林立，作为建设用地使用。评价结果是相对的，在一定的时间和条件下才有参考意义。本书基于研究区的现状进行评价和研究，局限于当前，未考虑其发展变化情况。任何地理空间对象均有时间属性和空间属性，土地作为其一类地理空间对象，其时间属性也应当在研究中予以考虑，希望在以后的研究中对该方面予以探索。

对于评价单元，其适宜性评价会受到相邻单元的影响，本书采用移动窗口法对于地形因素从水平方向上进行了考虑，但一些其他因子也可以考虑，在这方面还可以做一些探索研究。另外，对于移动窗口法，其窗口选取的大小、窗口内的相互影响计算规则，也需要进一步做一些深入的研究。

第 4 章　土地生态服务功能与生态安全评价条件下的障碍因子分析技术

本章基于建设用地空间拓展的目标导向，以景观生态学、生态系统健康、人地关系等为理论基础，提出土地生态服务与生态安全评价的指标体系，研究土地生态服务功能与生态安全评价方法，筛选出建设用地空间拓展的土地生态安全约束区，为海西建设用地空间拓展综合评价和山海原一体化规划提供生态安全决策依据。

4.1　土地生态服务功能与生态安全评价条件下的障碍因子分析技术路线

本节的研究方案与总体技术路线如图 4-1 所示。整个研究的开展主要分为前期数据准备、城市生态系统服务评价和生态安全评价以及生态安全约束区提取 3 个环节。首先，选取海西的主体——福建省为研究区，晋江市和邵武市为示范区，获取研究区内的遥感影像、DEM 及其他辅助数据并进行预处理。继而，构建城市土地生态系统服务评价指标体系，选取科学、合适的评价方法，对城市土地生态系统服务价值进行计算和分析，实现城市土地生态系统服务的空间可视化、结构性分析等，全面分析和了解城市土地生态系统服务的分布特征。其次，基于生态系统服务功能评价，构建生态安全评价指标体系，设置指标权重计算生态安全值，根据生态安全分级标准划分生态安全等级，以期了解研究区生态安全值空间分布及等级划分，并筛选出城市土地生态安全敏感区。最后，根据研究区生态保护红线数据，结合城市土地生态安全敏感区进行空间分析，提取研究区生态安全约束区，即为研究区建设用地空间拓展提供基于生态系统服务与生态安全评价条件的生态安全约束区作为限制甚至禁止建设区。

4.2　土地生态服务与生态安全评价的指标体系研究

生态系统服务评价，首先要确定生态系统服务指标体系及其相应的评价方法。对生态系统服务指标体系的构建，以 Costanza 等（1998）、千年生态评估（Millennium Ecosystem Assessment，2005）、谢高地等（2008，2015）为代表的研究，已经发展成熟。但是，根据研究区的具体区域特征，构建评价指标体系要兼顾生态系统结构和功能的完整性，得出的结果才具有可靠性和可比性。

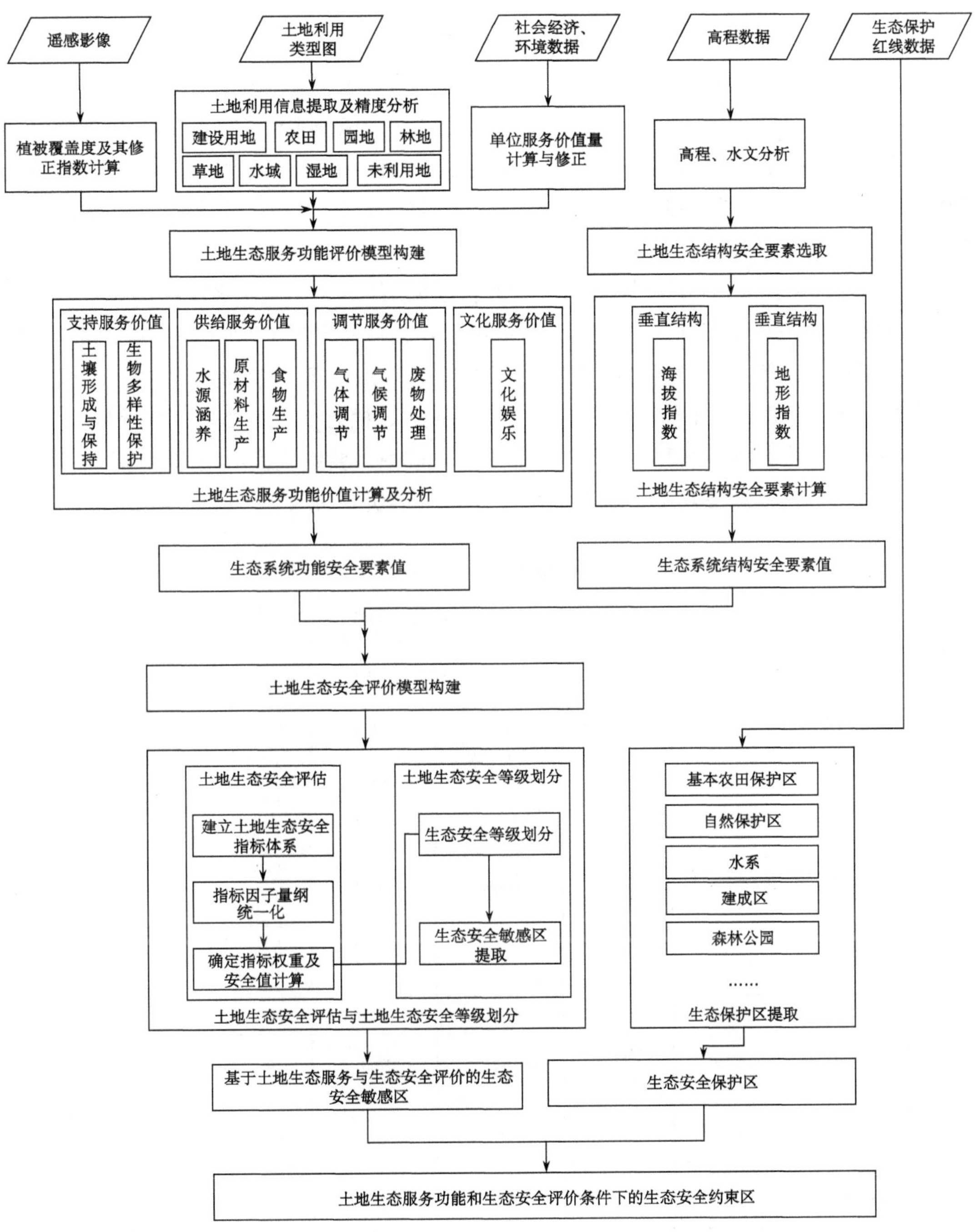

图 4-1　土地生态服务功能与生态安全评价技术路线图

4.2.1　生态系统主要服务功能构成

案例研究中，选取陆域土地生态系统评价 13 例，近海海洋生态系统评价 16 例，分析各生态系统主要服务功能组成（表 4-1），进而构建滨海城市生态系统服务价值评价指标体系。研究发现生态系统排名前 4 项功能价值和对总价值的贡献率可达 72%～98%。

陆域生态系统（包括城市生态系统、土地生态系统等行政区域性生态系统）中生态系统功能加权排序靠前的主要生态系统服务功能依次为涵养水源（33）、土壤形成与保持（24）、废物处理（24）、固碳释氧（22）、生物多样性保护（8）、食物生产（5）。陆域土地生态系统中主要组成为林地、草地、农田、园地、水域、湿地、建设用地，对应于上述生态系统的服务功能。

近海生态系统（包括近海生态系统、海洋生态系统等）中生态系统功能排序靠前的主要生态系统服务功能有食物生产（渔业资源、食物食品生产等）（43）、文化旅游（休闲娱乐、科研文化等）（34）、气体调节（固碳释氧）（23）、污染物处理（N/P/COD/石油等污染物处理）（12.5）、生物多样性保护（基因资源、栖息地、生物多样性保持）（11）、营养物质循环（生物能量循环）（6）。近海生态系统中主要组成为沿海滩涂和近海海域，对应于上述生态系统服务功能，主要侧重于人类从中获益的服务价值计算。

表 4-1　生态系统主要服务功能及其贡献率

（朱文泉等，2007；师庆三等，2010；夏涛等，2014；高常军等，2017）

生态系统类型	研究案例	生态系统服务功能（价值排序）					贡献率/%
城市生态系统	中国陆地生态系统	气体调节	水土保持	水源涵养	有机物质生产		95
	中国	养分循环	水源涵养	干扰调节	废弃物处理		72
	西安市南郊土地生态系统	土壤形成与保持	废弃物处理	水源涵养	生物多样性保护	气候调节	74
	重庆市武隆区土地生态系统	土壤形成与保持	水源涵养	气体调节	生物多样性保护	气候调节	73
	福州市土地生态系统	水源涵养	废弃物处理	土壤形成与保持	生物多样性保护	气候调节	74
	厦门市同安区生态系统	固碳、释氧	净化空气	水源涵养	土壤形成与保持		96
	呼和浩特市生态系统	土壤形成与保持	废弃物处理	水源涵养	气候调节	气体调节	74
	西双版纳生态系统	固碳、释氧	涵养水源	生物多样性保护	积累营养物质		88
	武汉城市圈土地生态系统	水文调节	废弃物处理	维持生物多样性	气候调节	土壤保持	75
	南京市土地生态系统	废弃物处理	土壤形成与保持	食物生产	气候调节	生物多样性保护	79
	天津滨海新区土地生态系统	废弃物处理	水源涵养	气候调节	娱乐文化		81
	新疆地区土地生态系统	固碳	释氧	有机物质生产	水源涵养		96
	长株潭地区土地生态系统	水源涵养	废弃物处理	土壤形成与保持	生物多样性保护	气体调节	73

续表

生态系统类型	研究案例	生态系统服务功能（价值排序）					贡献率/%
近海生态系统	杭州湾海岸湿地生态系统	水质净化	物质资源	生物多样性保护	旅游休闲		80
	江苏近海生态系统	休闲娱乐	捕捞生产	养殖生产	氧气生产		97
	厦门湿地生态系统	污染物净化	休闲旅游	物质生产	消浪护岸		96
	厦门湾近海生态系统	干扰调节	科研文化	废弃物处理	基因资源		77
	桑沟湾海洋生态系统	渔业生产	气体调节	空气净化	滨海旅游		97
	泛亚码头海洋生态系统	营养物质	废弃物处理	食物生产	物种多样性		96
	庙岛群岛生态系统	旅游价值	气候调节	食品生产	氧气生产		83
	珠江口近海生态系统	休闲娱乐	港航资源	气体调节	养殖生产		86
	胶州湾滨海湿地生态系统	食品生产	水源涵养	气候调节	原料生产		93
	渤海海域生态系统	初级生产	生物多样性保护	休闲娱乐	气候调节		92
	广东近海海洋生态系统	旅游娱乐	食品供给	空气质量调节	气候调节		86
	广东省滨海湿地生态系统	食物供给	休闲旅游	电力供给	固碳		96
	雷州半岛近海海洋生态系统	食品生产	空气质量调节	气候调节	旅游娱乐	污染物处理	86
	辽宁近海海洋生态系统	旅游娱乐	食品供给	水质净化	空气质量调节		88
	罗源湾生态系统服务	食品生产	气候调节	营养物质循环	废弃物处理		90
	双台河口湿地生态系统	生物栖息地	供水蓄水	物质生产	气候调节		98

4.2.2　城市生态系统服务评价指标体系

通过生态系统服务评价指标体系主要评价方法和生态系统主要服务功能构成研究分析，结合层次分析法，确定滨海城市生态系统服务指标体系，如图 4-2 所示。

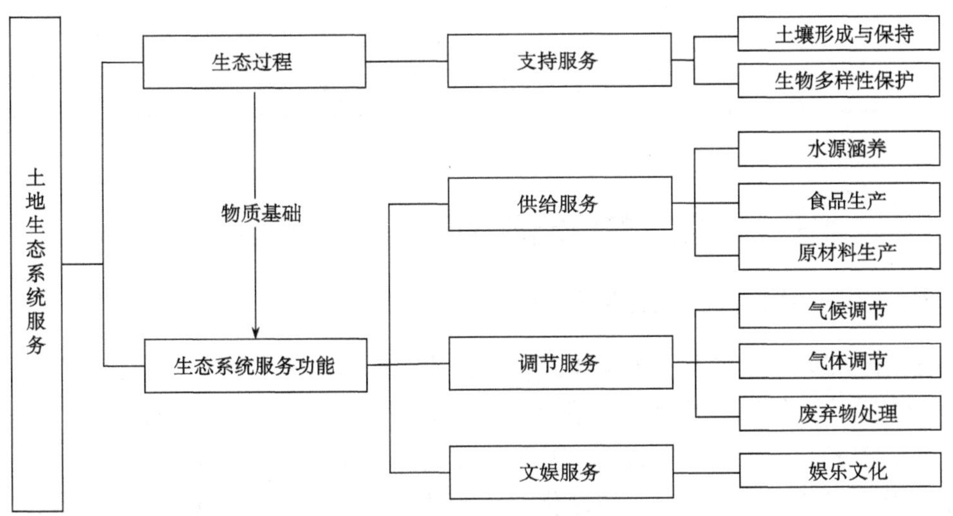

图 4-2　生态系统服务评价指标体系

城市生态系统服务要素层中，气候调节包含 Costaza 体系的干扰调节，土壤形成与保持包括 Costaza 体系的土壤形成、营养物质循环、侵蚀控制三项功能，生物多样性保护包括授粉、生物控制、栖息地、基因资源四项功能（谢高地等，2008）。

4.2.3 城市生态安全评价指标体系

根据生态系统的特点，在生态系统服务功能要素基础上，引入生态结构安全要素，利用层次分析法，进一步明确生态系统结构、过程和功能的表达方式，建立其相应指数的要素层来表示指标层的各项指标。各项指标的确定要具有代表性，符合区域特征且指标之间具有不相关性。

结合研究区区域特征，根据上述指标构建方法，得出城市生态安全评价指标体系，如表 4-2 所示。陆域生态安全评价要素包括地形指数、海拔指数、土壤形成与保持、生物多样性保护、食品生产、原材料生产、水源涵养、气体调节、气候调节、废弃物处理、娱乐文化等。

表 4-2　生态安全评价指标

<table>
<tr><th>目标层</th><th>准则层</th><th>指标层</th><th>要素层</th></tr>
<tr><td rowspan="11">土地生态安全</td><td rowspan="2">生态结构安全</td><td>垂直结构</td><td>地形指数</td></tr>
<tr><td>水平结构</td><td>海拔指数</td></tr>
<tr><td rowspan="2">生态过程安全</td><td rowspan="2">支持服务</td><td>土壤形成与保持</td></tr>
<tr><td>生物多样性保护</td></tr>
<tr><td rowspan="7">生态功能安全</td><td rowspan="3">供给服务</td><td>食品生产</td></tr>
<tr><td>原材料生产</td></tr>
<tr><td>水源涵养</td></tr>
<tr><td rowspan="3">调节服务</td><td>气体调节</td></tr>
<tr><td>气候调节</td></tr>
<tr><td>废弃物处理</td></tr>
<tr><td>文化服务</td><td>娱乐文化</td></tr>
</table>

4.3　土地生态功能服务与生态安全评价方法

4.3.1 生态系统功能服务主要评价方法

分析国内 39 个案例应用（表 4-3），评价频次排名靠前的依次是食品生产、水源涵养、原材料生产、固碳、释氧、土壤形成与保持、休闲娱乐、生物多样性保护、废弃物处理，与谢高地等（2008）所提出的 9 种主要生态服务要素层相一致。频次排名中间的是文教科研、营养物质循环、水质净化；频次排名靠后的是生物控制、干扰调节、基因资源、净化空气、提供生境等。

表 4-3　生态系统功能服务指标主要评价方法

生态系统功能服务类型		市场价值法	替代成本法	机会成本法	造林成本法	碳税法	工业制氧法	替代花费法	影子工程法	成本收益法	条件价值法	价值当量法	成果参照法	频次总计
目标层	指标层													
支持服务	土壤形成与保持	1	3	6					5			5	6	**26**
	营养物质循环	4	1	5								1	2	13
	生物多样性保护	1		2							2	5	9	19
	栖息地（生境）							1				1	2	4
供给服务	原材料生产	12	1	1				1				6	5	26
	食品生产	16										6	5	**27**
	水源涵养	4	1						12			5	5	**27**
	生物控制							2				1	6	9
	基因资源	1										1	6	8
调节服务	固碳				8	17								**25**
	释氧		2		5		18		1					**26**
	气候调节		2			3			2			6	5	18
	气体调节	1			2							6	4	13
	净化空气	1	3					3	1					8
	水质净化		8						2					10
	废弃物处理		5					1	1			6	4	**17**
	干扰调节				1			1	1			1	5	9
文化服务	休闲娱乐									14	1	6	5	**26**
	文教科研	1								5	4		5	**15**
总计		42	26	14	16	20	18	9	25	19	7	56	74	326

注：不同生态系统服务价值评价适用的方法不同，表 4-3 中灰色底纹标注常用评价方法。

生态系统服务价值主要评价方法包括市场价值法、机会成本法、替代成本法、碳税法、造林成本法、工业制氧法、替代花费法、影子工程法、成本收益法、条件价值法、价值当量法、成果参照法等。成本收益法主要指旅游费用法、科研成本法等，以直接经济收益计算。价值当量法主要包括 Costanza 等（1998）、谢高地（2008，2015）的当量因子法及其修正（以下简称当量因子法）。成果参照法主要包括常用的 Costanza 等（1998）、欧阳志云等（1999）、谢高地等（2015）的单位价值量，生物多样性保护（生物控制、基因资源）参照 De Groot 等（2002）的成果、Shannon-Wiener 指数法（Spellerberg and Fedor，2003）成果，成果参照法可以解决数据缺失问题，同时成果具有时效性。表 4-3 中生态系统服务及功能解释参照李京等（2003）文献中的解释。

不同生态服务价值评价适用的方法不同。土壤形成与保持常用评价方法为机会成本法和当量因子法；营养物质循环常用评价方法为市场价值法和机会成本法；生物多样性保护常用评价方法为当量因子法和成果参照法（Shannon-Wiener 指数法）；栖息地（生境）常用评价方法为成果参照法和替代花费法；原材料生产和食品生产常用评价方法为市场价值法和当量因子法；水源涵养常用评价方法为影子工程法和价值当量法；生物控制常用评价方法为成果参照法和替代成本法；固碳释氧常用评价方法为造林成本法、碳税法和工业制氧法；气候调节和气体调节常用评价方法为价值当量法；净化空气常用评价方法为替代成本法或者替代花费法；水质净化常用评价方法为替代成本法和影子工程法；废弃物处理常用评价方法为价值当量法和替代成本法；干扰调节常用评价方法为成果参照法和造林成本法；休闲娱乐常用评价方法为旅行费用法和价值当量法；文教科研常用评价方法为科研成本法和成果参照法（单项科研成果价值参照）。

39 个研究案例中，生态系统调节服务中气体调节、气候调节、固碳、释氧服务之间概念分界不清。气体调节是大气化学成分调节，例如 CO_2/O_2 平衡等；故而，固碳、释氧价值评价属于气体调节。气候调节是温度、降水及其他由生物媒介引起的全球及地区性气候调节；研究案例中部分气候调节功能是用固碳价值计算的，更确切地说这部分功能价值应属于气候调节，这是研究中需要明确的；当量因子法中气候调节功能指的是概念中的气候调节。

案例研究发现，土地生态系统服务评价方法应用最为广泛的是当量因子法。当量因子法可以有效地解决数据缺失的问题，适用范围广，且评价结果具有可靠性和时空性。

4.3.2 生态系统服务评价方法的选取

1. 生态服务价值评估

谢高地等（2015）通过对 Costanza 等研究成果的研究和改进，结合国内专家经验、国内诸多案例分析，制定出适合中国生态系统服务评价的服务价值当量因子表（谢高地等，2015）。可参考谢高地等（2003）的当量因子法根据研究区具体情况进行修订计算。

1）生态服务价值当量修正

根据谢高地等（2015）改进的价值当量表，给出各生态系统类型单位面积的服务价值当量数。其中园地取针叶林、草地的平均值（陶星名等，2006）；水域与水系对应；根据经济数据计算园地、旱地、水田单位面积作物产值，对比主要粮食平均单位面积产值，修正其食物生产当量数。生态服务功能对应起来，涵养水源包括水资源供给和水文调节；土壤形成与保持包括水土保持和养分循环；废弃物处理包括净化环境。最后，得出生态服务价值当量修正后的当量表。

2）单位当量生态服务价值计算

根据研究区农田生态系统主要农作物经济价值平均值的 1/7 来计算单位当量服务价

值，公式如下：

$$P_{\text{a}}=\frac{1}{7}\times\sum_{i=1}^{n}\frac{P_i}{n} \tag{4-1}$$

式中，P_{a}为 1 个服务价值当量因子的经济价值量；P_i为 i 类土地生态系统单位面积的经济产值。

3）陆域各生态系统类型单位面积生态服务价值计算

根据式（4-2）计算非建设用地单位面积生态服务价值。对于建设用地单位面积生态服务价值的计算，采用防治成本法计算气体调节服务价值，采用替代成本法计算水源涵养服务价值（杨子，2015），采用防治成本法计算废弃物处理服务价值（程红芳等，2008）。食品生产、土壤形成与保持、生物多样性保护等的服务取值为 0（蒋蕊竹等，2011）。

$$P_{ij}=e_{ij}P_0 \quad (i=1,2,\cdots,9;\quad j=1,2,\cdots,9) \tag{4-2}$$

式中，P_{ij}为第 i 种生态系统类型第 j 类服务功能的单位面积服务价值；P_0为单位当量服务价值；e_{ij}为第 i 种生态系统类型第 j 类服务功能的当量数。

2. 生态服务价值空间修正

1）基于植被覆盖度的陆域生态服务的价值修正

植被覆盖度（f_{v}）是指植被在地面上的垂直投影面积在单位面积上所占的比例，用来衡量地表植被覆盖的重要参数，也是指示生态环境变化的基本指标（何霜，2015）。每个像元的 NDVI 数据和 f_{v} 有如下关系：

$$\text{NDVI}=\frac{\text{NIR}-R}{\text{NIR}+R} \tag{4-3}$$

式中，NDVI 是归一化植被指数；NIR 和 R 分别是近红外波段和红光波段的地表反射率值。

$$f_{\text{v}}=\frac{\text{NDVI}-\text{NDVI}_{\min}}{\text{NDVI}_{\max}-\text{NDVI}_{\min}} \tag{4-4}$$

式中，f_{v}是植被覆盖度；$\text{NDVI}_{\max}$、$\text{NDVI}_{\min}$分别为 NDVI 一定置信区间（95%置信区间）内的最大值和最小值。

生态服务价值与生物量成正相关，生物量与 NDVI、植被覆盖度有高度相关性（王其翔，2009；黄可和熊显名，2009）。本书基于植被覆盖度大小修正陆域单元格生态服务价值空间分布。该修正应用于农田、林地、草地、园地等植被覆盖的土地利用类型。修订公式如下：

$$f_{\text{v}j}=\frac{f_{ij}}{\overline{f}_j}=\frac{\text{第}i\text{单元格第}j\text{类生态系统植被覆盖度}}{\text{第}j\text{类生态系统的植被覆盖度平均值}} \tag{4-5}$$

式中，$f_{\text{v}j}$为单元格生态服务价值修正因子。根据研究区植被覆盖度数据 f 统计计算旱地、水田、针叶林、灌木林、园地、草地等的平均值。

2）文化旅游价值修正

根据旅游成本法，借助研究区的文化古迹景点分布数据，以及通过 BIGEMAP 地图下载器网上获取的旅游景区分布数据，由旅游总收入计算研究区单位面积文化旅游标准值，分等级加权平均给不同等级的文化景点，通过 Kring 插值后，用价值当量法进行加权求和，修订旅游服务价值的空间的分布。

3）陆域生态系统服务总价值的计算

根据各像元对应的土地生态系统类型的各功能单位面积服务价值和单位像元面积计算土地生态服务总价值空间分布：

$$V(x,y)=\sum_{j=1}^{9}a\times P_j(x,y) \tag{4-6}$$

式中，$V(x,y)$ 为像元 (x,y) 处对应的生态系统服务总价值；a 为单位像元面积；P_j 为像元 (x,y) 处对应的生态系统类型第 j 种生态系统服务功能单位面积服务价值。

4.3.3 生态安全评价方法

1. 生态安全权重设置

根据研究区生态系统指标因子的特点，选取熵权系数法综合专家经验修正作为评价指标权重的依据。在评价中，因为各指标对评价单元的贡献不同，所以需要根据指标作用大小分别对其给予不同的权重。熵权系数法是根据指标的相对变化程度对系统整体的影响来决定指标的权重，这与土地利用安全性作用机理相似，影响土地生态安全的主要因素也是其中变化程度大的因素。因此，采用熵权系数法确定各指标的权重。

假设有 m 个评价样本，n 项评价指标，则用评价矩阵 $[Y]=\{y_i\}m\times n$ 表示，其中第 $i(i=1,2,\cdots,n)$ 项指标的权重计算公式为

$$E_i=-\frac{\sum_{i=1}^{n}y_i\ln y_i}{\ln m} \tag{4-7}$$

$$W_i=\frac{1-E_i}{\sum_{i=1}^{n}(1-E_i)} \tag{4-8}$$

式中，E_i 为指标的输出熵；W_i 为指标的权重。结合专家经验和熵权系数法，得出基准层、准则层和指标层的权重值，根据各级权重逐层加权求和，计算生态安全值。

2. 指标因子量纲统一化

选取极差标准化方法作为量纲统一化的理论依据。

参评因子的标准化量化公式为

$$Y=(X_i-X_{\min})/(X_{\max}-X_{\min}) \tag{4-9}$$

式中，X_i 为实测值；X_{max} 为实测最大值；X_{min} 为实测最小值。

如果某因子的量化分级值的环境质量的概念含义与式（4-9）的表征相反（如土壤侵蚀量越大，环境质量越差），则该参评因子的标准化量化公式为

$$Y = 1 - \left(X_i - X_{min}\right) / \left(X_{max} - X_{min}\right) \tag{4-10}$$

式中，X_i 为实测值；X_{max} 为实测最大值；X_{min} 为实测最小值。

3. 生态安全综合评价

参照国内相关科研成果，结合专家经验，得出一个 5 级分级标准，并给出了相应的解释（表 4-4）。表 4-4 中给出了各等级对应的建设状态和安全状态。极不安全状态对应着生态安全敏感区，这样的地区生态环境恶劣，不适合人类居住发展。

表 4-4　生态安全评价分级标准

等级	安全状态	范围	评价说明
1	安全（优）	（0.7，1.0]	生态环境优越，适合人类生存发展
2	较安全（良）	（0.5，0.7]	生态环境较好，较适合人类生存发展
3	一般安全（中）	（0.25，0.5]	生态环境一般，基本满足人类生存发展需求
4	较不安全（差）	（0.18，0.25]	生态环境较差，勉强满足人类生存发展需求
5	极不安全（极差）	（0，0.18]	生态环境恶劣，不适合人类居住发展

生态安全目标层综合评价计算公式如下：

$$S = \sum_{i=1}^{3}\sum_{j=1}^{3}\sum_{k=1}^{3} Y_{ijk} C_{ijk} B_{ij} A_i \tag{4-11}$$

式中，S 表示目标层总生态安全值；A_i 表示系统层中第 i 种指标的权重；B_{ij} 表示第 i 种系统层第 j 种指标的权重；C_{ijk} 表示权重 B_{ij} 对应的系统层所包含的要素层中第 k 种要素指标的权重；Y_{ijk} 表示权重 C_{ijk} 对应的要素层标准化后的指标因子值。整个计算过程即逐级加权求和。

4.4　土地生态服务功能与生态安全评价条件下的障碍因子分析

福建省山多地少，城市快速发展需要拓展建设用地，以“上山”“下海”为主要拓展方向，“上山”主要以邵武市为示范区进行评价研究，“下海”主要以晋江市为示范区进行评价研究。通过生态服务与生态安全评价分析，结合空间拓展中的多要素整合和挖掘研究得出空间范围——建设用地空间拓展生态安全约束区。研究的关键是构建合理、科学的评价指标体系和评价结果。

4.4.1 数据采集与处理

1. 数据来源

采用的源数据主要有 2014 年 GF-1 PMS 遥感影像，2014 年 1∶10000 土地利用现状图，8m 分辨率的 DEM。另外还有研究区水文状况、环境监测、社会经济统计资料，具体数据来源见表 4-5。

表 4-5　数据来源

数据类型	数据名称	时间	比例尺	来源
栅格数据	GF-1 PMS	2014 年 3 月	8m/16m 分辨率	国家测绘地理信息局
	8m 分辨率的 DEM	—	8m/16m 分辨率	北京大地图科技有限公司
矢量数据	土地利用现状图	2014 年	1∶10000	晋江市国土资源局
非空间数据	晋江市生态资源普查报告	2014 年	—	晋江市国土资源局
	自然状况和社会经济统计资料	2013 年	—	《晋江市统计年鉴 2014》

2. 遥感图像预处理

遥感图像在成像过程中受到遥感平台、传感器、大气、地形等多因素的影响，从而导致遥感图像质量的退化，因此在应用遥感图像进行制图或提取信息之前，需对其进行预处理，以改善遥感图像的辐射质量、几何质量和视觉效果（朱文泉和林文鹏，2015）。遥感图像预处理包括辐射校正、图像镶嵌与裁剪、真彩色波段合成显示等几个环节。

1）辐射校正

获取的遥感影像产品为常用的二级产品，即已经过系统几何校正，几何位置精度已满足研究需求的遥感影像。接下来需要做的就是辐射定标和大气校正。

辐射定标就是将传感器记录的 DN 值转化为入瞳处的辐射亮度值，得到的是大气顶层的辐射亮度值，目的是消除传感器本身产生的系统误差，并未去除大气的影响。通过大气校正，利用大气辐射传输模型计算，消除主要的大气散射、吸收等对太阳辐射的影响，将大气顶层的辐射亮度值转化为地表反射率。

ENVI 5.2 中有新增的对高分影像的辐射定标和大气校正模块，大气校正模块用到的是大气辐射传输模型 MODTRAN 模型，大气校正的结果为地表反射率。基于地表反射率可进行后续的土地覆盖类型分类，以及 NDVI、植被覆盖度等数据产品的计算。

2）图像镶嵌和裁剪

当研究区大于单幅遥感影像所覆盖的范围时，需要将两幅或多幅影像拼接在一起，形成一幅覆盖全区的影像，即图像镶嵌。由于研究区跨多幅影像，选用 ENVI 5.2 软件对两幅经过辐射校正的影像进行镶嵌（ENVI 5.2 在图像镶嵌过程中，可进行直方图匹配，调节亮度值，效果很好），最终得到覆盖晋江市全域的镶嵌图像。

在镶嵌影像的基础上，以研究区行政界线 shp 文件为基础进行裁剪，在 ENVI 5.2 中将 shp 文件转化成 ROI 文件，执行 Subset Data from ROIs，实现图像不规则裁剪，得到 2014 年 3 月的研究区 GF-1 遥感影像，并以真彩色波段合成显示。

3. 土地利用类型的确定

根据《土地利用现状分类》（GB/T 21010—2017）和全国土地利用/覆盖分类体系，参考研究区土地利用调查 2014 年更新数据库，本书共确定分出 11 种土地利用类型（表 4-6），以便于城市土地生态服务价值的计算。

表 4-6　研究区土地利用类型分类对照表

序号	本书土地利用分类	第二次全国土地调查数据库（2014 年更新数据库）	谢高地的生态系统分类
1	旱地	旱地、水浇地、沙地	旱地
2	水田	水田	水田
3	园地	果园、茶园、其他园地	—
4	针叶林	有林地、其他林地	针叶
5	灌木林	灌木林	灌木
6	草地	其他草地	草甸
7	湿地	内陆滩涂	湿地
8	裸地	裸地	裸地
9	水域	河流水面、湖泊水面、坑塘水面、水库水面、沟渠	水系
10	建设用地	交通（公路用地、农村道路）、城市用地、建制镇、机场用地、村庄、水工建筑用地、港口码头用地、设施农用地等	—
11	海域	沿海滩涂、海域	—

4. 高程数据预处理

可以利用高程数据提取研究区海拔数据、坡度数据及水文分析数据等。高程数据预处理包括格式转换、投影转换、重采样、影像裁剪等。高程数据用 BIGEMAP 地图下载器，源数据为 tiff 格式，可通过 Global Mapper 14.0 软件对源数据进行格式转换和地图投影转换，投影统一为 UTM 投影。本书总体数据的空间分辨率以遥感影像空间分辨率为基准，因此将获取的 DEM 进行空间重采样，分辨率设为 8m。在 ArcGIS 栅格数据工具箱中，用研究区范围作为掩膜剪裁 DEM，得到研究范围内的高程数据，将其作为后续生态结构安全指标因子计算的基础数据。图 4-3 为处理后得到的晋江市高程图。

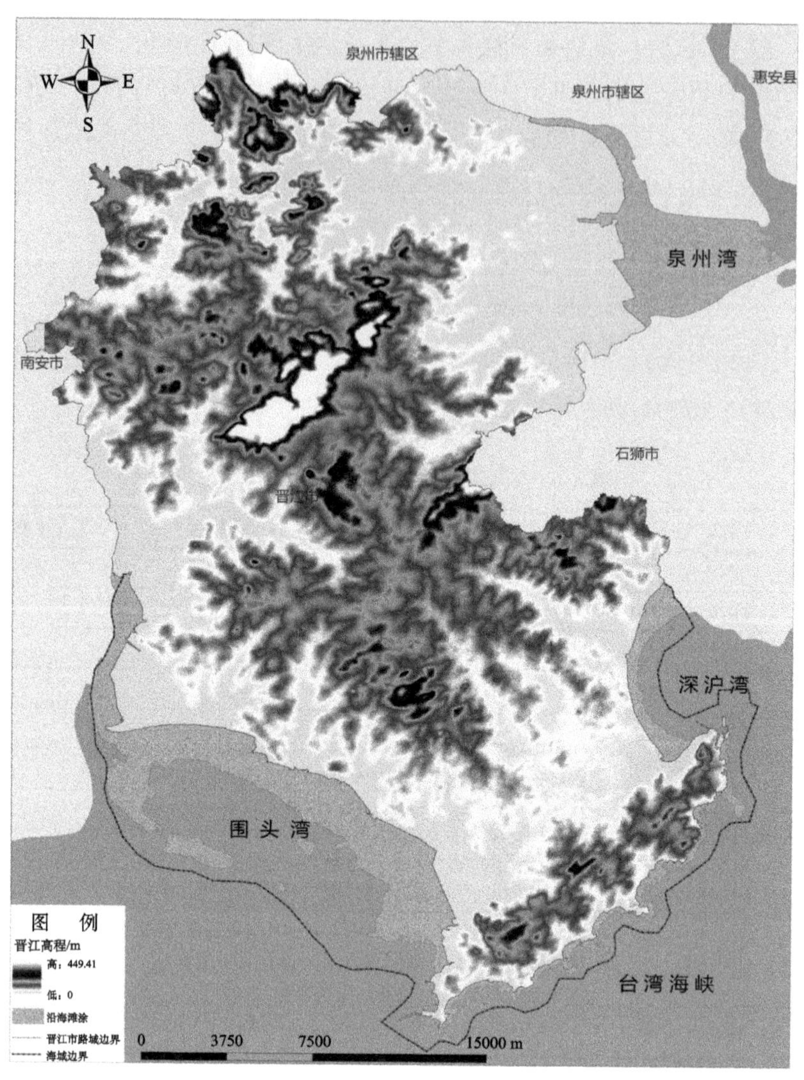

图 4-3　晋江市高程图

4.4.2　晋江市土地生态系统服务价值评估

1. 生态系统服务评价指标体系

根据本章 4.2 节和 4.3 节提出的城市生态系统服务指标要素及具体评价方法，计算研究区生态系统服务价值，具体对应的指标要素和评价方法如表 4-7 所示。

2. 生态系统服务价值评估

1）生态服务价值当量修正

根据经济数据计算园地、旱地、水田单位面积作物产值对比主要粮食平均单位面积产值，修正其食品生产当量数，其中园地 0.66，旱地 1.40，水田 0.73。晋江市土地生态服务价值当量修正后的当量表如表 4-8 所示。

表 4-7　滨海城市生态系统服务指标要素及评价方法

<table>
<tr><th colspan="3">生态系统服务类型</th><th>组成要素</th><th>评价方法</th></tr>
<tr><td rowspan="9">城市陆域</td><td rowspan="2">支持服务</td><td>土壤形成与保持</td><td>水土保持、养分循环</td><td rowspan="8">参照谢高地等（2008，2015）的生态服务价值当量因子法；参照胡喜生等（2013b）的建设用地单位价值量修正法；基于植被覆盖度单元格修订</td></tr>
<tr><td>生物多样性保护</td><td>基因资源、生物栖息地、物种多样性</td></tr>
<tr><td rowspan="3">供给服务</td><td>水源涵养</td><td>水资源供给、水文调节</td></tr>
<tr><td>食品生产</td><td>食物食品生产</td></tr>
<tr><td>原材料生产</td><td>林业等原材料生产</td></tr>
<tr><td rowspan="3">调节服务</td><td>气体调节</td><td>固碳、释氧</td></tr>
<tr><td>气候调节</td><td>降水、温度、干扰调节</td></tr>
<tr><td>废弃物处理</td><td>工业三废等的处理</td></tr>
<tr><td>文化服务</td><td>文化旅游</td><td>休闲旅游</td><td>基于旅游收入及景点分布价值修订</td></tr>
</table>

表 4-8　晋江市土地生态系统单位面积服务价值当量表

服务功能	旱地	水田	园地	针叶	灌木	草地	湿地	裸地	水域
土壤形成与保持	1.15	0.20	1.86	2.22	1.85	1.50	2.49	0.02	1.00
生物多样性保护	0.13	0.21	1.58	1.88	1.57	1.27	7.87	0.02	2.55
水源涵养	0.29	0.09	3.00	3.61	3.57	2.39	26.82	0.03	110.53
食品生产	1.40	0.73	0.66	0.22	0.19	0.22	0.51	0.00	0.80
原材料生产	0.40	0.09	0.38	0.43	0.56	0.33	0.50	0.00	0.23
气体调节	0.67	1.11	1.42	1.70	1.41	1.14	1.90	0.02	0.77
气候调节	0.36	0.57	4.05	5.07	4.23	3.02	3.60	0.00	2.29
废弃物处理	0.10	0.17	1.25	1.49	1.28	1.00	3.60	0.10	5.55
文化旅游	0.06	0.09	0.69	0.82	0.69	0.56	4.73	0.01	1.89

2）单位当量生态服务价值计算

参考谢高地等（2003）的计算方法，根据研究区农田生态系统主要农作物经济价值平均值的 1/7 来计算单位当量生态服务价值。晋江市主要农作物（包括粮食、蔬菜、水果等）的单位面积经济价值（表 4-9），各种主要作物面积、总产值均来源于《晋江市统计年鉴 2014》，在此基础上经计算得到各种主要作物单位面积价值，其中蔬菜单位面积价值最高，达 35546.22 元/hm^2，其次是粮食，达 17089.55 元/hm^2，单位面积价值最低的是水果，为 11937.23 元/hm^2。根据式（4-1）计算出晋江市每个当量的生态服务价值为 3074.90 元。

表 4-9　晋江市 2013 年主要作物面积、产量和价格

植物种类	总产量/万 t	总产值/亿元	面积/万 hm^2	单位面积价值/（元/hm^2）
粮食	6.18	2.29	1.34	17089.55
蔬菜	22.78	4.23	1.19	35546.22
水果	1.37	0.31	0.26	11923.08

3）生态系统类型单位面积生态服务价值计算

上述计算晋江市每个当量的生态服务价值为 3074.90 元，根据式（4-2）及建设用地单位面积计算方法得出陆域各生态系统类型单位面积服务价值，如表 4-10 所示。

表 4-10　晋江市土地生态系统类型单位面积服务价值　[单位：元/（$hm^2·a$）]

服务功能	旱地	水田	园地	针叶	灌木	草地	湿地	裸地	水域	建设用地
土壤形成与保持	3536.14	614.98	5719.32	6826.29	5688.57	4612.36	7656.51	61.50	3074.91	0
生物多样性保护	399.74	645.73	4842.98	5780.82	4827.60	3905.13	24199.50	61.50	7841.01	0
水源涵养	891.72	276.74	9224.72	11100.41	10977.41	7349.02	82468.95	92.25	339869.25	−2205.38
食品生产	4304.87	2244.68	2029.44	676.48	584.23	676.48	1568.20	0.00	2459.92	0
原材料生产	1229.96	276.74	1168.46	1322.21	1721.95	1014.72	1537.45	0.00	707.23	0
气体调节	2060.19	3413.14	4366.37	5227.34	4335.62	3505.39	5842.32	61.50	2367.68	−1178.25
气候调节	1106.97	1752.70	12437.99	15589.77	13006.85	9286.21	11069.66	0.00	7041.53	0
废弃物处理	307.49	522.73	3828.26	4581.61	3935.88	3074.91	11069.66	307.49	17065.72	−642.14
文化旅游	184.49	276.74	2121.68	2521.42	2121.68	1721.95	14544.30	30.75	5811.57	10.85
合计	14021.57	10024.18	45739.22	53626.35	47199.79	35146.17	159956.55	614.99	386238.82	−4014.92

4）生态服务价值空间修正

研究区 2014 年植被覆盖度如图 4-4 所示，研究区生态服务价值修正因子如图 4-5 所示。

5）文化旅游价值修正

根据《晋江市统计年鉴 2014》，全市全年旅游总收入为 78.29 亿元。结合晋江市国土资源局提供的文化古迹景点分布数据，以及在 BIGEMAP 地图下载器网上获取的旅游景区分布数据，用旅游总收入计算晋江市单位面积文化旅游标准值，分等级加权平均给不同等级的文化景点，通过 Kring 插值后，用价值当量法进行加权求和，修订旅游服务价值的空间分布。

6）晋江市生态系统总服务价值

根据式（4-12）对支持服务价值、供给服务价值、调节服务价值、文化服务价值求和，计算晋江市总生态服务价值。

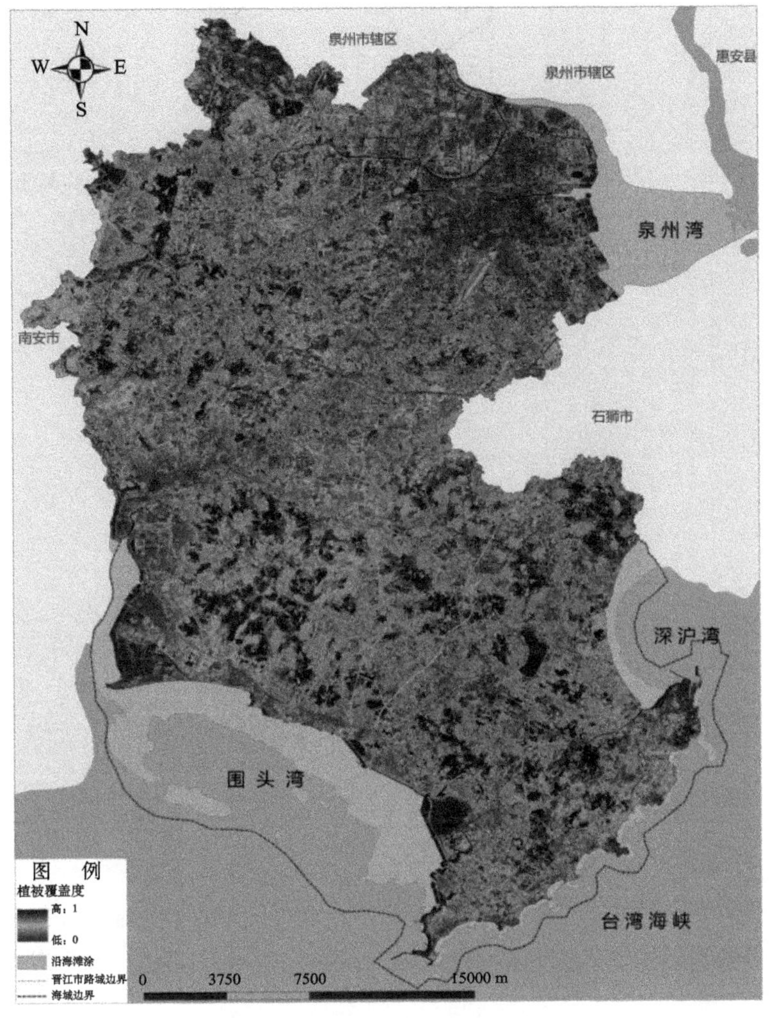

图 4-4　研究区 2014 年植被覆盖度

$$A = \sum_{i=1}^{4} C_i \tag{4-12}$$

参考图 4-2 指标体系，A 表示目标层的晋江市生态系统总服务价值；C_i 表示指标层中第 i 类生态系统服务功能的价值。

生态服务价值栅格数据空间分辨率为 8m×8m，因此每个单元格代表的价值单位为元/（64m^2·a），晋江市土地生态系统服务总价值范围为 103.71～2626.36 元/（64m^2·a）。晋江市土地生态系统服务中，支持服务、供给服务、调节服务以非建设用地的服务为主（图 4-6），文化服务则打破建设用地和非建设用地的界限，主要分布在晋江市主城区及深沪湾景区。

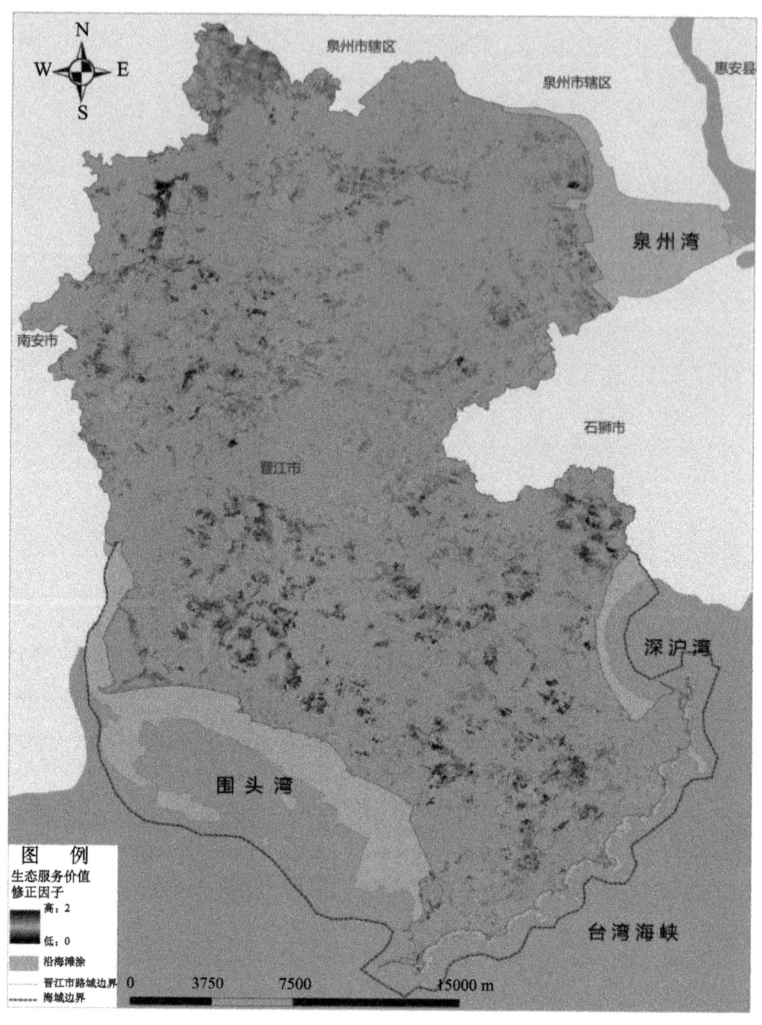

图 4-5 研究区生态服务价值修正因子

4.4.3 晋江市土地生态安全评价

1. 生态安全要素计算

生态过程安全要素层和生态功能安全要素层对应于生态系统服务功能要素层，这里不再做重复性介绍和计算。

陆域生态结构安全包括水平结构安全和垂直结构安全，具体指标要素包括地形指数和海拔指数，计算如下。

1）地形指数计算

根据 ln（$\alpha/\tan\beta$）进行地形指数的计算，其中 α 为流经坡面任一点单位等高线长度的汇流面积，β 为该点处的坡度。

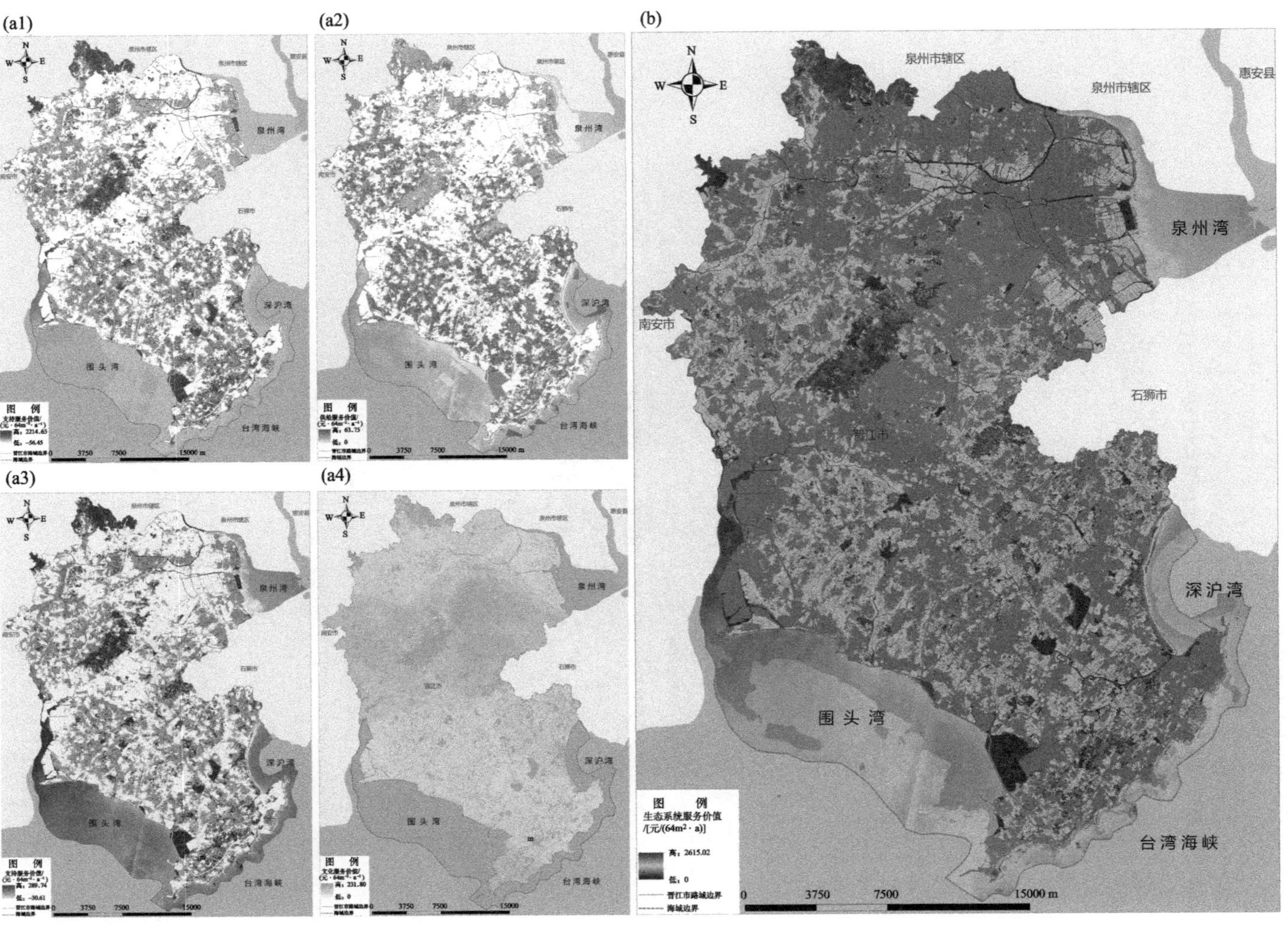

图 4-6　晋江市 2013 年生态系统服务价值

（a1）～（a4）分别是支持服务价值、供给服务价值、调节服务价值、文化服务价值；（b）是生态系统服务总价值

在 ArcGIS 中进行空间分析建模（build model），对 DEM 进行逐步计算。

晋江市地形指数如图 4-7 所示。

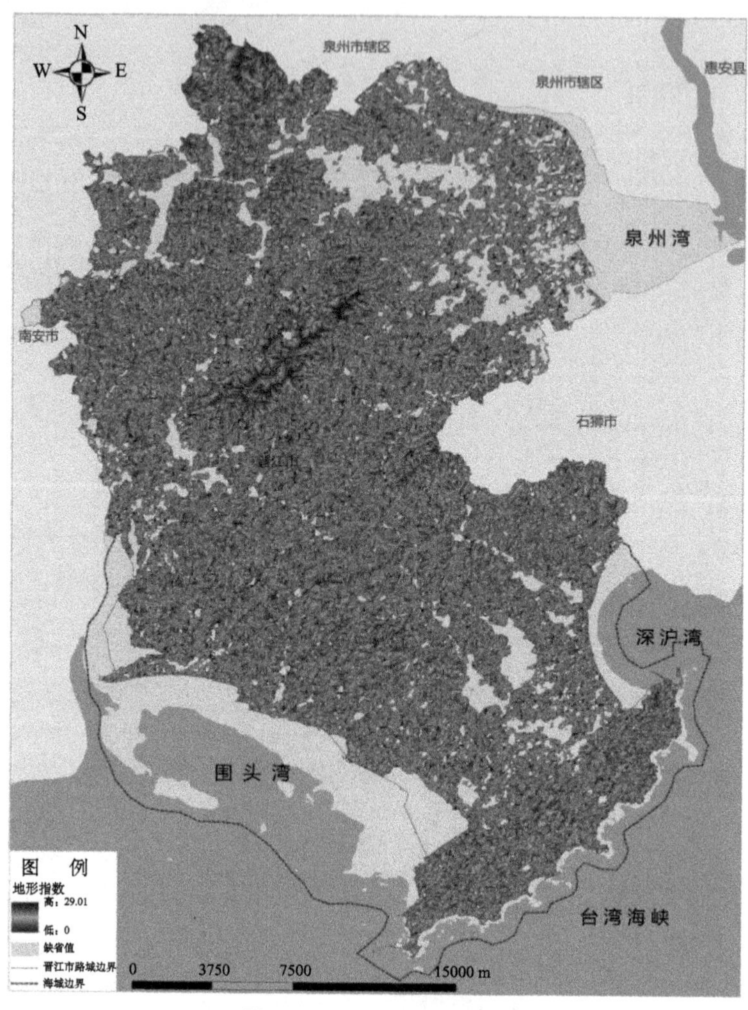

图 4-7　晋江市地形指数

2）海拔指数计算

海拔指数（图 4-8）用来指示地面起伏度，表示一定范围内（7 像素×7 像素）地面高程差。用高程差 ΔH 的指数函数表示，如式（4-13）：

$$E = -\lg \Delta H \tag{4-13}$$

式中，E 表示海拔指数；ΔH 表示高程差。

晋江市海拔指数如图 4-8 所示。

3）陆域生态安全权重计算

根据式（4-1）和式（4-2），结合专家经验修正，可得生态安全评价各指标权重值，如表 4-11 所示。将表中各级权重值代入式（4-5）中得出晋江市生态安全综合评价指数。

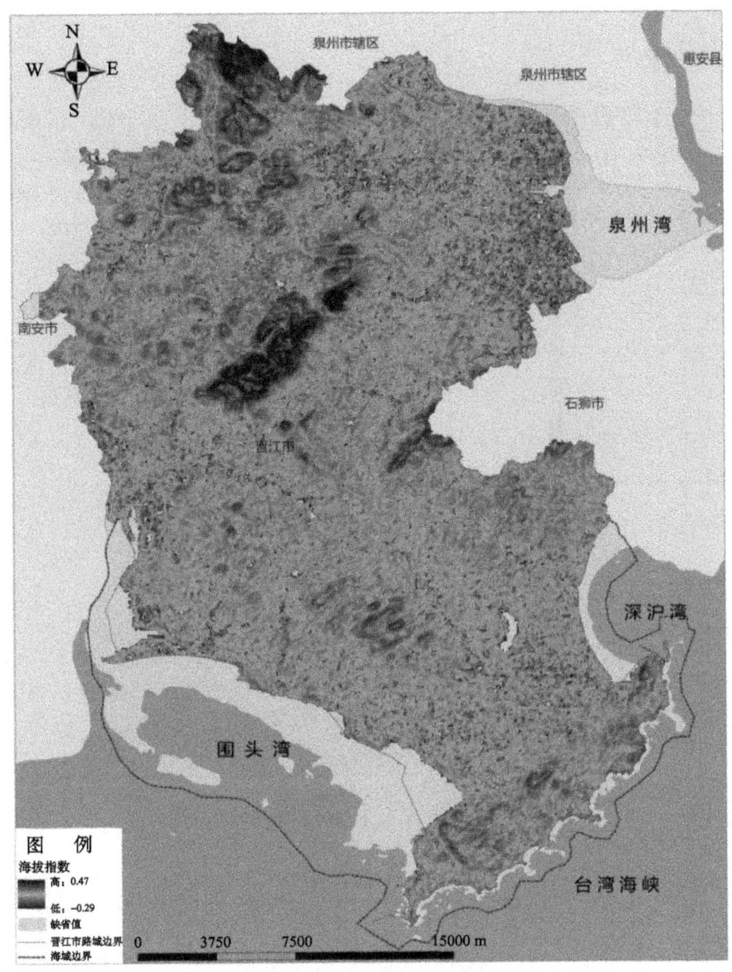

图 4-8　晋江市海拔指数

表 4-11　生态安全评价指标权重表

目标层（S）	系统层（X）	权重（A）	指标层（Z）	权重（B）	要素层（Y）	权重（C）
生态安全	结构安全	0.2	垂直结构	0.8	海拔指数	1
			水平结构	0.2	地形指数	1
	过程安全	0.3	支持功能	1	土壤保持	0.6
					生物多样性	0.4
	功能安全	0.5	调节功能	0.4	废弃物处理	0.4
					气候调节	0.2
					气体调节	0.4
			供给功能	0.4	水源涵养	0.4
					食品生产	0.3
					原材料生产	0.3
			文化功能	0.2	文化娱乐	1

2. 综合生态安全值

根据式（4-5）计算得出生态安全值，生态安全值总体分布如图 4-9 所示，处于中等安全水平，主要集中分布在 0.18～0.25 较不安全状态、0.25～0.5 一般安全状态和 0.5～0.7 较安全状态，处于一般健康状态。

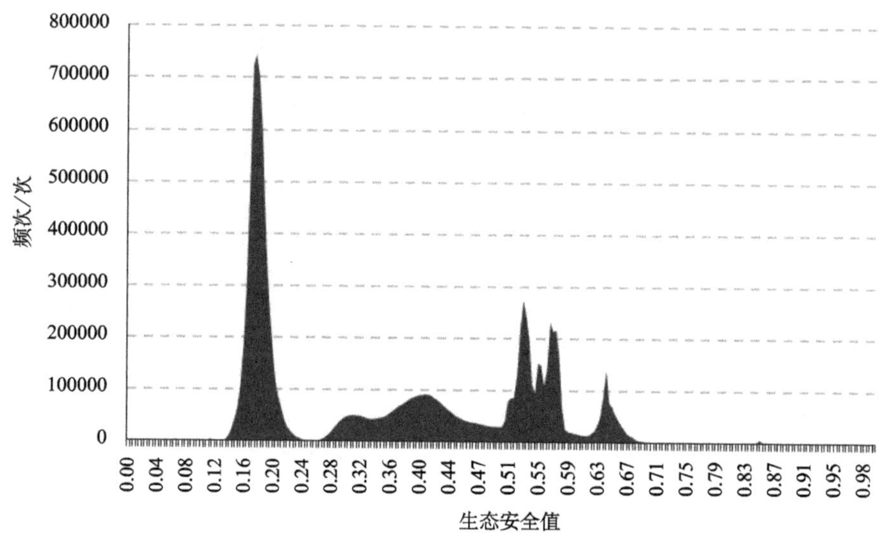

图 4-9　晋江市生态安全频率面积分布图

晋江市城市化率较高，建设用地利用率超过 50%，人类活动干扰对晋江市的整体生态功能削弱，陆域生态较不安全，陆域生态大部分安全值集中分布在 0.18～0.25。晋江市城市建设利用率较高，城区及其周边生态安全等级较低，一般适宜建设区分布较多，可提高城市绿地面积，有助于城市结构趋于健康发展。晋江市近海海域生态安全值分布在 0.43～0.68，处于一般安全与较安全的状态（图 4-10）。

3. 生态安全等级划分

根据生态安全评价分级标准对晋江市生态安全值分级统计面积进行汇总（表 4-12），其中生态极不安全区（生态敏感区）占总土地面积的 20.67%，占比略高，将这片区域划分为空间拓展用地中的限制建设区，重点进行生态保护建设。生态较安全区分布占比较大，占总土地面积的 31.02%，其次是生态一般安全区，占比为 24.42%。适宜建设区包括生态一般安全区、生态较安全区和生态安全区，占总区域面积的 55.90%，超过总生态系统面积的一半。

另外，生态安全空间分级分布结果如图 4-11 所示，生态极不安全区即生态安全敏感区。

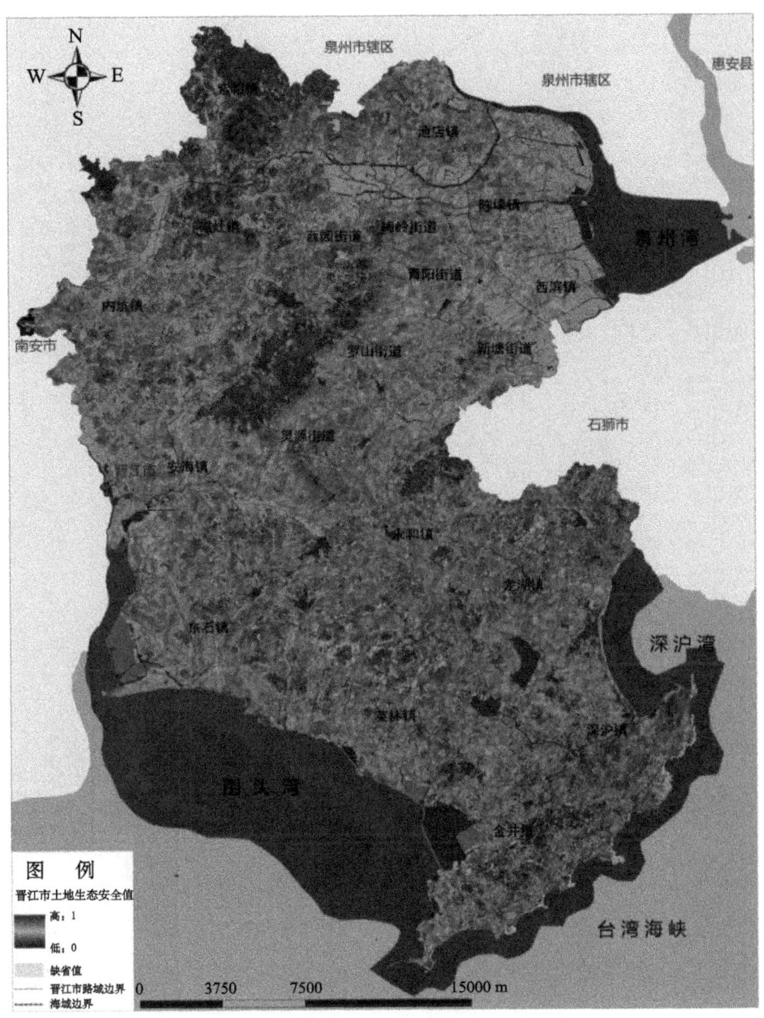

图 4-10　晋江市土地生态安全值

表 4-12　晋江市生态安全等级面积占比

生态安全等级	面积/hm^2	面积占比/%
安全	379.55	0.46
较安全	25404.90	31.02
一般安全	19996.59	24.42
较不安全	19182.62	23.43
极不安全	16928.47	20.67
合计	81892.13	100.00

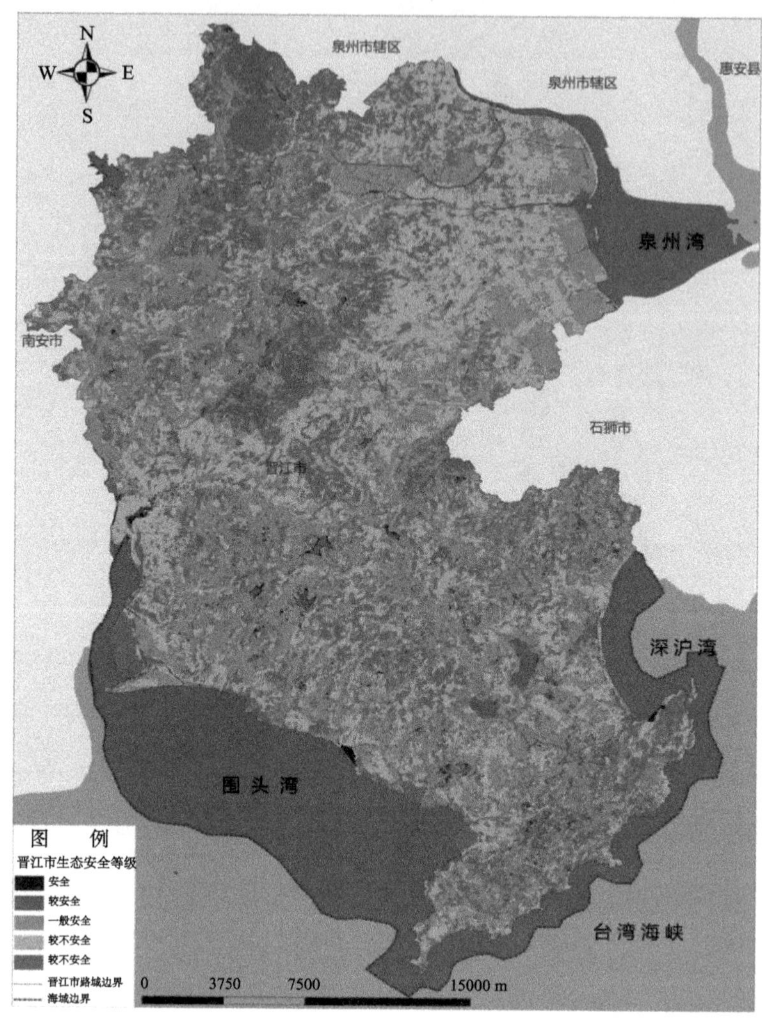

图 4-11　晋江市土地生态安全等级划分

4.4.4　基于生态系统服务与生态安全评价的晋江市障碍因子分析

1. 生态保护红线数据

根据《晋江市人民政府关于公布晋江市重点生态区位的通告》和《福建省林业厅关于公布国家级生态公益林和省级生态公益林及重点生态区位商品林区划界定范围的通告》(闽林〔2012〕10 号)，结合土地利用基础数据库和生态普查数据矢量化提取晋江市重点生态区位：

（1）沿海防护林（含基干林带、红树林）。

（2）江河两岸。

（3）重要交通干线两侧林地。

（4）环城一重山，市区建成区环城市周边一重山的林地。

（5）省级以上自然保护区。

（6）省级以上森林公园。

（7）省政府批准划定的饮用水水源保护区的林地：磁灶镇新安水库水源保护区；磁灶镇东山水库，安海镇溪边水库、东石镇草洪塘水库水源保护区；龙湖镇龙湖水源保护区。

（8）国防军事禁区内的林地：国防军事林，天然林。

（9）县级人民政府批准划定的保护小区的林地。

土地利用数据库可提取基本农田图斑、水系、湿地、环城一重山、重要森林保护区等生态保护区。另外，根据2014年《晋江市生态资源普查报告（第二稿）》资源分布图集，进行几何校正、矢量提取，得到2013年晋江市自然保护区：泉州湾河口湿地自然保护区，深沪湾海底古森林遗迹国家级自然保护区。

根据上述数据获取，提取晋江市重要生态重点保护区数据（生态红线数据）。

2. 生态安全约束区的提取

晋江市生态安全约束区（图4-12）包括晋江市重要生态区位、晋江市基本农田、建成区、水源地保护区等重要生态保护区及生态安全敏感区（限制建设区）。晋江市重点生态区位为沿海防护林（含沿海基干林、红树林）、天然林、军事防护林。环城一重山、省级以上自然保护区。晋江市生态安全等级评价为，晋江市为生态安全敏感区（极不安全）。

4.5　小　　结

近年来，海西经济区迅速发展，海西经济群滨海城市建设用地空间拓展过程中生态问题日趋严重。本章在行政区域尺度上开展城市土地生态系统服务与生态安全评价，提出城市生态系统服务评价指标体系；同时在生态服务评价基础上，构建生态安全评价指标体系，进行生态安全评价，并筛选出建设用地空间拓展的土地生态安全约束区，为海西建设用地空间拓展综合评价和山海原一体化规划提供生态安全约束条件。本章主要研究内容包括以下几个方面。

4.5.1　城市土地生态系统服务评价

利用文献分析法分析近15年国内生态系统服务的主要评价方法及主要生态系统服务构成，结合研究区生态类型特征，构建城市土地生态系统生态服务评价体系与方法。基于植被覆盖度修正参数修正了陆域土地生态系统服务价值空间分布。晋江市生态系统服务总价值约为41.71亿元，约占晋江市GDP总值的3.05%，是滨海城市绿色GDP的重要组成部分。另外，城市生态系统服务功能值为后面城市生态安全指标体系中的生态过程和功能安全值提供了数据基础。

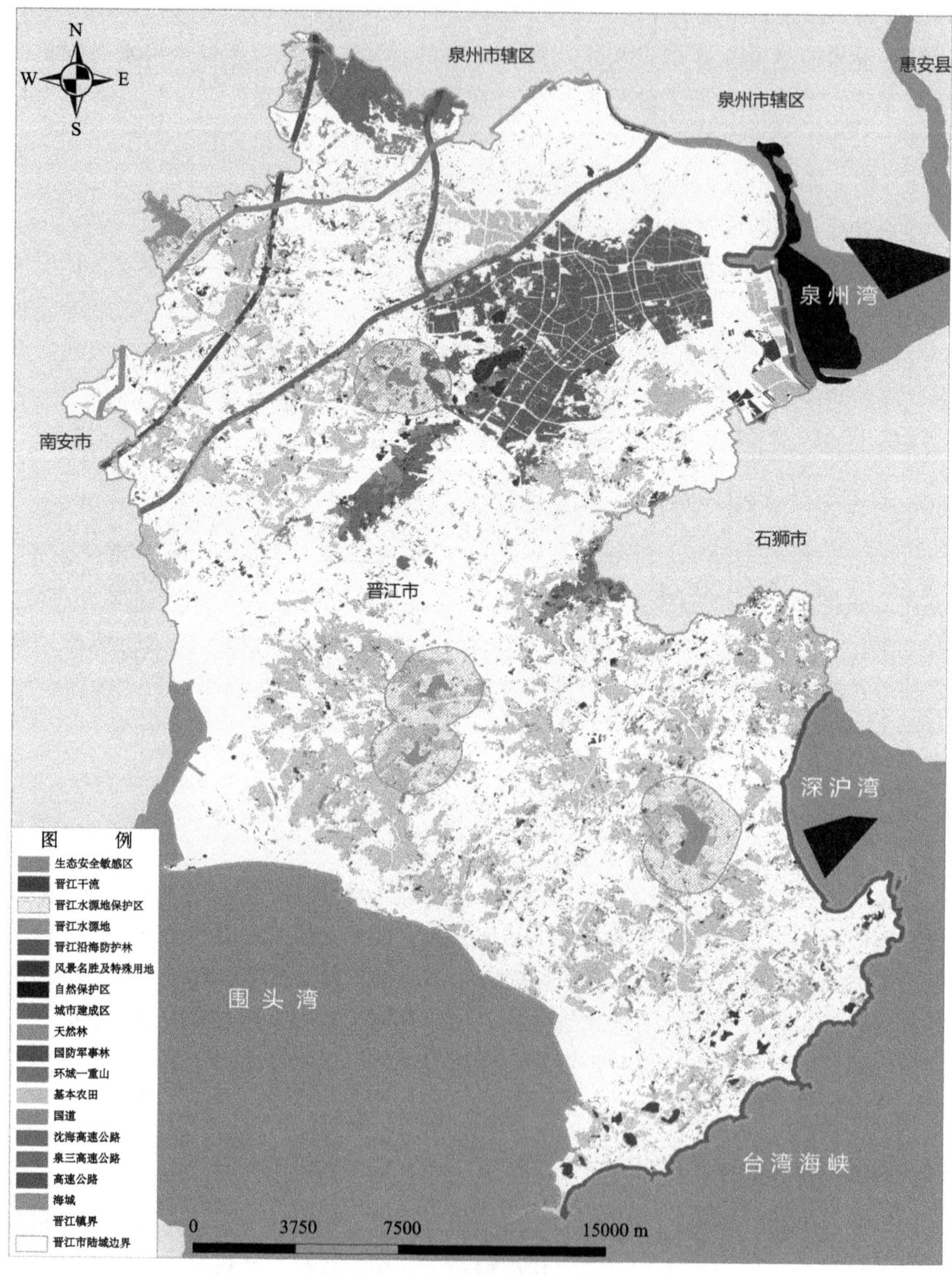

图 4-12　晋江市生态安全约束区

4.5.2　构建“结构–过程–功能”的生态安全指标评价体系与生态安全评价方法

通过对晋江市的生态安全评价、结果空间可视化、等级划分，得出晋江市生态极不安全区（生态安全敏感区）。晋江市生态安全整体处于一般安全状态与较不安全状态，属于一般适宜建设状态；生态极不安全区约占区域总面积的 20.67%，占比较高。此外，将生态安全重点保护区与生态安全敏感区进行空间叠加分析，得出基于生态系统服务与生态安全评价的晋江市生态安全约束区，为晋江市城市建设用地空间拓展研究提供生态约束条件。

第 5 章　土地利用灾害风险评估条件下的障碍因子分析

5.1　土地利用灾害风险评估条件下的障碍因子分析技术路线

福建省土地利用灾害风险主要是地质灾害风险，包括地质灾害危险性和地质灾害易损性两个方面（图 5-1）。危险性要素主要包括地质条件要素、地貌条件要素、气象条件要素、人为地质动力活动要素，以及地质灾害密度、规模、发生概率（或发展速率）等要素。易损性要素系列包括人口易损性要素、工程设施与社会财产易损性要素、经济活动与社会易损性要素、资源与环境易损性要素。

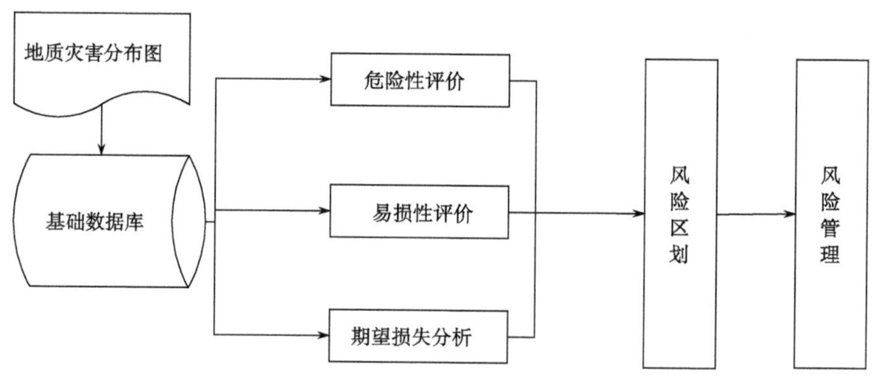

图 5-1　灾害风险评估过程

以海西山区地质灾害为研究重点，以自然灾害系统理论为指导，分析研究区孕灾环境、致灾因子、承灾体的特点，建立海西土地利用灾害危险性、承灾体易损性及灾害风险损失评估模型，筛选出建设用地空间拓展的土地利用灾害风险区，为海西建设用地空间拓展综合评价和山海原一体化规划提供土地利用灾害风险决策依据。具体技术路线如图 5-2 所示。

5.2　海西土地利用灾害危险性、承灾体易损性及灾害风险损失评估模型研究

针对海西地区土地利用的现状特点及发展趋势，基于灾害系统理论和灾害链思想，海西土地利用灾害危险性、承灾体易损性及灾害风险损失评估应该遵循以下几个原则。

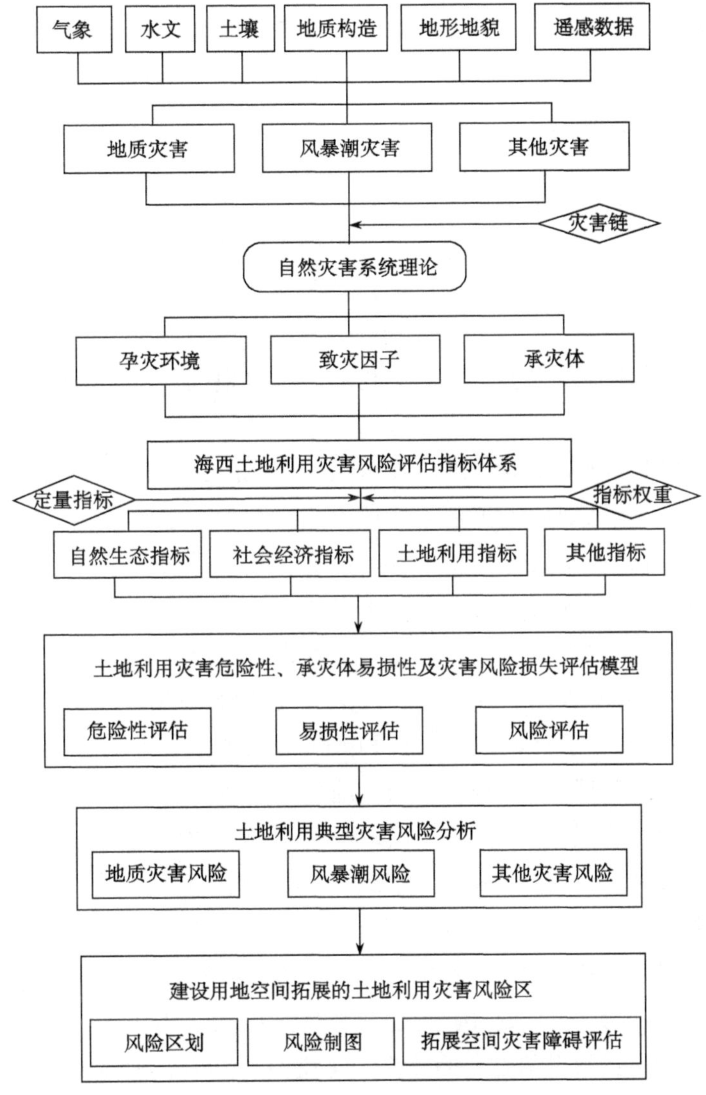

图 5-2　灾害风险评估技术路线

1. 定性结合定量的评价原则

从定性分析看，地质灾害的活动程度越高，危险性越大，可能造成的灾害损失越严重。从定量评价的要求看，地质灾害的危险性需要通过具体指标予以反映。根据灾害地质体的特征、地质环境条件，现场综合分析判别演变趋势。评价应采用以定性分析为主、定量评价为辅的方法进行。

2. 主导因素原则

从前面几章的分析可以看出福建省地质灾害的发生和地质灾害与地形地貌、岩土体类型、地质构造、地震、水系、降水、植被、人类工程活动等因素密切相关，但各灾种在不同时期其主导因素不同，在进行分区评价时应充分考虑各因素的权重值。

3. 相似性与差异性的原则

对于地质环境条件变化不大、相似性大的地区，应注意进行归一处理，合并提取。而对于差异性大的地区，应注意区分，提高工作精度。

4. 类比原则

若两个地区地质环境与人类工程活动相似，可以根据一个地区的已知结果类比推定未知地区。

程凌鹏等（2001）阐明了区域地质灾害风险、风险评价模型等相关概念。陈奇和樊运晓（2004）提出了区域地质灾害危险性评价的思路和基本方法——应该以区域地质背景为基础，综合分析其历史灾害数据以确定区域存在的地质灾害类型；对区域内的主要灾害类型进行分析，确定评价因子，并给予权重、划分等级，进一步地研究多种类型的地质灾害的伴生性规律，进行相关分析后得出综合性评价。

薛强和祖彪（2007）提出了评价内容，危险性评价主要内容包括地质条件、地形地貌条件、气候条件、水文条件、植被条件和人类活动条件。齐信等（2012）系统阐述了风险的定义、地质灾害风险评价研究现状、地质灾害风险评价内容与评价系统，总结归纳了地质灾害风险评价的方法、类型及评价模型与实施，探讨了存在的问题和展望了地质灾害风险评价的发展趋向。在此基础上，李琼（2012）对评价内容进行分析，提出使用主成分分析法对评价指标进行去相关、分类和排序处理，提高了分析过程中权重赋值的可信度。刘艳辉等（2015）提出了基于 CF 的多因子叠加确定权重法，通过引入不确定性推理中的确定性系数模型（ CF） 实现复杂多因子数据的同区间量化，并通过区域地质灾害气象预警中地质环境指标（地质灾害潜势度）的计算， 验证了该方法的有效性和实用性。

在模型使用方面，Mantovani 等（1996）提出 RS 技术、GIS 技术和卫星探测技术的发展，使得获取实时的地理信息并对其进行综合分析以实现对区域危险性的评价已具有很强的可行性。在此基础上，不少学者在 3S 技术的支持下进行了区域地质灾害危险性评价。杨泰平等（2009）利用 GIS 技术提取研究区域的坡度，对各个因子进行等级划分和赋值，利用层次分析法确定各个因子的权重，分析出不同危险程度的区域面积和地理位置。杜军等（2010）利用 GIS 和信息量模型进行危险性评价，其中 GIS 使得多源数据的综合分析成为可能，运用信息量模型则可以分析出各个影响因子和灾害的相关程度，依据其相关程度确定各个因子的权重，利用栅格计算器进行计算，得出危险性指数，最后根据直方图划分分区阈值。许林艳（2015）将信息量法应用到思茅区地质灾害危险评价及灾情评估和险情预测中，且评价结果与实地调查结果吻合度较高。缪信等（2016）选择信息量模型和逻辑回归模型对黄登水电站库区进行危险性评价，并分析了这两类模型的评价结果，提出了针对地质灾害应当选择合适的模型，才能够快速、有效地做出相应的危险性评价。

鉴于地质灾害评价中，一般用较粗糙的方法进行划分，牛航空等（2009）提出模糊数学的方法思路，陈新建等（2011）则将模糊数学的方法运用在地质灾害危险性评价过程中，有效地对数个单位工程地质灾害进行评价。王庆林和胡圣武（2010）以区域调查数据为基础，采用模糊综合评价方法及 GIS 技术进行地质灾害危险性区划评价研究。杨艳等（2012）将模糊数学方法运用于滇西保山地区泥石流沟的危险性评价中，指出评价过程中应重点考虑建立权重集和确定隶属度这两个过程，经过计算，证实模糊数学的评价结果可信。宋丹青和鲍春（2015）利用模糊数学方法对九甸峡水利枢纽按地质灾害危险性分区，并在评价过程中引入灰色关联度确定评价因子权重，利用半梯形分布模型获取影响因子的隶属度，提高了研究的可信度。

为了尽量减少主观因素对评价过程的影响，研究采用主成分分析法筛选各类灾害的评价指标，提取各类灾害评估指标体系，并赋予各评估指标相应的权重，再基于模糊数学方法对其进行评价，具体评价过程如下。

5.2.1　基于主成分分析法的海西土地利用灾害风险评估指标体系构建

根据李琼（2012）的研究，采用主成分分析法对地质灾害影响因子进行相关性分析，可以得到提高权重赋值的可信度。

主成分分析法是通过线性变换的方法，将多个指标转化为几个互不相关的主成分，第一主成分所含信息量最大，并按照顺序，信息量逐渐减少。在计算过程中，不仅能够达到去相关效果，还能够得出各个因子之间的相关系数，其基本原理简述如下。

设有 n 个 p 维样本，构成 $n\times p$ 的矩阵式（5-1）：

$$X=\begin{bmatrix} x_{11} & x_{12} & \cdots & x_{1p} \\ x_{21} & x_{22} & \cdots & x_{2p} \\ \vdots & \vdots & & \vdots \\ x_{n1} & x_{n2} & \cdots & x_{np} \end{bmatrix} \tag{5-1}$$

利用式（5-2）得出相关系数，并建立相关系数矩阵式（5-3）。其中 r_{ij} 为相关系数，$r_{ij}=r_{ji}$，

$$r_{ij}=\frac{\sum_{k=1}^{n}(x_{ki}-\overline{x}_i)(x_{kj}-\overline{x}_j)}{\sqrt{\sum_{k=1}^{n}(x_{ki}-\overline{x}_i)^2\sum_{k=1}^{n}(x_{kj}-\overline{x}_j)^2}} \tag{5-2}$$

$$R=\begin{bmatrix} r_{11} & r_{12} & \cdots & r_{1p} \\ r_{21} & r_{22} & \cdots & r_{2p} \\ \vdots & \vdots & & \vdots \\ r_{n1} & r_{n2} & \cdots & r_{np} \end{bmatrix} \tag{5-3}$$

解特征方程$|\lambda I - R| = 0$，按大小顺序得出λ_i，且$\lambda_1 \geqslant \lambda_2 \geqslant \cdots \geqslant \lambda_p \geqslant 0$；分别求出$\lambda_i$分别对应的特征向量$e_i$，且$\|e_i\| = 1$。

计算主成分贡献率及累计贡献率：

$$\frac{\lambda_i}{\sum_{k=1}^{P}\lambda_k},\quad \frac{\sum_{k=1}^{i}\lambda_k}{\sum_{k=1}^{P}\lambda_k}\quad (i=1,2,\cdots,P) \tag{5-4}$$

基于主成分分析法，利用 ArcGIS 软件分析区域内地质灾害的空间分布规律和形成条件，分析研究区域内的地形条件、地貌条件、植被覆盖、降水情况、人类活动、土地利用类型等不同因子对灾害发生的影响程度，筛选出海西土地利用灾害风险的主要影响因子。最终构建的福建省土地利用的地质灾害风险评估指标体系主要包括以下指标（各类地质灾害类型的三级指标赋予权重值与各类灾害特点相关），见表 5-1。

表 5-1　福建省地质灾害风险评估指标体系

一级指标	二级指标	三级指标
灾害易发评价	历史危险性评价	灾害分布密度
易损性评价	建筑设施分布	城镇分布密度
	道路设施分布	道路分布密度
危险性评价	孕灾环境	地貌：高程
		地形：坡度
		土壤类型
		水系：河流密度
		植被覆盖：RVI 指数
	致灾因子	近 5 年最大日降雨量
		近 5 年最长降雨时长
		近 5 年最大三日累计降雨量

考虑到福建省与邵武市、晋江市的评价尺度不同，其指标体系划分也有所区别。区别主要体现在致灾因子层面——邵武市和晋江市评价区域面积较福建省评价区域面积小，在市区级别的尺度上，其降雨量、降雨强度的差别不大，且研究获取的数据空间分辨率不足以准确地代表各个区域的降水情况，因此在邵武市和晋江市的海西土地利用灾害风险评估过程中并不考虑致灾因子强度。

主成分分析后，可以得到各个评价指标间的相关系数。从表格中可以发现城市分布密度和道路分布密度指标之间的相关系数很高。根据评价的差异性原则，若单独对这两个评价指标进行计算，容易导致“放大效应”，从而影响评价结果。因此在下一步的模糊数学计算过程中，应同时考虑这两个指标，生成一个新的道路分布密度-城市分布密度指标进行计算。福建省评价指标之间的相关系数如表 5-2 所示。

表 5-2　福建省评价指标间的相关系数表

指标	坡度	土壤	RVI	道路	河流	城市	高程
坡度	1.00						
土壤	0.28	1.00					
RVI	0.035	0.15	1.00				
道路	–0.140	0.07	0.010	1.00			
河流	0.105	0.16	–0.008	0.092	1.00		
城市	–0.233	0.11	–0.010	0.708	–0.026	1.00	
高程	0.373	0.15	–0.021	–0.257	0.124	–0.369	1.00

对各个评价指标与福建省各类灾害的分布进行主成分分析，得到各类灾害与评价指标间的相关系数，具体数值如表 5-3 所示。

表 5-3　福建省各类灾害与评价指标相关系数表

灾害类型	高程	土壤	坡度	RVI	城市	道路	河流	最长降雨时间	最大日降雨量	年均降雨量
滑坡	0.119	–0.03	0.156	0.143	0.133	0.105	0.144	1.936	2.353	1.380
泥石流	0.140	–0.04	0.188	0.132	0.123	0.149	0.110	1.298	1.623	0.942
塌陷	0.133	–0.07	0.119	0.008	0.03	0.149	0.117	0.844	0.818	0.538
崩塌	0.156	–0.03	0.102	0.126	0.159	0.300	0.118	1.674	2.055	1.140

由相关系数可知，与灾害相关性最强的是致灾因子部分，即降雨是导致灾害发生的主要因素。与灾害关系最不显著的评价指标是土壤，土壤与各类灾害的相关系数的绝对值均小于 0.1，不应该进入下一步计算过程中。

综上，将城市分布密度与道路分布密度合并为易损性综合指标，将土壤从评价体系中剔除，分别按照危险性孕灾环境、危险性致灾因子和易损性对各个指标归类，并将各类指标归一化，得到各个评价指标的权重，具体权重数值如表 5-4 所示。

表 5-4　福建省各类灾害的评价指标权重表

灾害类型	DEM	坡度	RVI	河流	城镇和道路	天数	日降雨量	年降雨量
滑坡	0.212	0.278	0.254	0.256	1	0.342	0.415	0.243
泥石流	0.246	0.330	0.232	0.193	1	0.336	0.420	0.244
塌陷	0.353	0.316	0.021	0.310	1	0.384	0.372	0.245
崩塌	0.311	0.203	0.251	0.235	1	0.344	0.422	0.234

5.2.2　基于模糊数学方法的海西地质灾害风险评估模型构建

将历史地质灾害发生点、野外调查数据与自然地理环境、区域地质条件、人类活动等矢量图形资料在 ArcGIS 软件中进行空间叠加，分析地质灾害与各类影响因子的相关性。经综合分析，研究区地质灾害主要影响因素包括植被覆盖度、地形坡度、地貌高程、城镇密度、道路密度和气象条件。

评价结果分为 3 个等级，分别为危险性小、危险性中和危险性大，即评价结果集为 *Q*={危险性小（Ⅰ），危险性中（Ⅱ），危险性大（Ⅲ）}。对各个评价指标进行统计分析，根据统计结果确定一个分级标准。则评价指标集为 *P*={坡度，RVI，高程，城镇与道路距离综合因子}。根据主成分分析结果，对相关系数高的指标进行去相关处理，即将道路和高程因子进行综合分析；将各评价因子与灾害的相关系数进行归一化后，作为其指标权重，即三级指标的权重。具体隶属度划分表如表 5-5～表 5-8 所示。

表 5-5　福建省滑坡灾害评价各指标权重及隶属度划分表

评价类型	评价指标	权重	划分类型	隶属度		
				Ⅰ	Ⅱ	Ⅲ
易损性评价 承灾体	城镇（*C*）和道路（*D*）综合指标	0.125	*C*<24m;*D*<7.5m	0.4	0.3	0.3
			C<24m;*D*<16m	0.1	0.5	0.4
			C<24m;*D*≥16m	0.3	0.4	0.3
			C<100m;*D*<7.5m	0.3	0.3	0.4
			C<100m;*D*<16m	0.1	0.3	0.6
			C<100m;*D*≥16m	0.3	0.4	0.3
			C≥100m;*D*<7.5m	0.6	0.2	0.2
			C≥100m;*D*<16m	0.4	0.3	0.3
			C≥100m;*D*≥16m	0.5	0.3	0.2
危险性评价 孕灾环境	高程	0.253	<170m	0.5	0.2	0.3
			<650m	0.2	0.4	0.4
			≥650m	0.3	0.5	0.2
	坡度	0.282	<20°	0.2	0.4	0.4
			<47.2°	0.1	0.5	0.4
			≥47.2°	0.7	0.1	0.2
	RVI	0.178	<150	0.6	0.3	0.1
			<175	0.1	0.3	0.6
			≥175	0.4	0.4	0.2
	河流	0.162	<5m	0.5	0.3	0.2
			<13.7m	0.1	0.4	0.5
			≥13.7m	0.4	0.3	0.3

续表

评价类型	评价指标	权重	划分类型	隶属度		
				I	II	III
危险性评价 致灾因子	最长降雨时长	0.342	<17d	0.3	0.5	0.2
			<19.8d	0.1	0.3	0.6
			≥13.7d	0	0.2	0.8
	最大日降雨量	0.415	<225mm	0.2	0.3	0.5
			<255mm	0.2	0.5	0.3
			<279mm	0.4	0.2	0.4
			≥279mm	1	0	0
	年均降雨量	0.243	<1660.5mm	0.8	0.2	0
			<2325mm	0.1	0.2	0.7
			≥2325mm	0.2	0.5	0.3
灾害易发性评价	灾害发生密度	0.5	<100	1	0	0
			<500	0	1	0
			≥700	0	0	1

表 5-6　福建省泥石流灾害评价各指标权重及隶属度划分表

评价类型	评价指标	权重	划分类型	隶属度		
				I	II	III
易损性评价 承灾体	城镇（*C*）和道路（*D*）综合指标	0.283	*C*<50m;*D*<6m	0.6	0.3	0.1
			C<50m;*D*<17m	0.2	0.5	0.3
			C<50m;*D*≥17m	0.5	0.3	0.2
			C<165m;*D*<6m	0.4	0.4	0.2
			C<165m;*D*<17m	0	0.2	0.8
			C<165m;*D*≥17m	0.2	0.2	0.6
			C≥165m;*D*<6m	0.5	0.4	0.1
			C≥165m;*D*<17m	0.2	0.3	0.5
			C≥165m;*D*≥17m	0.4	0.2	0.4
危险性评价 孕灾环境	高程	0.124	<95m	0.6	0.3	0.1
			<600m	0.2	0.3	0.5
			≥600m	0.2	0.4	0.4
	坡度	0.183	<25°	0.2	0.5	0.3
			<40°	0.1	0.4	0.5
			≥40°	0.7	0.1	0.2
	RVI	0.066	<150	0.6	0.4	0
			<200	0	0.1	0.9
			≥200	0.4	0.5	0.1

续表

评价类型	评价指标	权重	划分类型	隶属度		
				I	II	III
危险性评价 孕灾环境	河流	0.188	<7m	0.5	0.3	0.2
			<12.5m	0.2	0.2	0.6
			≥12.5m	0.3	0.5	0.2
危险性评价 致灾因子	最长降雨时长	0.342	<18d	0.4	0.5	0.1
			<20d	0.1	0.1	0.8
			≥20d	0.5	0.4	0.1
	最大日降雨量	0.415	<250mm	0.6	0.3	0.1
			<260mm	0.1	0.2	0.8
			<260mm	0.3	0.5	0.1
	年均降雨量	0.243	<2175mm	0.6	0.1	0.1
			<2450mm	0.2	0.4	0.4
			≥2450mm	0.2	0.5	0.5
灾害易发性评价	灾害发生密度	0.5	<5	1	0	0
			<20	0	1	0
			≥20	0	0	1

表 5-7　福建省塌陷灾害评价各指标权重及隶属度划分表

评价类型	评价指标	权重	划分类型	隶属度		
				I	II	III
易损性评价 承灾体	城镇（C）和道路（D） 综合指标	0.337	C<40m;D<7m	0.9	0.1	0
			C<40m;D<21m	0.2	0.5	0.3
			C<40m;D≥21m	0.3	0.4	0.3
			C<180m;D<7m	0.2	0.5	0.3
			C<180m;D<21m	0.3	0.2	0.5
			C<180m;D≥21m	0.2	0.4	0.4
			C≥180m;D<7m	0.7	0.2	0.1
			C≥180m;D<21m	0.3	0.4	0.3
			C≥180m;D≥21m	0.5	0.4	0.1
危险性评价 孕灾环境	高程	0.311	<130m	0.6	0.3	0.1
			<420m	0.3	0.3	0.4
			≥420m	0.2	0.5	0.3
	坡度	0.197	<20°	0.5	0.3	0.2
			<40°	0.3	0.2	0.5
			≥40°	0.3	0.5	0.2
	河流	0.155	<2.5m	0.8	0.2	0
			<14m	0.2	0.3	0.5
			≥14m	0.1	0.6	0.3

续表

评价类型	评价指标	权重	划分类型	隶属度		
				I	II	III
危险性评价 致灾因子	最长降雨时长	0.384	<17.2d	0.6	0.3	0.1
			<20d	0	0.2	0.8
			≥20d	0.4	0.5	0.1
	最大日降雨量	0.372	<220mm	0.1	0.1	0.8
			<250mm	0.5	0.4	0.1
			<250mm	0.4	0.5	0.1
	年均降雨量	0.245	<1395mm	0.7	0.3	0
			<2379mm	0.1	0.1	0.8
			≥2379mm	0.2	0.6	0.2
灾害易发性评价	灾害发生密度	0.5	<15	1	0	0
			<30	0	1	0
			≥30	0	0	1

表 5-8　福建省崩塌灾害评价各指标权重及隶属度划分表

评价类型	评价指标	权重	划分类型	隶属度		
				I	II	III
易损性评价 承灾体	城镇（*C*）和道路（*D*）综合指标	0.431	*C*<30m;*D*<9m	0.7	0.2	0.1
			C<30m;*D*<20m	0.2	0.4	0.4
			C<30m;*D*≥20m	0.6	0.3	0.1
			C<130m;*D*<9m	0.1	0.5	0.4
			C<130m;*D*<20m	0	0.1	0.9
			C<130m;*D*≥20m	0.1	0.4	0.5
			C≥130m;*D*<9m	0.6	0.4	0
			C≥130m;*D*<20m	0.2	0.4	0.4
			C≥130m;*D*≥20m	0.5	0.3	0.2
危险性评价 孕灾环境	高程	0.106	<300m	0.3	0.3	0.4
			<800m	0.2	0.4	0.4
			≥800m	0.5	0.4	0.1
	RVI	0.050	<146	0.7	0.2	0.1
			<176	0	0.3	0.7
			≥176	0.3	0.5	0.2
	坡度	0.192	<20°	0.2	0.4	0.4
			<45°	0.2	0.3	0.5
			≥45°	0.6	0.3	0.1
	河流	0.222	<5m	0.5	0.3	0.2
			<13m	0	0.4	0.6
			≥13m	0.4	0.4	0.2

续表

评价类型	评价指标	权重	划分类型	隶属度		
				I	II	III
危险性评价致灾因子	最长降雨时长	0.342	<17d	0.3	0.5	0.2
			<19.8d	0.1	0.2	0.7
			≥13.7d	0.6	0.3	0.1
	最大日降雨量	0.415	<225mm	0.4	0.4	0.2
			<255mm	0.3	0.1	0.6
			<279mm	0.3	0.5	0.2
			≥279mm	1	0	0
	年均降雨量	0.243	<1660.5mm	0.4	0.4	0.2
			<2325mm	0.3	0.1	0.6
			≥2325mm	0.3	0.5	0.2
灾害易发性评价	灾害发生密度	0.5	<100	1	0	0
			<500	0	1	0
			≥700	0	0	1

将各类灾害的内外因子分开进行计算，然后，按照内外因子的权重进行叠加，在叠加上调查所得的灾害密度数据，得到各类地质灾害的危险性评价分值，按照最终评价分值的直方图进行危险性等级划分，得到各类地质灾害和总的危险性评价等级。

5.3　海西建设用地空间拓展的土地利用灾害风险区分析研究

根据上述评价方法，可以得出邵武市、晋江市和福建省各类灾害的评价结果，并对各个地区建设用地空间拓展的土地利用灾害风险进行分析。

5.3.1　邵武市用地空间拓展的土地利用灾害风险区分析

邵武市处于福建西北地区，属于武夷山山脉，地质灾害多发。由于获取的邵武市发生的各类地质灾害记录数量较少，截至 2012 年邵武市共发生各类地质灾害 276 处，其中滑坡 140 处，崩塌 55 处，不稳定斜坡 73 处，泥石流 7 处，地面塌陷 1 处。其中有历史记录的泥石流和塌陷灾害数量少，不具有显著的代表性，因此选取 276 处邵武市发生的滑坡、泥石流、崩塌等灾害点作为评价内容，而不是将各类灾害分开进行单独评价。邵武市各类地质灾害分布如图 5-3 所示。

按照上述的主成分分析和模糊数学方法计算，可以得到邵武市建设用地空间拓展灾害风险等级图（图 5-4）。

由图 5-4 可知，邵武市限制建设区主要沿着两条主干道分布，可以看出邵武市的地质灾害发生与人类活动有密切关系。

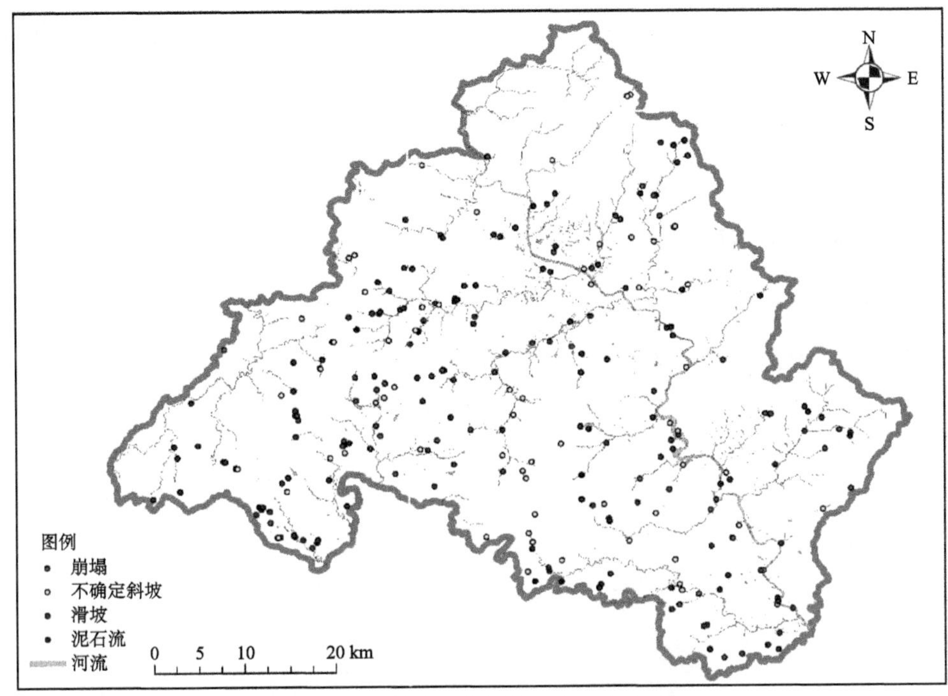

图 5-3　邵武市各类地质灾害分布图

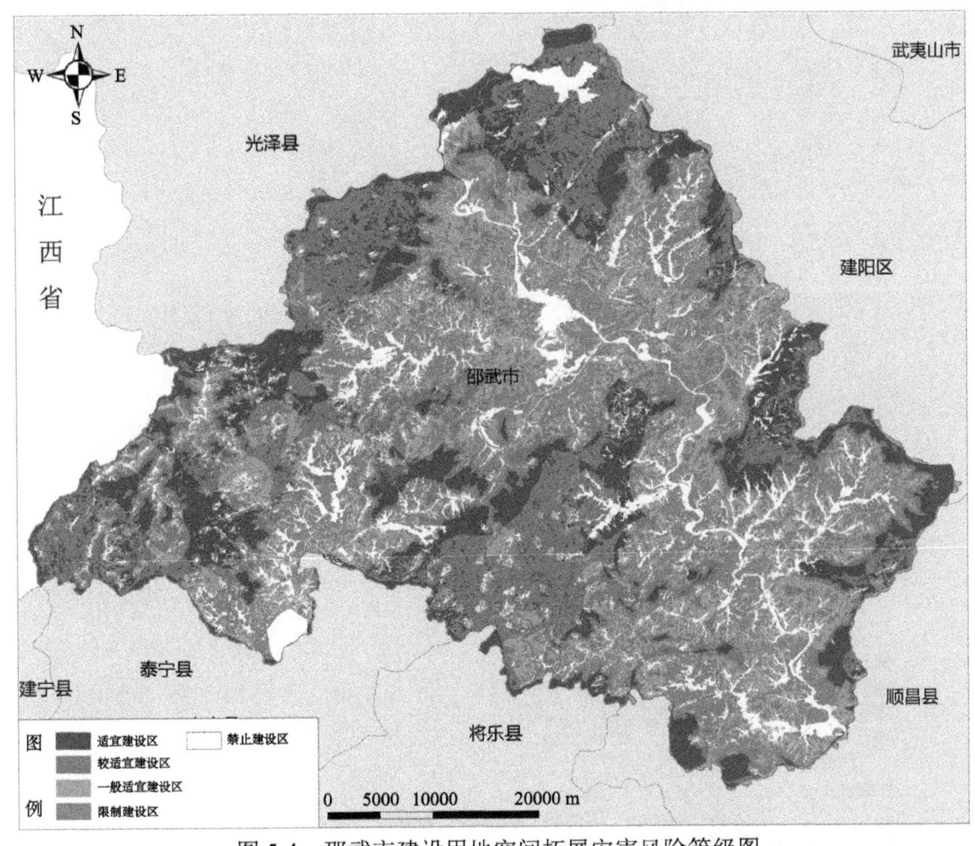

图 5-4　邵武市建设用地空间拓展灾害风险等级图

通过实地考察，发现邵武市大部分滑坡和崩塌发生地点与道路距离较近，这是因为邵武市的山地广布，道路建设往往要环山而建，并对沿路的山坡进行人工切坡，使得道路边的山坡处于不稳定状态，在强降雨过程中容易发生滑坡和崩塌。在防灾减灾工作中应增强对城市周边人工切坡的监察和加固保护，以防灾害发生，造成重大损失。

5.3.2 晋江市用地空间拓展的土地利用灾害风险区分析

晋江市地质灾害发生频率较低，主要灾害类型为气候灾害，包括台风、洪水、雷电等。研究中选取了发生频率较大且有一定区域差异的台风灾害和洪水灾害作为评价内容。

根据主成分分析和模糊数学计算，可以得到晋江市建设用地空间拓展地质灾害风险等级图（图 5-5）。

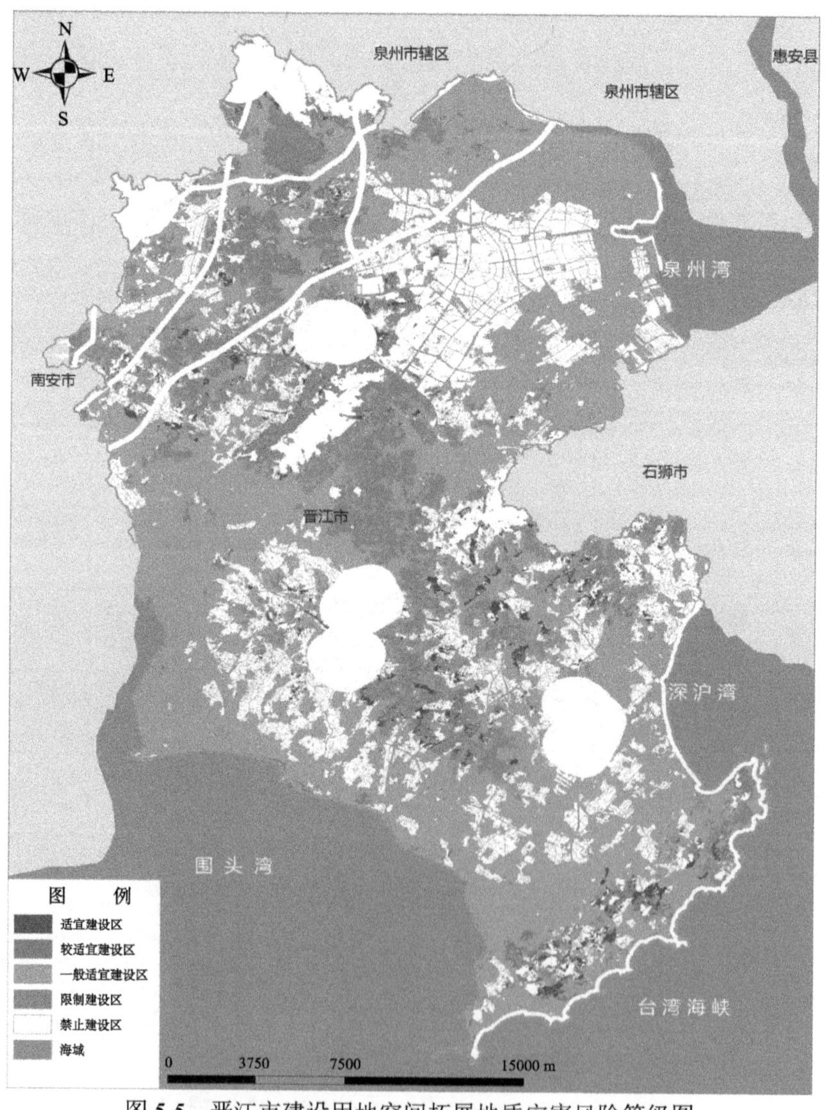

图 5-5　晋江市建设用地空间拓展地质灾害风险等级图

晋江市发生地质灾害的频率很低，以滑坡为主，且主要分布在晋江市西北丘陵地区。由于有记载的地质灾害数量较少，代表性不强，且晋江市内部承载体属性差异较小，因此大部分区域在地质灾害的风险评价中被划分为一般适宜建设区，实际上精确度仍有待考证。

基于在晋江市分布的 28 个气象站点记录数据，利用克里金插值方法获取邵武市地区洪水分布和台风分布的区域面数据，再根据主成分分析法和模糊数学方法进行计算，分别得出晋江市建设用地空间拓展洪水灾害、台风灾害风险等级图（图 5-6 和图 5-7）。

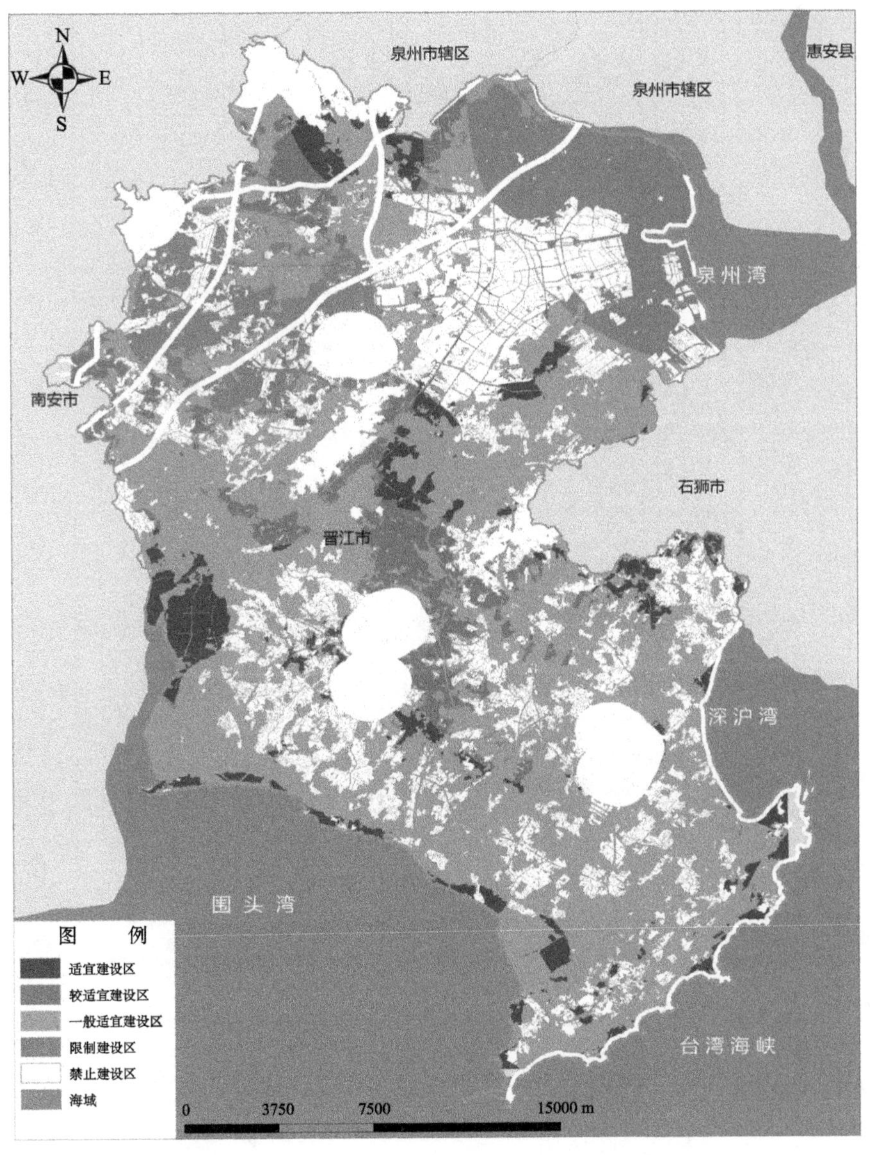

图 5-6　晋江市建设用地空间拓展洪水灾害风险等级图

从评价结果可以看出洪水主要发生在晋江市北部地区，而台风主要发生在东南部沿海地区。将上述晋江市建设用地空间拓展地质灾害、洪水灾害、台风灾害风险等级图进行叠加，得到晋江市建设用地空间拓展灾害风险等级图（图 5-8）。

由普江市建设用地空间拓展灾害风险等级图可知，晋江市大部分区域属于适宜建设区。限制建设区主要分布在西北地区的丘陵和部分东南沿海地区。由于台风灾害频发，晋江市在下海拓展建设用地的过程中应该注重避开台风登陆点。

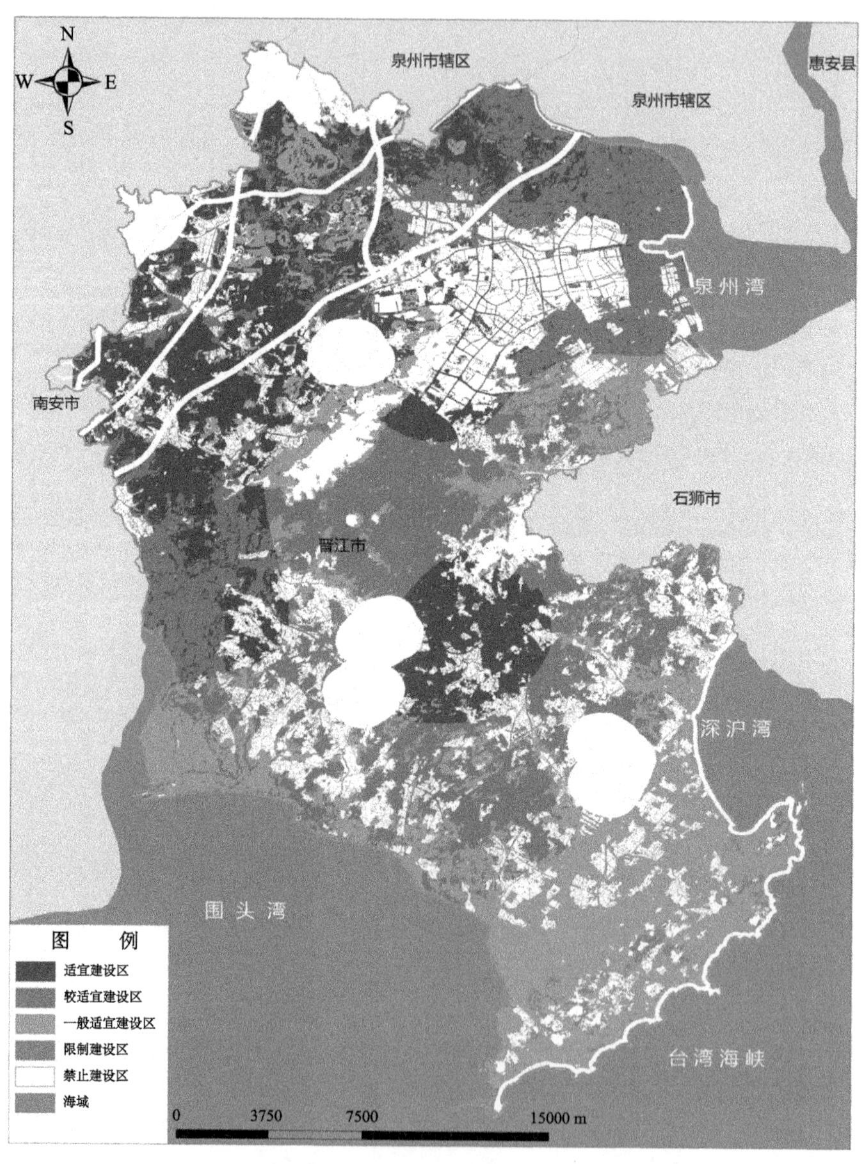

图 5-7　晋江市建设用地空间拓展台风灾害风险等级图

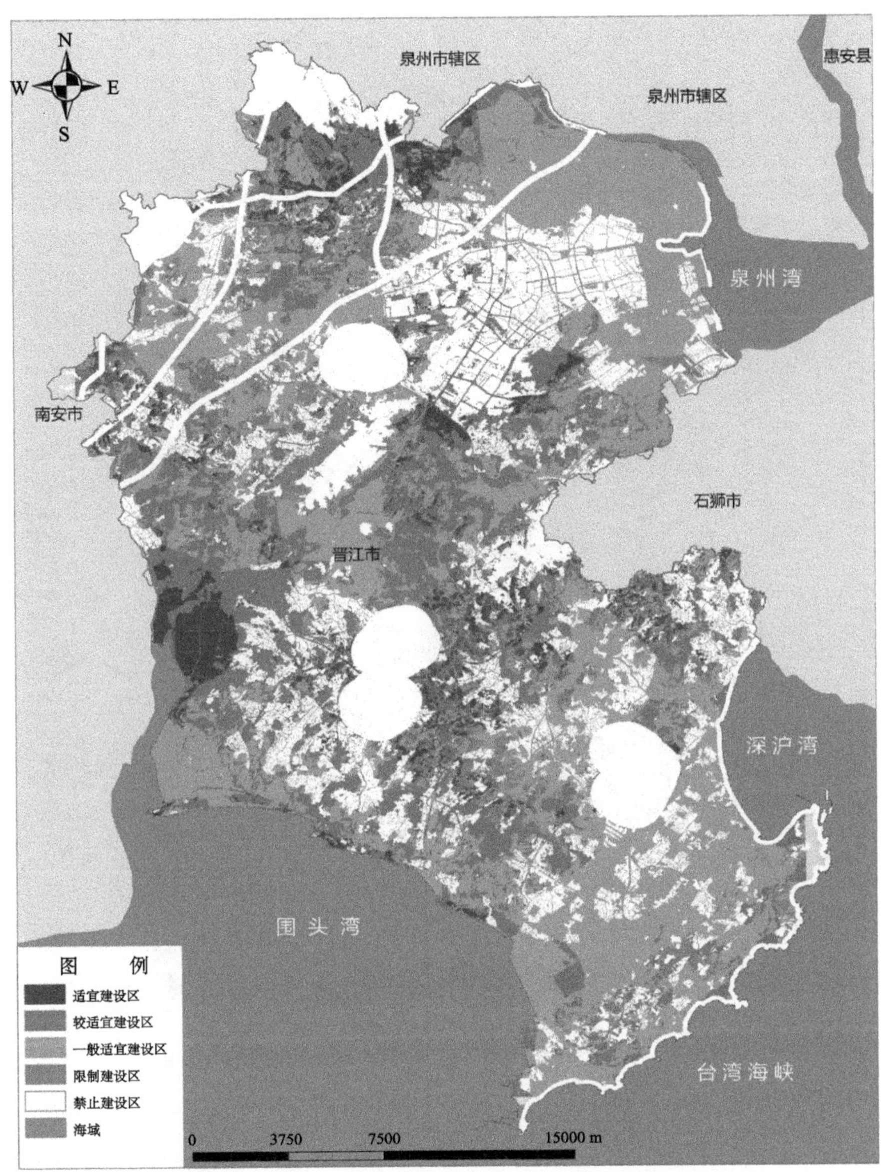

图 5-8　晋江市建设用地空间拓展灾害风险等级图

5.3.3　福建省用地空间拓展的土地利用灾害风险区分析

1. 滑坡地质灾害风险等级分析

利用主成分分析法和模糊数学方法进行计算，可得出福建省建设用地空间拓展滑坡灾害风险等级图（图 5-9）。

滑坡灾害点所在位置的风险区划等级统计数据如表 5-9 所示。

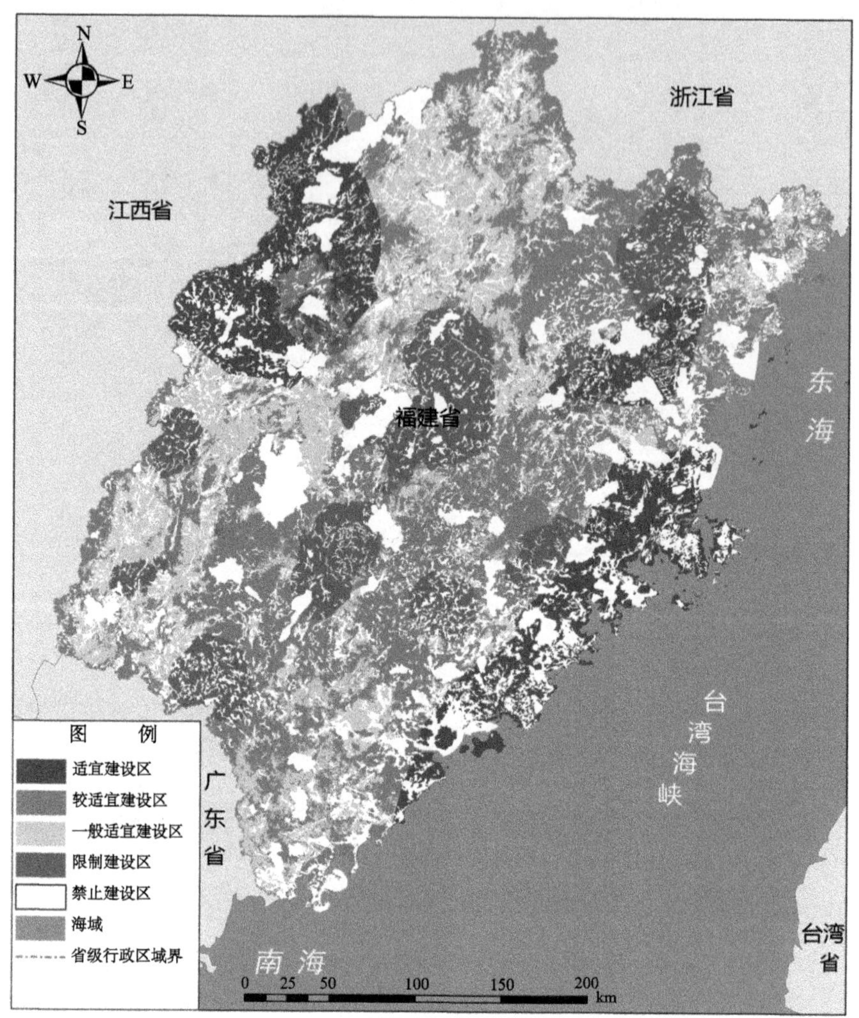

图 5-9 福建省建设用地空间拓展滑坡灾害风险等级图

表 5-9 滑坡灾害点风险区划等级统计

分区	数量/处	百分比/%
适宜建设区	23	0.333
较适宜建设区	886	12.837
一般适宜建设区	4115	59.620
限制建设区	1878	27.210

本次研究中，滑坡灾害点统计数量为 6902 处，占总灾害点数量的 72%以上，是福建省主要的地质灾害类型。由评价结果统计表可知，大部分灾害点评价分布在一般适宜建设区和限制建设区，说明评价结果可信。

滑坡更容易发生在坡度较大的地区，在致灾因子，即强降雨和长时间降雨的作用下，滑坡灾害发生的强度和危险性也会随之增强。因此在建设用地拓展过程中不仅要对坡度进行固定，还要增加对灾害预报系统建设的投入，在灾害发生前，根据降雨强度及累计降雨量的估计进行灾害预警。

2. 崩塌地质灾害风险等级分析

利用主成分分析法和模糊数学方法进行计算，可得出福建省建设用地空间拓展崩塌灾害风险等级图（图 5-10）。

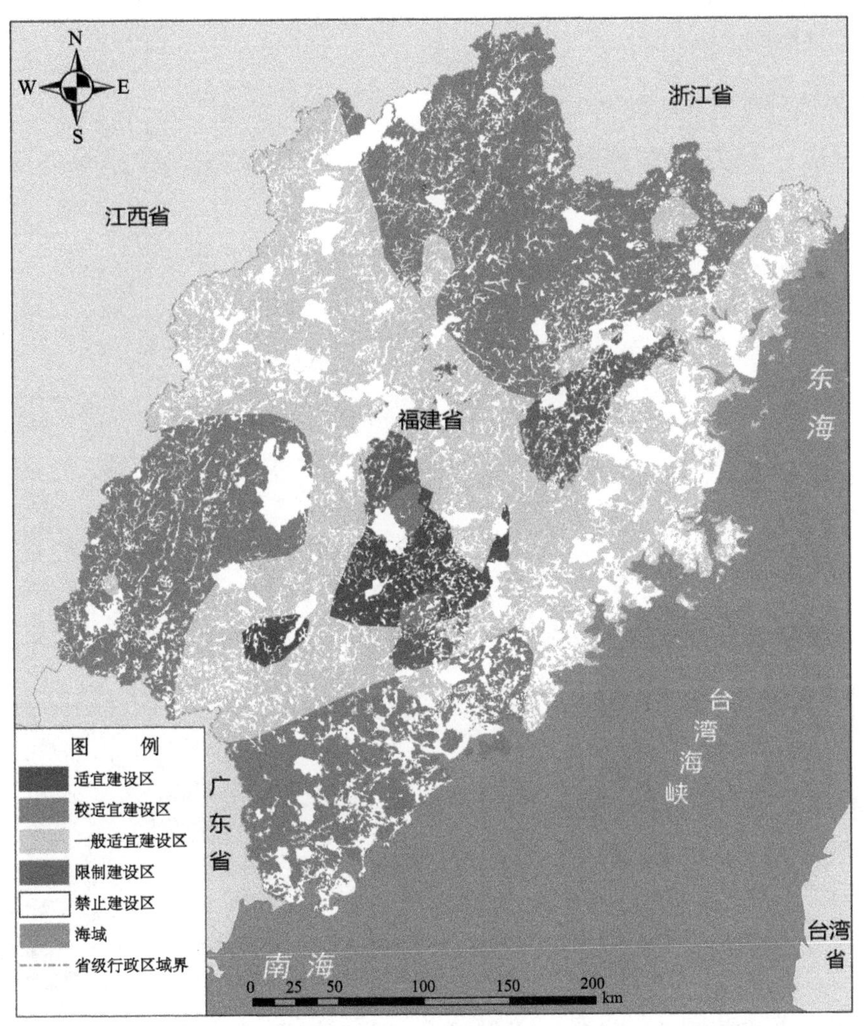

图 5-10 福建省建设用地空间拓展崩塌灾害风险等级图

崩塌灾害点所在位置的风险区划等级统计数据如表 5-10 所示。

本次研究中，崩塌灾害点统计数量为 2449 处，占总灾害点数量的 25%。由评价结果统计表可知，大部分灾害点评价分布在一般适宜建设区和限制建设区，说明评价结果可信。

表 5-10　崩塌灾害点风险区划等级统计

分区	数量/处	百分比/%
适宜建设区	82	3.348
较适宜建设区	778	31.768
一般适宜建设区	1132	46.223
限制建设区	457	18.661

从相关系数来看，崩塌的发生与人类活动密切相关。挖矿、建设道路等工程对地区的地质稳定性影响大。

3. 泥石流地质灾害风险等级分析

利用主成分分析法和模糊数学方法进行计算，可得出福建省建设用地空间拓展泥石流灾害风险等级图（图 5-11）。

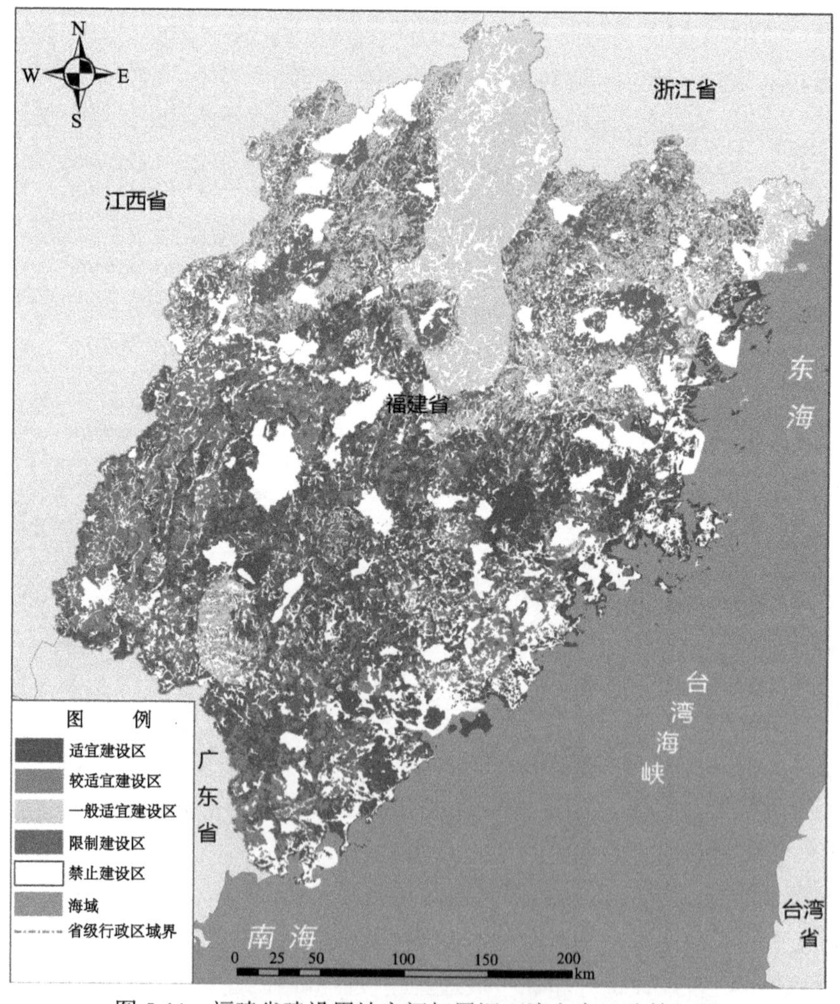

图 5-11　福建省建设用地空间拓展泥石流灾害风险等级图

泥石流灾害点所在位置的风险区划等级统计数据如表 5-11 所示。

表 5-11　泥石流灾害点风险区划等级统计

分区	数量/处	百分比/%
适宜建设区	32	22.535
较适宜建设区	33	23.239
一般适宜建设区	57	40.141
限制建设区	20	14.085

本次研究中，泥石流灾害点统计数量为 142 处，占总灾害点数量的 1.5%。由评价结果统计表可知，半数以上灾害点评价分布在一般适宜建设区和限制建设区，说明评价结果可信。

从相关系数来看，与泥石流灾害最密切的因子为坡度，其次为高程和植被指数。在灾害间相关性分析中，滑坡与泥石流的相关系数为 0.426，这说明福建省泥石流灾害大部分是由滑坡转化而来的。

泥石流发生频率较低，但是造成的经济损失大。由于泥石流的发生常常是在滑坡发生之后，在滑坡发生后及时发出警报，转移群众和物资，能够有效地减少泥石流灾害带来的损失。

1）塌陷地质灾害风险等级分析

利用主成分分析法和模糊数学方法进行计算，可得出福建省建设用地空间拓展塌陷灾害风险等级图（图 5-12）。

塌陷灾害点所在位置的风险区划等级统计数据如表 5-12 所示。

表 5-12　塌陷灾害点风险区划等级统计

分区	数量/处	百分比/%
适宜建设区	4	5.634
较适宜建设区	10	14.085
一般适宜建设区	22	30.986
限制建设区	35	49.296

本次研究中，塌陷灾害点统计数量为 71 处，是发生数量最少的灾害类型。由评价结果统计表可知，大部分灾害点评价分布在一般适宜建设区和限制建设区，说明评价结果可信。

虽然塌陷发生频率低，但是崩塌往往发生在城市或者矿区附近，会直接导致人员伤亡和经济损失。

2）福建省灾害风险等级分析

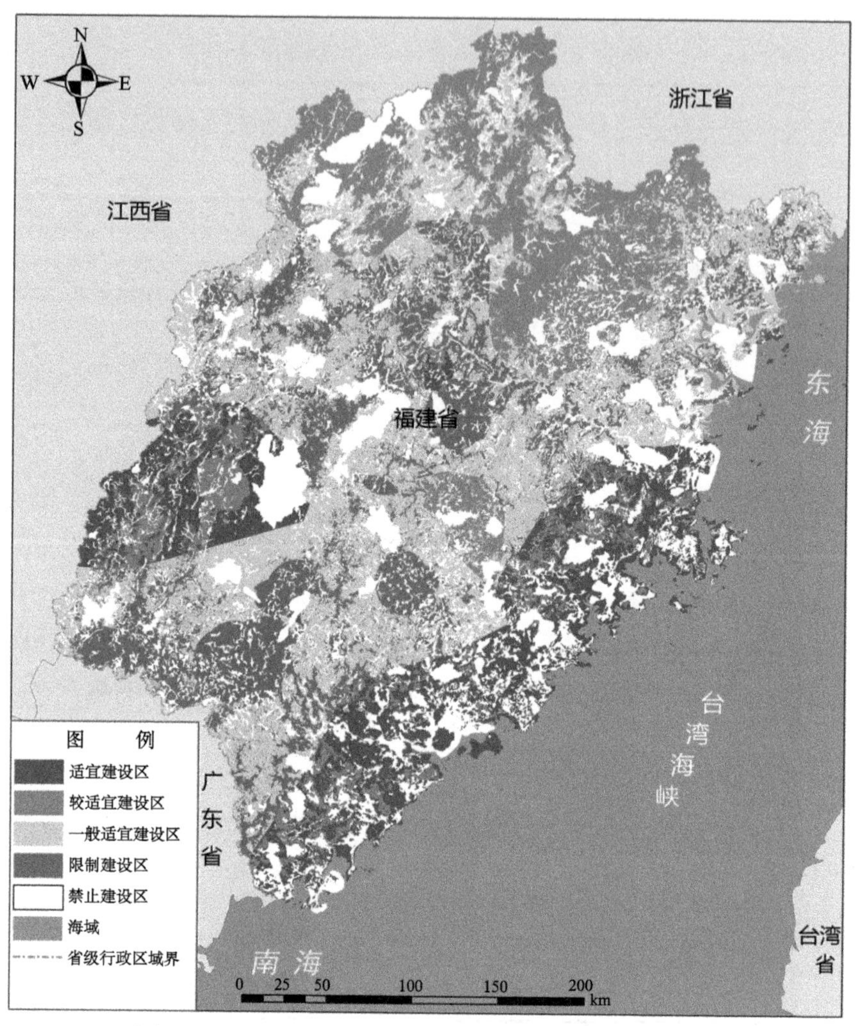

图 5-12　福建省建设用地空间拓展塌陷灾害风险等级图

将福建省各类灾害评价结果叠加，并加入台风路径密度数据，得到福建省建设用地空间拓展灾害风险等级图（图 5-13）。

从最终结果来看，限制建设区集中分布在闽清、永定、尤溪、古田、罗源和宁德等地。这些地区普遍发展迅速，建设用地扩张速度快。从最新的遥感影像观察发现，这些地区裸露的工地面积较大，在强降雨作用下很容易形成滑坡、泥石流等地质灾害。

5.4　海西建设用地空间拓展的土地利用灾害障碍因子分析

海西地区灾害频发，主要包括地质灾害，如滑坡、泥石流、崩塌、塌陷等；风暴潮灾害，如由台风引起的大风、洪涝灾害；其他灾害。以海西地区多发的地质灾害为例，经过相关性分析，灾害发生与下述致灾因子有着相关关系。

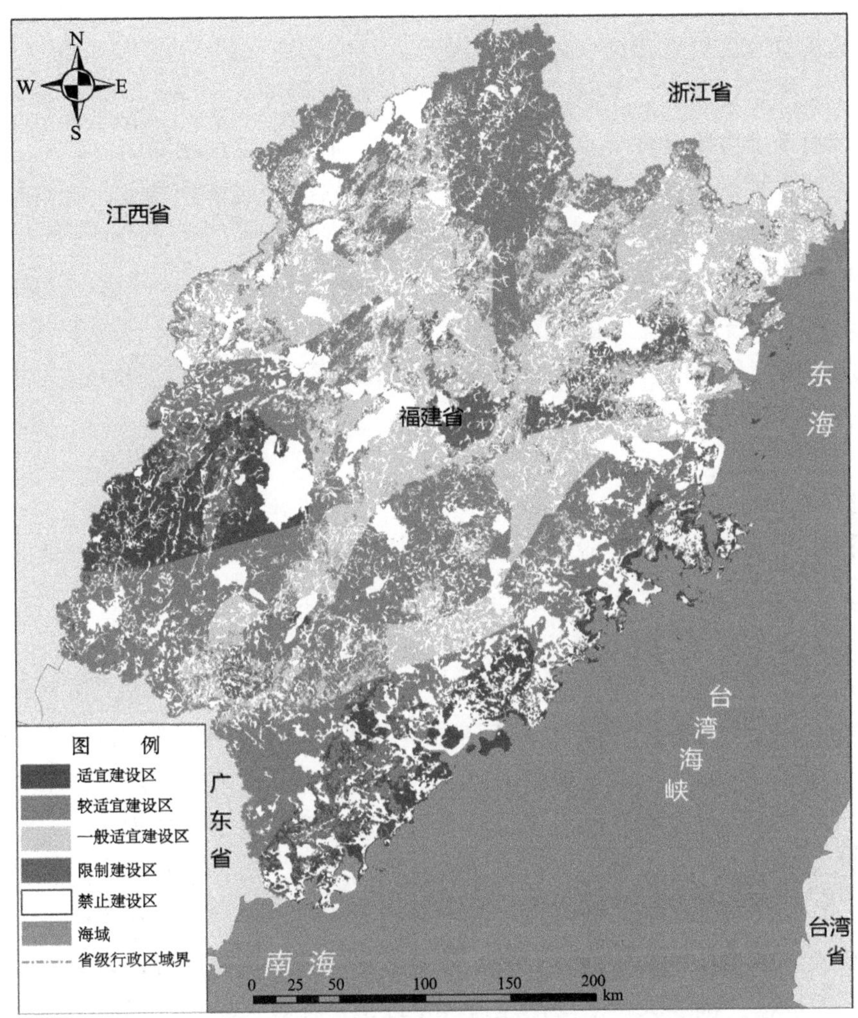

图 5-13　福建省建设用地空间拓展灾害风险等级图

5.4.1　灾害与地形地貌

福建省境内山岭耸立、低丘起伏，河谷和盆地错综其间。山地、丘陵约占全省土地面积的 82%，平原仅占 10%左右，全省有“八山一水一分田”之称。按地面高度统计，海拔 1000m 以上的高山占全省土地总面积的 3.25%，海拔 500～1000m 的中低山面积占 32.87%，海拔 200～500m 的丘陵面积占 51.41%，海拔低于 200m 的平原、台地面积仅占 12.47%。

地形地貌是崩塌、滑坡、泥石流等山地地区地质灾害类型和规模的主控因素。根据现有数据库所采集的资料来看，地质灾害主要与自然坡度、坡面形态、微地貌类型、原始坡高及地面高程等相关。一般来说，断块侵蚀低—高山河谷深切，山坡坡度较陡利于滑坡、崩塌和泥石流灾害发育；而断块剥蚀丘陵、台地地貌有利于崩塌、滑坡灾害发育；侵蚀溶蚀地貌有利于岩溶塌陷地质灾害发育。

滑坡、崩塌、泥石流、不稳定斜坡等地质灾害的形成也是一种自然力降低坡度的过程，地形坡度是斜坡稳定性的重要影响控制因素。坡度不仅影响斜坡内的应力分布，而且对斜坡表面水径流、地下水补给与排泄、斜坡上松散物质堆积厚度、植被盖度等起着决定性的控制作用，进而影响着斜坡的整体稳定性。

高程也与斜坡变形破坏有一定的相关关系，如不同高程范围具有不同的植被类型和植被盖度、因地形坡度差异而存在的局部积水平台（洼地）、是否存在易于滑坡滑动的临空面，以及不同高程范围内的人类活动强度差异较大等，例如大于 1500m 的高海拔区几乎无人居住，人类活动较少，所以调查的灾点也少。

5.4.2　灾害与水系分布

水系是由地表水的侵蚀、搬运和堆积作用形成的地貌景观，也是所在地区内外地质营力作用的产物，是滑坡、泥石流等外动力地质作用最活跃的场所。

福建省水系发育，流域面积大于 50km^2 的河流有 597 条，流域面积大于 500km^2 的河流有闽江、九龙江、汀江、晋江、岱溪、交溪、敖江、霍童溪、木兰溪、诏安溪、漳江、荻芦溪、龙江鹿溪共 13 条。水系走向多与山脉垂直，呈南东东方向，除汀江注入广东外，其余均在省内流入海。福建省河流属于山地性河流，河床比降大，水量丰富。

福建水系属于山地水系，上游多呈扇状水系，一般河流上游切割深、坡降大、河谷窄，河流凹岸最易受河水侵蚀掏空，易造成侵蚀塌岸，沿河谷阶地依山削坡建房的民宅常受滑坡、崩塌灾害的影响，坡降大、汇水面积大的河流常导致泥石流地质灾害发生；下游河床较宽、河道曲折、含沙量较大、流量和水位季节变化显著，易形成侵蚀淤积现象；福建省沿海海岸潮差大，平均潮差在 4m 以上，在台风季节易形成风暴潮，对海岸侵蚀淤积造成较大影响。

5.4.3　灾害与降水

地质灾害的发生与过程降雨（久雨）和临灾降雨（暴雨）关系密切。降水与灾害发生的机理主要表现如下。

（1）强降雨诱发的土质滑坡，一般以塑性剪切变形为主，滑体一般含水，近滑带具有明显的塑性变形；滑坡后缘滑动壁较陡，外形多为明显的圈椅状；滑坡平面形态多为长条形，长轴滑坡的滑动面则受下伏基岩顶面起伏形态的制约，部分呈阶状，这些部位多为地下水的渗流带，反映了雨水所起的作用，并与降雨强度的大小关系密切。

（2）暴雨诱发的岩质滑坡多发育于顺层向斜坡或具有缓倾软弱结构面的坡体，滑体后缘构造裂隙发育较好，多位于坡脚地带，具有较好的临空面和汇水条件；强降雨沿基岩裂隙入渗后首先使坡体内的软弱结构面或岩体的力学强度降低，当暴雨使后缘拉裂缝中的静水压力达到临界压力时，即发生滑动；变形形式多以拉裂—滑移等为主。

（3）降雨型崩塌多数发生在人为削坡大于 60°的高陡土质坡或软硬相间的层状岩体中，坡体内发育着高角度构造裂隙或软弱垂直结构面（部分由人为工程爆破震动影响所致），暴雨过程使裂隙充水而产生静水压力，静水压力向前推挤靠近临空面的岩土体，下渗的雨水同时对软弱结构面产生软化和润滑作用，从而造成顺软弱层的滑出式崩塌。

（4）在长时间降雨影响下，当连续强降雨过程（一般在 2～5 天内）的降雨量累计达到一定数值时，往往比一日内的暴雨更能诱发群发性地质灾害。对于福建省大部分土质滑坡而言，由降雨诱发的土质滑坡以塑性剪切变形为主，因其组成物质松散，雨水易于渗入滑坡体中，长时间的降雨使土体含水量增大，达到过饱和状态，显著降低滑动面的抗剪强度，当下滑力超过阻滑力时，就会产生滑坡。

5.4.4　灾害与植被覆盖

植被对地质灾害的影响主要体现在植被的水文效应和植被对土体抗侵蚀力的影响上，因此分析植被对水体和土体的改良作用，可以帮助我们了解植被与各种地质灾害的相互关系。总的来说，植被对于涵养水源、调节径流、防止洪水、改造局部地区水文循环、防止土体侵蚀、固持土体均有一定作用。

植被对降雨的再分配作用：在有林流域中，当雨水到达林冠层上时，其从林冠层向下运动的过程中就要被重新分配，总的趋势是到达林地上土体表层的雨水有所减少。其中相当一部分雨水要被林冠层和枯枝落叶层截留，通过蒸发返回大气中去。这种从林冠至地面上对降雨的再分配作用，对雨滴动能可以起到一定的消耗作用，即减少或消灭雨滴对土体的分散力，防止地表土体被侵蚀。

植被对土体水文性质的改良作用：植被能使得地下水土体内径流发生很大的变化。在降雨形成土内径流时，其主要特征是发生的深度增加，土壤剖面上的饱和导水率提高了，流路变得更为复杂，径流量减少，土体剖面蓄水能力提高，垂直渗透能力增强，水分可进入更深的土层中。这样林地土内径流的形式就完全不同于非林地，使得降雨进入地下水的机会增多，对削洪起到了非常重要的作用。

植被对土体性质的改良效应：植被具有防止多种地质灾害发生的功效。第一，它具有对溅蚀的削减作用，这样可以根除土体侵蚀的主要动力，防止地表土壤侵蚀，如面蚀、片蚀、细沟蚀等形式的土体侵蚀。第二，林地枯枝落叶层对地表径流的分散、滞缓和过滤作用，能防止径流的进一步集中，过滤细小颗粒的泥沙，并防止表层土体的堵塞，减缓径流流速和流量，这样就会削弱径流的侵蚀力，起到防止地表径流冲刷性侵蚀的作用，如各种面蚀及沟蚀的进一步发展。第三，林木具有强大的根系，其会分布在一定的土体、岩石内，能极大地增强土体的抗剪强度，同时林木生理蒸腾的巨大排水作用能减少滑坡、崩塌界面层减少的水分，可以大量减少土体容重，减少滑坡、崩塌等地质灾害的发生。

第四，植被具有防止河流冲淘，以及水库、湖泊淤积的作用。在防护林、库塘林体系的保护下，进入河流的泥沙减少，能延长水库的使用寿命。第五，良好的植被能防止各种形式的地质灾害，在松散土体堆积较多的沟谷中林木根系的巨大固土作用能防止重力侵蚀的危险，削减暴雨的洪峰流量，这样就能防止泥石流等灾害的发生。

5.4.5 灾害与人类工程活动

自然界中的岩土体在特定的地质历史时期内一般都有其相对的稳定性，但人为因素施予的外部影响会改变原有的应力平衡，从而加速各类地质灾害的发生。

人类工程活动形式多种多样，对地质环境的破坏和影响也是多方面的；福建省地质灾害常造成巨大损失。矿山开采、地下水开采、大型工程建设等，尤其是依山而建的项目，在降雨的诱发下，由于人工土质边坡支护不当，容易产生滑坡、崩塌、泥石流等地质灾害。

5.5 小　　结

基于土地利用灾害风险评估条件的障碍因子分析与常规的灾害评价有区别。在建设用地拓展的过程中，承灾体性质会发生变化，如农用地转变为建设用地的过程中，承灾体从农作物转变为建筑设施，其经济价值和承载能力都有很大的差别。本章对于易损性评价指标的选取和权重设定都较低且并没有对各类灾害发生的期望经济损失进行评价，都是出于上述考虑。

研究中的权重设定完全基于灾害发生与各评价指标之间的相关系数，能够保证权重设定过程中的客观性。但是利用主成分分析法确定权重需要数据源具有较高的可信度和信噪比，研究数据均来源于官方网站，遥感影像前期经过大气校正，能够确保数据的有效性，因此评价结果可信度也比较高。

第 6 章　基于障碍因子约束的建设用地空间拓展综合评价方法

近年来关于建设用地评价的研究，许多专家学者探索了很多评价方法，包括主成分分析法、情景分析法、BP 神经网络、模糊综合评价方法及多因素综合叠加模型等；多因素综合叠加模型也称单纯权重叠加法，在建设用地评价中得到了广泛的应用，但是在构建评价指标体系时，应用其不能很好地解决影响因素之间出现的隶属关系，指标分级不能起到良好的缓冲作用。由于评价使用的评语具有一定的模糊特色，所以宜采用模糊综合评价方法。应用这种评价方法，各指标权重具有举足轻重的地位，且对各指标间进行了隶属度的计算。模糊评价的权重通常由专家根据经验给出，难免带有主观性。AHP 是一种定量和定性相结合，将人的主观判断用数量形式表达和处理的方法， 尽量减少个人主观臆断所带来的弊端，使评价结果更可信。因此基于 AHP-模糊综合评价方法更有利于建设用地空间拓展评价研究。

建设用地是指建造建筑物、构筑物的土地，是对城乡住宅和公共设施用地，工矿用地，能源、交通、水利、通信等基础设施用地，旅游用地，军事用地等进行一定投资（土地开发建设费用），通过工程手段为各项建设提供的土地。建设用地空间拓展则是将建设用地作为一般对象，研究其在空间方位的发展方向及发展趋势，反映了地区城镇建设可视化发展方向。许多专家和学者利用自然环境数据及社会经济数据对城镇建设用地拓展驱动力加以研究，得出了促进城镇建设用地拓展的驱动力因子，为城镇规划发展及经济增长提供了指导意义。与建设用地空间拓展驱动力理论研究相对应的建设用地空间拓展障碍因子研究则是从建设用地空间拓展另一个角度分析其发展障碍因素，那么每一个驱动力因素也可作为障碍因子加以研究。障碍因子即某一对象在其发展方向上起到阻滞其发展作用的影响因子，在此是建设用地在拓展过程中对其拓展过程有阻碍影响的因子，可以是建设用地开发难度、成本、经济效益等。

6.1　基于障碍因子的建设用地空间拓展综合评价指标和模型研究

AHP-模糊综合评价方法是指将模糊综合评价方法与层次分析法相结合确定指标权重来对评价对象进行客观的评价。本章基于 AHP-模糊综合评价方法，针对海西地区自然环境和社会经济状况，以及面临的土地供需矛盾，通过将约束建设用地空间拓展的障碍因子作为评价指标，评价出研究区内适宜建设用地拓展的区域，为当地城市规划提供建设用地拓展方向。

6.1.1 层次分析法

层次分析法通过分析复杂系统所包含的因素及相关关系，将问题条理化、层次化，构造一个层次分析结构模型，对每一层次的各要素进行两两比较，按照一定的标度理论，得到相对重要程度的比较标度并建立判断矩阵，计算判断矩阵的最大特征值及其特征向量，得到各层次要素对上层次某要素的重要性次序，从而建立权重向量。其主要步骤如下。

（1）构造两两比较判断矩阵 A：

$$A=\left(a_{ij}\right)_{n\times n}\quad (i,j=1,2,\cdots,n) \tag{6-1}$$

式中，$a_{ij}=\dfrac{1}{a_{ji}}$，$a_{ij}=1$。

（2）矩阵 A 各列做归一化处理：

$$\overline{a_{ij}}=a_{ij}\Big/\sum_{j=1}^{n}a_{kj}\quad (i,j=1,2,\cdots,n) \tag{6-2}$$

（3）矩阵 A 各元素求和并归一化：

$$\overline{w_i}=\sum_{j=1}^{n}\overline{a_{ij}}\quad (i,j=1,2,\cdots,n) \tag{6-3}$$

$$w_i=\overline{w_i}\Big/\sum_{j=1}^{n}\overline{w_i}\quad (i,j=1,2,\cdots,n) \tag{6-4}$$

（4）根据 $A\overline{w}=\lambda_{\max}\overline{w}$ 求出最大特征根和其特征向量。

（5）进行一致性检验：

计算一致性指标 $\text{C.I.}=\dfrac{\lambda_{\max}-n}{n-1}$，找出相应的平均随机一致性指标 C.I.，计算一致性比例 C.R.=C.I./R.I.；当 C.R.<0.1 时，可接受一致性检验，否则对 A 进行修正。

6.1.2 模糊综合评价

模糊综合评价就是应用模糊变换原理和最大隶属度原则，对多因素影响的事物或现象进行总的评价，其具体步骤如下。

（1）根据建立的评价指标体系来确定障碍因素集 $C=\left(c_1,c_2,\cdots,c_q\right)$，表示有 q 个评价因素；

（2）各评价因素重要程度不同，采用层次分析法确定模糊权重集 $A=\left(a_1,a_2,\cdots,a_q\right)$；

（3）对于每个评价单元确定评语集 $V=\left(v_1,v_2,\cdots,v_p\right)$，即将评语集划分为 p 个等级；

（4）建立模糊评价矩阵，专家填写评价卡，统计评价情况，列出评价结果统计表，计算出各因素属于不同等级评语的隶属度，建立模糊评价矩阵 R 如下：

$$R=\begin{pmatrix} r_{11} & \cdots & r_{1p} \\ \vdots & & \vdots \\ r_{q1} & \cdots & r_{qp} \end{pmatrix}$$

（5）综合评价集合的计算 $B = A \times R$，即用集合 A 中第一个数和集合 R 第一列方向的第一个数模糊相乘 $(V_1 \times U_1)$，按相乘取小、相加取大的原则得出各数值集合 B：

$$B = A \times R = (a_1, a_2, \cdots, a_q) \times \begin{pmatrix} r_{11} & \cdots & r_{1p} \\ \vdots & & \vdots \\ r_{q1} & \cdots & r_{qp} \end{pmatrix} = (b_1, b_2, \cdots, b_q) \tag{6-5}$$

根据最大隶属度原则，选择模糊综合评价集 $B = (b_1, b_2, \cdots, b_q)$ 中的最大值 b_i 所对应 $(v_1, v_2, \cdots, v_p)$ 的 v_i 作为最终的评价结果。

6.1.3　建设用地空间拓展 AHP-模糊综合评价指标体系

在土地资源适宜性障碍因子选择中，选取自然因素中的地形指数和海报指数，这两个障碍因子会影响建设用地空间拓展的地形障碍因素；社会经济因素中的城镇区位和交通区位作为城镇发展的主体和血脉，对建设用地空间拓展具有很大的影响力。生态系统服务功能与生态安全障碍因子指标选取从生态服务价值和生态安全两个方面考虑，生态系统服务功能主要通过生态系统的过程作用而产生不同的变化，即生态过程为生态系统服务功能提供物质基础，分别设定支持服务、供给服务、调节服务、文化服务作为评价指标，地质灾害风险障碍因子的选取主要包括地质构造、孕灾环境、河流密度和历史灾点 4 个指标地质构造决定了地基承载力，影响建设用地建筑选址；孕灾环境主要是指易于发生滑坡、泥石流、崩塌等自然灾害的环境条件；河流密度则考虑了山区洪涝灾害的发生条件；历史灾点指标选择考虑了历史灾害频发区的影响。

选取障碍因子指标时要考虑系统性与层次性、全面性与概括性等相结合的原则，结合邵武市土地自然资源和社会经济现状，利用层次分析法，查阅文献并咨询相关专家，从土地资源适宜性障碍因子、生态服务功能与生态安全障碍因子、地质环境与灾害风险障碍因子 3 个方面，构建了邵武市建设用地空间拓展评价指标体系（表 6-1）。

6.1.4　建设用地空间拓展 AHP-模糊综合评价递阶层次模型

以建设用地空间拓展为目标导向，综合考虑土地资源适宜性障碍因子、土地生态安全、土地利用自然灾害风险等约束条件，依据面向空间拓展的多要素数据整合与挖掘结果和综合评价方法，应用 3S 技术、层次分析和人工智能等方法建立建设用地空间拓展综合评价递阶层次模型对应的障碍因子评价指标，利用层次分析法确定各障碍因子指标权重。构建的建设用地空间拓展 AHP-模糊综合评价递阶层次模型如图 6-1 所示。

表 6-1　邵武市建设用地空间拓展评价指标体系

目标层 A	准则层 B	领域层 C	指标层 D
建设用地空间拓展 A	土地资源适宜性 B_1	自然环境因素 C_1	地形指数 D_1
			海拔指数 D_2
		社会经济因素 C_2	城镇区位 D_3
			交通区位 D_4
	生态服务功能与生态安全 B_2	生态服务功能 C_3	支持服务 D_5
			调节服务 D_6
			供给服务 D_7
			文化娱乐服务 D_8
		生态安全 C_4	结构安全 D_9
			过程安全 D_{10}
			功能安全 D_{11}
	地质环境与灾害风险 B_3	灾害危险性 C_5	地质构造 D_{12}
			孕灾环境 D_{13}
			河流密度 D_{14}
			历史灾点 D_{15}

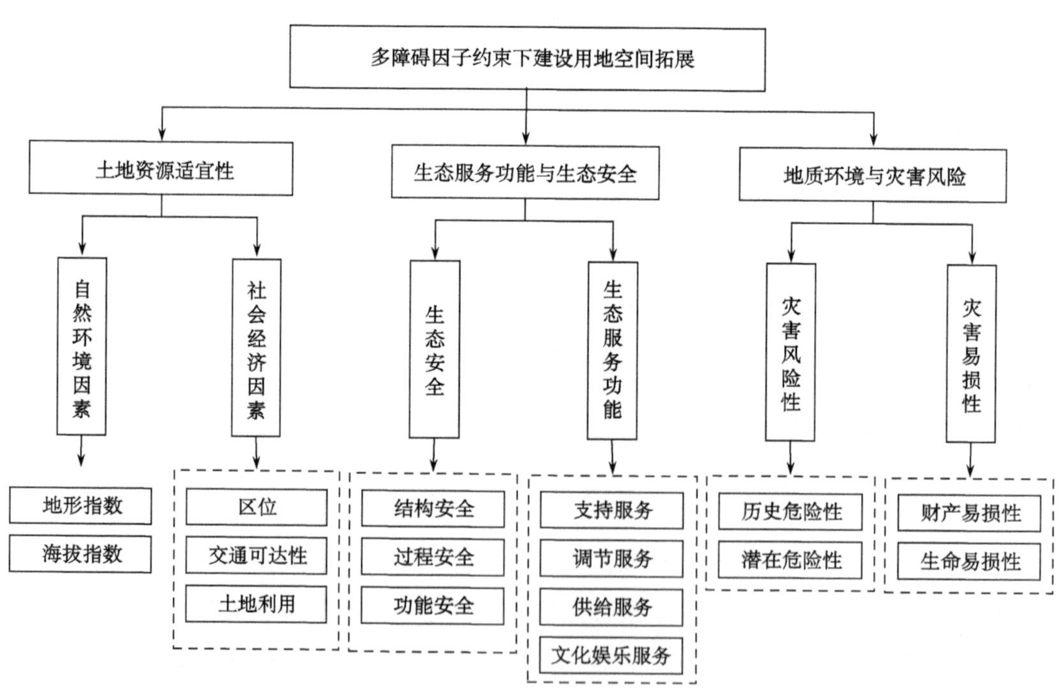

图 6-1　建设用地空间拓展 AHP-模糊综合评价递阶层次模型

6.2　基于多障碍因子约束的海西建设用地空间拓展综合评价技术框架体系研究

根据研究成果总结出本研究的技术框架体系——基于多障碍因子约束的海西建设用地空间拓展综合评价技术框架体系，如图 6-2 所示。

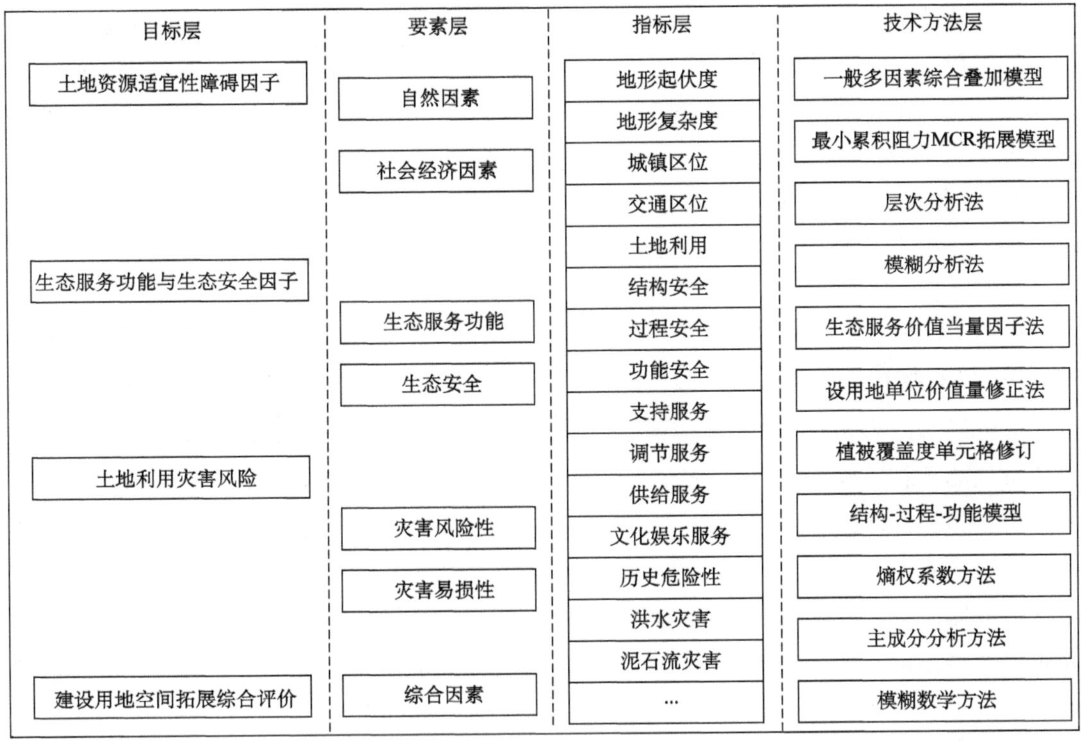

图 6-2　基于多障碍因子约束的海西建设用地空间拓展综合评价技术框架体系

将研究内容分为了基于土地资源适宜性障碍因子分析、基于生态服务功能与生态安全障碍因子分析、基于地质环境与灾害风险障碍因子分析、基于多障碍因子建设用地空间拓展综合评价研究，将技术框架分为目标层、要素层、指标层及技术方法层。

6.2.1　土地资源适宜性障碍因子

将影响因素分为弹性因素和刚性因素，刚性因素由生态红线、耕地红线和其他保护区等组成，进行评价的时候，直接将这些区域划分为不适合区域。研究采用网格法和 AHP 分别划分评价单元和确定各影响因素的权重。研究采用极限–一般多因素综合叠加模型作为评价模型。

$$M = (\sum_{i=1}^{n} W_i \times V_i) \times (\prod_{j=1}^{m} X_j) \tag{6-6}$$

式中，M为特定评价单元的山地建设综合评价得分；W_i为特定评价单元的第 i 个弹性因子的量化分数；V_i为特定评价单元的第 i 个弹性因子的权重系数；X_j为特定评价单元的第 j 个刚性因子的量化分数，其值为 0 或 1；此模型中，弹性因子采用累加求和的方式计算，刚性因子采用求积的方式。

基于最小累积阻力（minimum cumulative resistance，MCR）和 Hydrology 建设用地空间拓展模型。MCR 是指从“源”出发到目的地，经过不同类型的景观所克服的最小阻力或者耗费的最小费用，其反映的是一种可达性。MCR 最初指计算物种从源到目的地运动过程中所耗费的代价的模型， 它最早由 Knaapen 于 1992 年提出， 经国内俞孔坚等的修改，用式（6-7）表示：

$$\text{MCR} = f_{\min} \sum_{j=n}^{i=m} D_{ij} \times R_i \tag{6-7}$$

式中，MCR 表示最小累积阻力值;D_{ij}表示物种从源 j 到景观单元i的空间距离； R_i表示景观单元i对物种运动的阻力系数； $\sum$表示物种从源 j 运动到景观单元i所穿越的所有单元的距离与阻力系数的累积； f 是反映任一点的最小累积阻力与其到源的距离和土地景观特征的正相关函数，min 表示评价单元对于不同的源的累积阻力取最小值。最小累积阻力模型虽然起源于物种扩散过程的研究，但并不局限于特定的具体的生态过程，建设用地的适宜性和限制性是统一的，可以将建设用地的适宜性看成限制性，适宜性越高，限制性就低；适宜性越低，限制性就越高。限制性也可以看成是一种阻力。土地的空间异质性使得建设用地在向周边土地侵占和覆盖的过程中，克服大小不一的阻力从而消耗一定的费用，主要包括自然、社会经济和生态 3 个方面的费用。基于以上分析，得出建设用地适宜性评价结果后，同样可以应用 MCR 模型构建建设用地空间拓展的阻力面。

6.2.2　生态服务功能与生态安全障碍因子

根据谢高地等改进的价值当量表，给出各生态系统类型单位面积的服务价值当量数。其中园地取针叶林、草地的平均值；水域与水系对应；根据经济数据计算园地、旱地、水田平均单位面积作物产值对比主要粮食平均单位面积产值，修正其食物生产当量数。生态服务功能对应起来，涵养水源包括水资源供给和水文调节；土壤形成与保持包括水土保持和养分循环；废物处理包括净化环境。最后，得出生态服务价值当量修正后的当量表。

根据研究区农田生态系统主要农作物经济价值平均值的 1/7 来计算单位当量服务价值，公式如下：

$$P_{\text{a}} = \frac{1}{7} \times \sum_{i=1}^{n} \frac{P_i}{n} \tag{6-8}$$

式中，P_{a}为 1 个服务价值当量因子的经济价值量；P_i为 i 类土地生态系统单位面积的经济产值。

关于建设用地单位面积生态服务价值的计算，采用防治成本法计算气体调节服务价值，采用替代成本法计算水源涵养服务价值，采用防治成本法计算废物处理服务价值。食物生产、土壤形成与保持、生物多样性保护等的服务取值为 0。

$$P_{ij} = e_{ij} P_0 \quad (i = 1,2,\cdots,9; j = 1,2,\cdots,9) \tag{6-9}$$

式中，P_{ij} 表示第 i 种生态系统类型第 j 类服务功能的单位面积服务价值；P_0 表示单位当量服务价值；e_{ij} 表示第 i 种生态系统类型第 j 类服务功能的当量数。

基于植被覆盖度的陆域生态服务的价值修正植被覆盖度 f_v 是指植被在地面上的垂直投影面积在单位面积上所占的比例，是用来衡量地表植被覆盖的重要参数，也是指示生态环境变化的基本指标。每个像元的 NDVI 数据和 f_v 有如下关系：

$$\mathrm{NDVI} = \frac{\mathrm{NIR} - R}{\mathrm{NIR} + R} \tag{6-10}$$

式中，NDVI 是归一化植被指数；NIR 和 R 分别是近红外波段和红光波段的地表反射率值。

$$f_\mathrm{v} = \frac{\mathrm{NDVI} - \mathrm{NDVI}_{\min}}{\mathrm{NDVI}_{\max} - \mathrm{NDVI}_{\min}} \tag{6-11}$$

式中，f_v 是植被覆盖度；$\mathrm{NDVI}_{\max}$、$\mathrm{NDVI}_{\min}$ 分别是 NDVI 一定置信区间（95%置信区间）内的最大值和最小值。

生态服务价值与生物量成正相关，生物量与 NDVI、植被覆盖度有高度相关性。本书基于植被覆盖度大小修正陆域单元格生态服务价值空间分布。该修正应用于农田、林地、草地、园地等植被覆盖的土地利用类型。修订公式如下：

$$f_{\mathrm{v}j} = \frac{f_{ij}}{\overline{f_j}} = \frac{\text{第}i\text{单元格第}j\text{类生态系统植被覆盖度}}{\text{第}i\text{类生态系统的植被覆盖度平均值}} \tag{6-12}$$

式中，$f_{\mathrm{v}j}$ 为单元格生态服务价值修正因子。根据研究区植被覆盖度数据 f 统计计算旱地、水田、针叶林、灌木林、园地、草地等的平均值。

根据生态系统的特点，构建“结构-过程-功能”（structure-process-function，SPF）的生态安全指标评价体系概念框架模型（图 6-3），该框架利用生态系统结构影响生态过

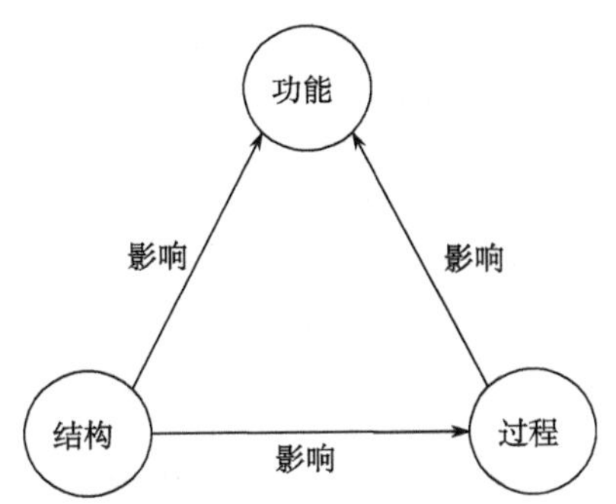

图 6-3　生态安全指标评价体系概念框架模型

程，生态结构和生态过程综合影响生态功能的理论模式进行构建，与以往的评价生态安全评价指标体系相比，从生态功能发生机理的角度进行了剖析，更能反映生态系统内部环境作用状况和外界的影响。

根据研究区生态系统指标因子的特点，选取熵权系数法作为评价指标权重的依据。评价中由于各指标对评价单元的贡献不同，所以需要根据指标作用大小分别给予各指标不同的权重。熵权系数法是根据指标的相对变化程度对系统整体的影响来确定指标的权重，这与土地利用安全性作用机理相似，影响土地生态安全的主要因素也是其中变化程度大的因素。因此，采用熵权系数法确定各指标的权重。

假设有 m 个评价样本，n 项评价指标，则用评价矩阵 $[Y]=\{y_i\}m\times n$ 表示，其中第 $i(i=1,2,\cdots,n)$ 项指标的权重计算公式为

$$E_i=-\frac{\sum_{i=1}^{n}y_i\ln y_i}{\ln m} \tag{6-13}$$

$$W_i=\frac{1-E_i}{\sum_{i=1}^{n}(1-E_i)} \tag{6-14}$$

式中，E_i 为指标的输出熵；W_i 为指标的权重。

6.2.3 地质环境与灾害风险障碍因子

1）主成分分析法

针对海西地区土地利用的现状特点及发展趋势，基于灾害系统理论和灾害链思想，以及主成分分析法，利用 ArcGIS 软件分析区域内地质灾害的空间分布规律和形成条件，分析研究区域内地形条件、地貌条件、植被覆盖、降水情况、人类活动、土地利用类型等不同因子对灾害发生的影响程度，筛选出海西地区土地利用灾害风险的主要影响因子。

2）模糊综合评价

将历史地质灾害发生点、野外调查数据与自然地理环境、区域地质条件、人类活动等矢量图形资料在 ArcGIS 软件中进行空间叠加，分析地质灾害与各类影响因子的相关性。经综合分析，研究区地质灾害主要影响因素包括植被覆盖度、地形坡度、地貌高程、城镇密度、道路密度和气象条件。其中，前 5 类为灾害发生的内部因素，气象条件为灾害发生的动力因素，即外部因素。

评价结果分为 3 个等级，分别为危险性小、危险性中和危险性大，即评价结果集为 Q={危险性小（Ⅰ），危险性中（Ⅱ），危险性大（Ⅲ）}。对各个评价指标进行统计分析，根据统计结果确定一个分级标准。则评价指标集为 P={坡度，RVI，高程，城镇与道路距离综合因子}。根据主成分分析结果，对相关系数高的指标进行去相关处理，即对道路和高程因子进行综合分析；将各评价因子与灾害的相关系数进行归一化后，将其作为其

指标权重，即三级指标的权重。

6.3 小　结

本章将影响建设用地空间拓展的障碍因子指标分为土地资源适宜性障碍因子指标、生态服务功能与生态安全障碍因子指标，以及地质灾害与灾害风险障碍因子指标，通过对这些障碍因子指标进行分析提取和优化处理，建立了建设用地空间拓展模糊综合评价障碍因子指标集，并通过主导因子分析减小障碍因子之间的相互影响，利用层次分析法对障碍因子指标进行权重赋值。根据障碍因子指标及权重建立了建设用地空间拓展综合评价指标体系，进而建立了建设用地空间拓展 FAHP 综合评价模型，并在此模型的基础上介绍了基于 FAHP 综合评价模型的原理及评价流程。至此障碍因子分析、模型的选择和构建已经完成，为下一步研究区的建设用地空间拓展评价提供模型基础。

第7章　基于障碍因子约束的建设用地空间拓展综合评价方法技术规程

7.1　目　　的

根据多障碍因子约束条件下的建设用地空间拓展综合评价过程，运用科学的障碍因子评价方法和评价过程，评价出区域适宜建设用地空间拓展区及限制建设用地拓展区，可指导研究区立体规划优化配置工作。

7.2　范　　围

本技术规程规定了建设用地空间拓展土地资源适宜性障碍因子评价、生态服务功能与生态安全障碍因子评价、地质环境与灾害风险障碍因子评价，以及建设用地空间拓展综合评价的内容、方法、流程和要求。

本技术规程适用于多障碍因子建设用地空间拓展评价工作。

7.3　规范性引用文件

下列文件对于本研究是必不可少的：①土地基本术语（GB/T 19231—2003）；②城市用地分类与规划建设用地标准（GB/T 50137—2011）；③城镇地籍数据库标准（TD/T 1015—2007）。

7.4　术语和定义

下列术语和定义适用于本书研究。

7.4.1　障碍因子

障碍因子指建设用地在拓展过程中对其拓展过程有阻碍影响的因子。

7.4.2　空间拓展

空间拓展指土地利用类型在空间方向上发生变化的过程。

7.4.3 生态服务

生态服务指人类直接或间接从生态系统得到的利益，主要包括向经济社会系统输入有用的物质和能量、接受和转化来自经济社会系统的废弃物，以及直接向人类社会成员提供服务。

7.4.4 土地资源适宜性

土地资源适宜性指土地资源在一定条件下对不同使用用途的适宜程度，此处是指土地资源对建设用地的适宜程度。

7.4.5 生态安全

生态安全指生态系统的健康和完整情况，是人类在生产、生活和健康等方面不受生态破坏与环境污染等影响的保障程度。

7.4.6 土地利用灾害风险

土地利用灾害风险指发生的自然灾害对土地用途的风险大小程度，此处是指自然灾害对建设用地拓展的风险影响。

7.5 总　　则

7.5.1 评价内容

评价内容包括基于障碍因子的土地资源适宜性评价、生态服务功能与生态安全评价、地质环境与灾害风险评价、建设用地空间拓展综合评价，具体评价内容的总体要求如下。

1. 土地资源适宜性评价

评价影响区域建设用地空间拓展的土地资源适宜性障碍因子。

2. 生态服务功能与生态安全评价

评价影响区域建设用地空间拓展的生态服务功能与生态安全障碍因子。

3. 地质环境与灾害风险评价

评价影响区域建设用地空间拓展的土地利用所可能存在的自然灾害导致的期望损失。

4. 建设用地空间拓展综合评价

综合评价影响区域建设用地空间拓展的土地资源适宜性、生态服务功能与生态安全、地质环境与灾害风险的障碍因子。

7.5.2 评价目的

1. 土地资源适宜性评价

基于土地资源适宜性评价的障碍因子分析，计算建设用地拓展重点区域的空间分布特征，为某区域建设用地空间拓展综合评价和山海原一体化规划提供科学依据。

2. 生态服务功能与生态安全评价

土地生态功能服务与生态安全评价方法是，筛选建设用地空间拓展土地生态安全约束区，为某区域建设用地空间拓展综合评价和山海原一体化规划提供生态安全决策依据。

3. 地质环境与灾害风险评价

土地利用典型灾害风险分析，筛选建设用地空间拓展土地利用灾害风险区，为某区域建设用地空间拓展综合评价和立体规划提供土地利用灾害风险决策依据。

4. 建设用地空间拓展综合评价

综合土地适宜性障碍因子、土地生态安全、土地利用自然灾害风险等约束条件，建立建设用地空间拓展综合评价指标和模型，形成基于多障碍因子约束的某区域建设用地空间拓展综合评价技术框架体系。

7.5.3 基本要求

基本要求包括以下内容。

各评价环节应按照评价内容要求开展工作，不可随意简化评价过程或调整评价内容。

针对每一方面评价内容，通过检验评价则不用返回检验结果，有任一检验未通过，则应返回检验结果。

各评价工作和评价成果应遵循规范一致性原则，应需数据要求参考表 7-1～表 7-4。

表 7-1　土地资源适宜性评价数据要求

序号	数据名称	数据类型	数据格式	分辨率/m	数据说明
1	地形数据	空间数据	栅格	15	无
2	地质数据	空间数据	矢量	—	无
3	交通数据	空间数据	矢量	—	无
4	土地利用现状	空间数据	矢量	—	无
5	生态数据	空间数据	矢量	—	无
6	保护区数据	空间数据	矢量	—	无

表 7-2　生态服务功能与生态安全评价数据要求

序号	数据名称	数据类型	数据格式	分辨率/m	数据说明
1	高程数据	空间数据	栅格	8/16	无
2	遥感影像	空间数据	栅格	8/16	无
3	土地利用现状	空间数据	矢量	—	无
4	社会经济、自然状况数据	非空间数据	—	—	无

表 7-3　地质环境与灾害风险评价数据要求

序号	数据名称	数据类型	数据格式	分辨率/m	数据说明
1	高程数据	空间数据	栅格	8/16	无
2	遥感影像	空间数据	栅格	8/16	无
3	土地利用现状	空间数据	矢量	—	无
4	各类灾害分布	空间数据	矢量	—	无

表 7-4　建设用地空间拓展综合评价数据要求

序号	数据名称	数据类型	数据格式	分辨率/m	数据说明
1	土地资源适宜性评价数据	空间数据	栅格	8/16	无
2	生态服务功能与生态安全评价数据	空间数据	栅格	8/16	无
3	地质环境与灾害风险评价数据	空间数据	栅格	8/16	无

7.6　综 合 评 价

7.6.1　前期准备

评价过程中所需要的数据包括地理空间数据和非空间数据，数据要求和详情参考表 7-1～表 7-4。

7.6.2　评价方法选择

1. 评价标准与评价方法

1）土地资源适宜性评价

（1）评价分值计算应采用“极限一般”的评价方法。评价指标应分为极限因素和一般性因素。将极限因素所在区域划分为不适宜区，对于没有极限因素的区域，应对评价结果划分适宜性等级。

（2）极限一般评价方法计算应采用以下公式：

$$M = (\sum_{i=1}^{n} W_i \times V_i) \times (\prod_{j=1}^{m} X_j) \tag{7-1}$$

式中，M 为评价单元综合评价得分；V_i 为评价单元第 i 个一般因子的量化分值；W_i 为评价单元第 i 个一般因子的权重系数；X_j 为评价单元第 j 个极限因子的量化分值（值为 0 或 1）；n 为一般因子个数；m 为极限因子个数。

一般因子采用累加求和的方式计算，极限因子采用求积的方式计算。

（3）各评价单元划分应采用网格划分方式。应将所有要素指标计算结果转为栅格数据，计算总评价分值。

（4）评价指标权重应采用层次分析法确定。

2）生态服务功能与生态安全评价

（1）生态服务价值计算应采用当量因子法，在区分不同种类生态系统服务功能的基础上，基于可量化的标准构建不同类型生态系统各种服务功能的价值当量，结合生态系统的空间分布进行评估。

（2）生态服务价值应采用以下公式计算：

$$P_{\mathrm{a}} = \frac{1}{7} \times \sum_{i=1}^{n} \frac{P_i}{n} \tag{7-2}$$

$$P_{ij} = e_{ij} P_0 \quad (i = 1, 2, \cdots, 9; j = 1, 2, \cdots, 9) \tag{7-3}$$

式中，P_0 为单个服务价值当量因子的经济价值量；P_i 为第 i 类土地生态系统单位面积的经济产值；P_{ij} 为第 i 类土地生态系统第 j 种服务功能的单位面积价值；e_{ij} 为第 i 类土地生态系统第 j 种服务功能的当量数。

（3）区域总服务价值应用 V 表示。区域总服务价值采用下列公式计算：

$$V = \sum_{i=1}^{10} \sum_{j=1}^{9} A_i P_{ij} \tag{7-4}$$

式中，V 为区域土地生态系统服务总价值；A_i 为第 i 类生态系统面积；P_{ij} 为第 i 类土地生态系统第 j 种服务功能的单位面积修正价值。

（4）基于植被覆盖度大小修正陆域单元格生态服务价值空间分布。该修正应用于农田、林地、草地、园地等植被覆盖的土地利用类型。修正公式如下：

$$f_{\mathrm{v}i} = \frac{f_{ij}}{f_j} \tag{7-5}$$

式中，$f_{\mathrm{v}i}$ 为第 i 单元格植被覆盖度修正因子；f_{ij} 为第 i 单元格第 j 类生态系统植被覆盖度；f_j 为第 j 类生态系统植被覆盖度平均值。

（5）地形指数计算应采用以下公式：

$$T = \ln \frac{\alpha}{\tan \beta} \tag{7-6}$$

式中，T 为某区域地形指数的计算；α 为流经坡面任一点单位等高线长度汇流面积；β 为流经坡面任一点处的坡度。

（6）海拔指数计算应采用以下公式：

$$E = -\lg \Delta H \tag{7-7}$$

式中，E 为地区海拔指数；ΔH 为地区高程差。

（7）指标因子量纲化应选取极差标准化方法作为量纲统一化的理论依据。指标因子量纲化过程应采用以下过程。

A）参评因子的标准化应使用以下公式：

$$Z = \frac{X_i - X_{\min}}{X_{\max} - X_{\min}} \times 10 \tag{7-8}$$

式中，Z 为参评因子的标准化值；X_i 为指标因子值；$X_{\max}$ 为指标因子最大值；$X_{\min}$ 为指标因子最小值。

B）如果某因子的量化分级值环境质量概念含义与上式表征相反（如土壤侵蚀量越大，环境质量越差），则该参评因子标准化量化公式应采用以下公式：

$$Z = 10 - \frac{X_i - X_{\min}}{X_{\max} - X_{\min}} \times 10 \tag{7-9}$$

式中，Z 为参评因子的标准化值；X_i 为指标因子值；$X_{\max}$ 为指标因子最大值；$X_{\min}$ 为指标因子最小值。

（8）根据研究区生态系统指标因子的特点，选取熵权系数法进行评价指标权重的确定。各指标对评价单元贡献不同，应根据指标作用大小分别给予不同权重。熵权系数法是根据指标相对变化程度对系统整体的影响来确定指标权重，与土地利用安全性作用机理相似，影响土地生态安全的主要因素也是其中相对变化程度较大的因素。用熵权系数法确定各指标的权重过程如下。

假设有 m 个评价样本、n 项评价指标，则用评价矩阵 $[Y] = \{y_i\} m \times n$ 表示，其中第 $i(i = 1, 2, \cdots, n)$ 项指标的权重计算公式为

$$E_i = -\frac{\sum_{i=1}^{n} y_i \ln y_i}{\ln m} \tag{7-10}$$

$$W_i = \frac{1 - E_i}{\sum_{i=1}^{n} (1 - E_i)} \tag{7-11}$$

式中，E_i 为指标输出熵；W_i 为指标权重。

3）地质环境与灾害风险评价

（1）评价因子权重计算应采用主成分分析法，应对各个评价因子与由各类灾害分布矢量图分别生成的灾害密度图进行分析，得到各个评价因子与灾害发生的相关性及各个因子之间的相关系数。

（2）为了去除因子间相关性影响，应将因子间相关性最大的两个因子合并，使其作

为一个因子参与计算。

（3）各灾害类型对应评价因子相关系数标准化计算应采用以下公式：

$$P_j^i = \frac{E_j^i}{\sum_{j=1}^{n} E_j^i} \tag{7-12}$$

式中，P_j^i为第i种灾害第j个评价因子的权重；E_j^i为第i种灾害第j个评价因子与灾害发生的相关系数；n为第i种灾害评价因子的数量。

（4）应将各类灾害评价因子分为致灾因子、承灾体和历史灾害密度三部分，分别应采用模糊数学方法，进行土地利用灾害风险评价隶属等级计算。

（5）各类灾害的土地利用灾害风险评价隶属等级应采用以下公式计算：

$$Q^i = \max_m \left(\sum_{j=i}^{n} P_j^i \times C_j^{i,m} \right) \tag{7-13}$$

式中，Q^i为第i种灾害隶属等级（1，2，3），数值越大，风险等级越高；P_j^i为第i种灾害第j个评价因子的权重值；$C_j^{i,m}$为第i种灾害第j个评价因子数值隶属于m等级的隶属度；n为第i种灾害评价因子的数量；m为土地利用灾害风险评价隶属等级，即m={1（安全），2（较安全），3（危险）}。

（6）应使致灾因子、承灾体和历史灾害密度三者隶属等级相加，得到各类灾种的土地利用灾害风险评价隶属等级，分值的取值区间为[3，9]。

4）建设用地空间拓展综合评价

（1）在进行建设用地空间拓展综合评价时，应采用层次分析法和德尔菲法确定评价指标权重。

（2）建设用地空间拓展综合评价影响因子多，因子间相关性复杂，应采用模糊数学方法进行综合评价，用模糊数学方法进行评价应采用以下过程。

A）根据建立的评价指标体系来确定因素集$U=(U_1,U_2\cdots,U_n)$；

B）各评价因素重要程度不同，应采用统计实验法、分析推理法、专家测评法和层次分析法确定模糊权重集$A=(a_1,a_2,\cdots,a_n)$；

C）确定评语集 V 要根据实际需求而定，一般等级划分为 3～7 级，即评语集$V=(V_1,V_2,\cdots,V_m)$ （3≤m≤7）；

D）建立模糊评价矩阵，专家填写评价卡，统计评价情况，列出评价结果统计表，计算出各因素属于不同等级评语的隶属度，建立模糊评价矩阵R如下：

$$R=\begin{pmatrix} V_1U_1 & \cdots & V_1U_n \\ \vdots & & \vdots \\ V_mU_1 & \cdots & V_mU_n \end{pmatrix} \tag{7-14}$$

式中，R为模糊评价矩阵；V为评语集；U为指标集。

综合评价集合的计算公式为 $B = A \times R$，即用集合 A 中的第一个数和集合 R 中第一列方向的第一个数模糊相乘，按 V_1U_1 “相乘取小” 及 “相加取大” 得出各数值集合 B。

E）计算综合评价结果应从最低层开始进行评价，并将每层的评价结果视为上一层单因素评价集，组成高一层的单因素评价矩阵，再对高一层进行综合评价，直到最高层的评价结束。

2. 评价指标

1）土地资源适宜性评价指标体系

土地资源适宜性评价指标体系如图 7-1 所示。

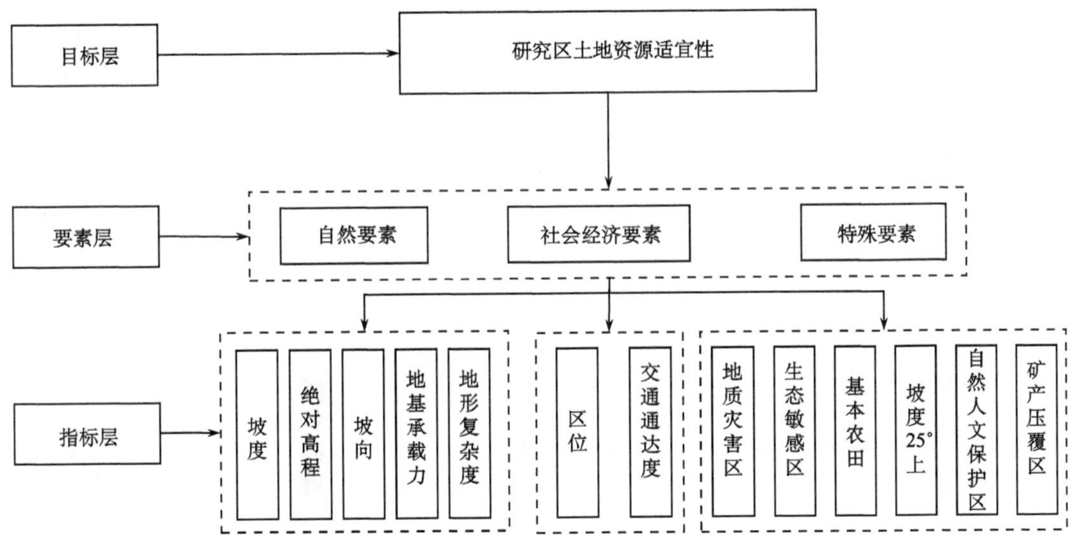

图 7-1　土地资源适宜性评价指标体系

2）生态服务功能指标体系与生态安全指标体系

A）生态安全等级划分标准

生态安全等级划分标准见表 7-5。

表 7-5　生态安全等级划分标准

等级	建设状态	安全状态	评价说明
1	适宜建设	安全（优）	生态环境优越，适合人类生存发展
2	较适宜建设	较安全（良）	生态环境较好，较适合人类生存发展
3	一般适宜建设	一般安全（中）	生态环境一般，基本满足人类生存发展需求
4	限制建设	较不安全（差）	生态环境较差，勉强满足人类生存需求
5	禁止建设	极不安全（极差）	生态环境恶劣，不适合人类居住发展

B）生态服务功能指标体系

生态服务功能指标体系如图 7-2 所示。

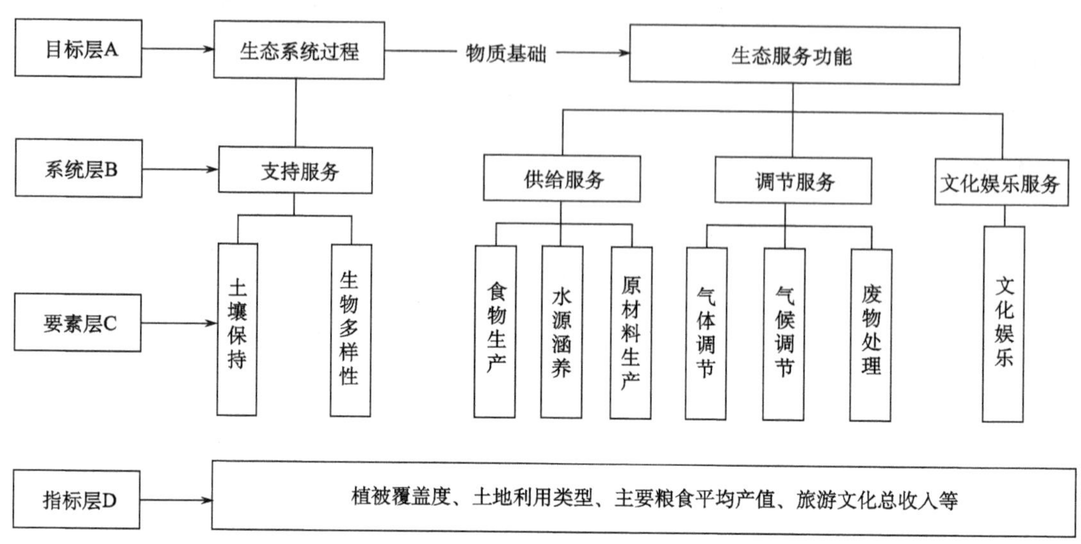

图 7-2　生态服务功能指标体系

C）生态安全指标体系

生态安全指标体系如图 7-3 所示。

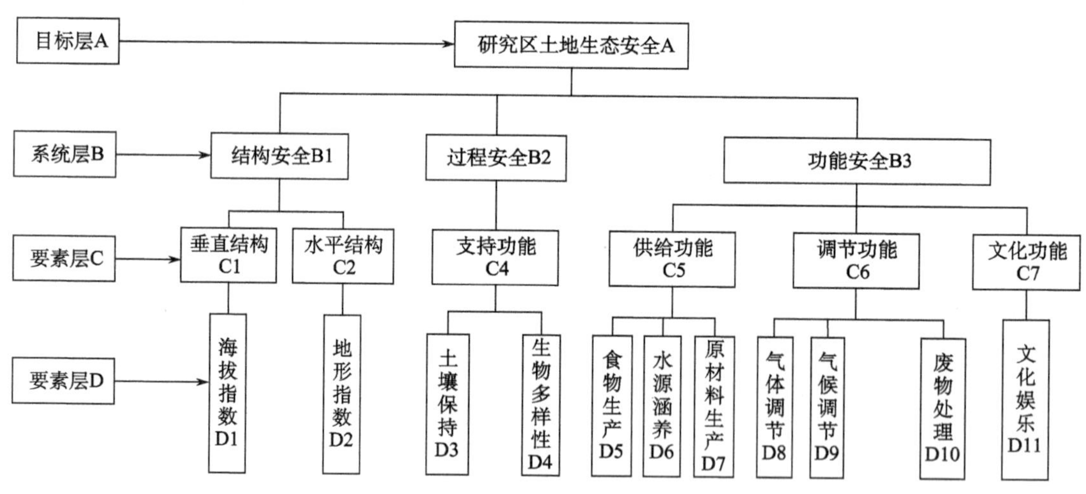

图 7-3　生态安全指标体系

3）地质环境与灾害风险评价指标体系

A）地质环境与灾害风险评价等级划分标准

土地利用灾害风险评价等级划分标准见表 7-6。

表 7-6　土地利用灾害风险评价等级划分标准

等级	建设状态	安全状态	评价说明
1	适宜建设	安全（优）	灾害发生频率低，适合人类生存发展
2	较适宜建设	较安全（良）	灾害发生频率较低，较适合人类生存发展
3	一般适宜建设	一般安全（中）	灾害发生频率一般，基本满足人类生存发展需求
4	限制建设	较不安全（差）	灾害发生频率较高，勉强满足人类生存需求
5	禁止建设	极不安全（极差）	灾害发生频率高，不适合人类居住发展

B）地质环境与灾害风险评价指标体系

地质环境与灾害风险评价指标体系如图 7-4 所示。

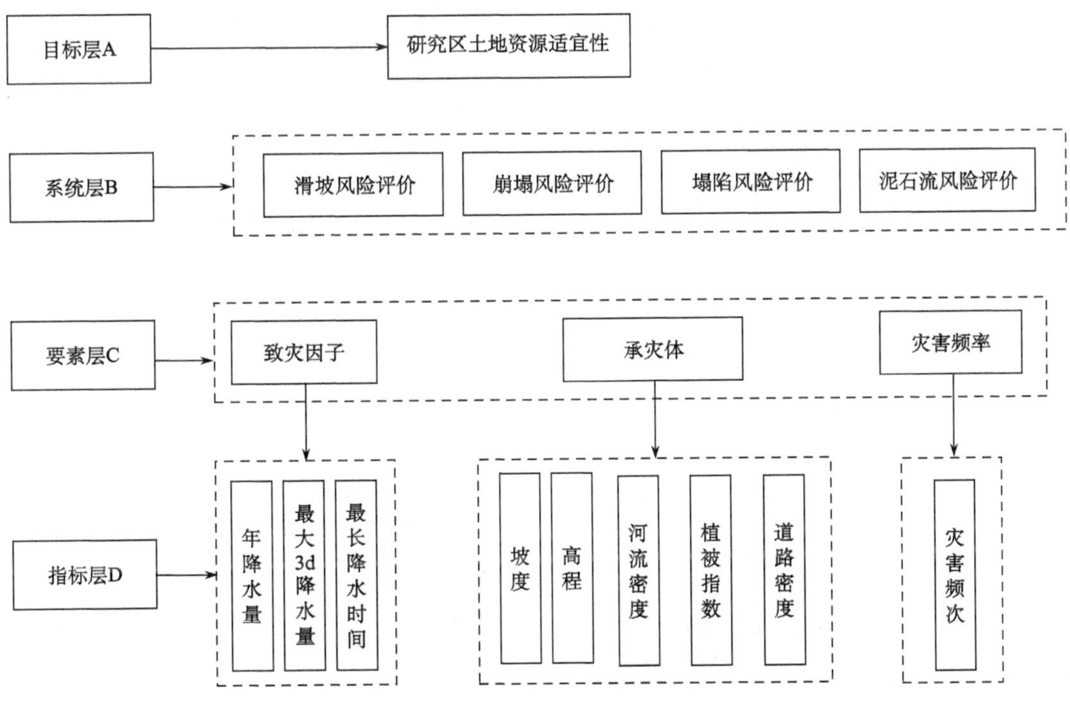

图 7-4　地质环境与灾害风险评价指标体系

C）建设用地空间拓展综合评价指标体系

建设用地空间拓展综合评价指标体系如图 7-5 所示。

7.6.3　综合评价过程

1. 土地资源适宜性评价过程

土地资源适宜性评价流程如图 7-6 所示。

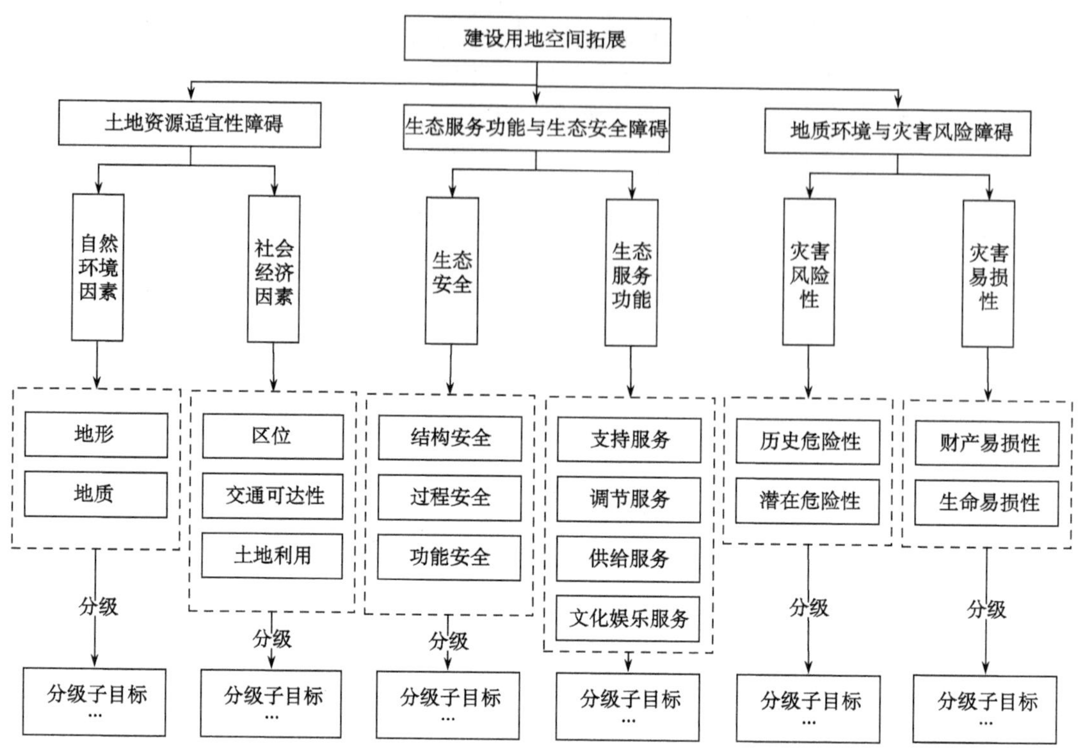

图 7-5　建设用地空间拓展综合评价指标体系

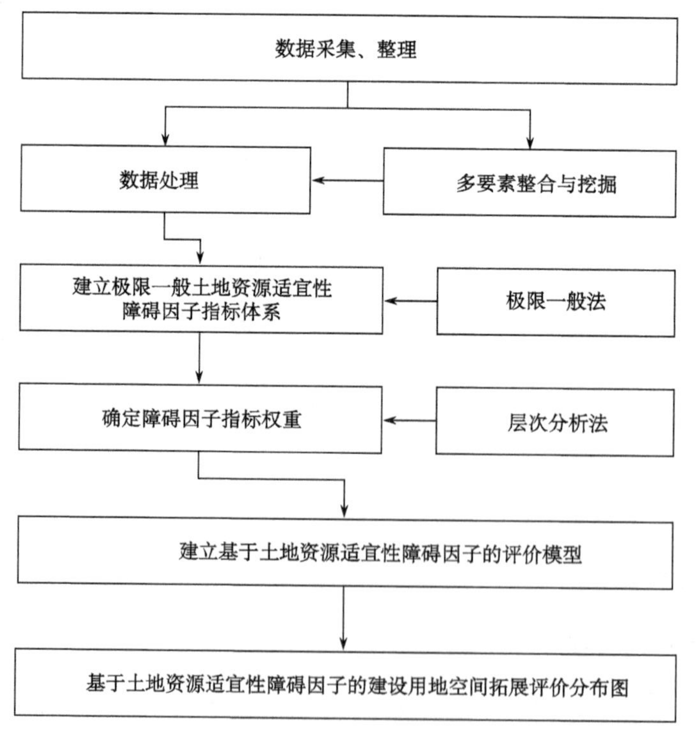

图 7-6　土地资源适宜性评价流程

2. 生态服务功能与生态安全评价过程

生态服务功能与生态安全评价流程如图 7-7 所示。

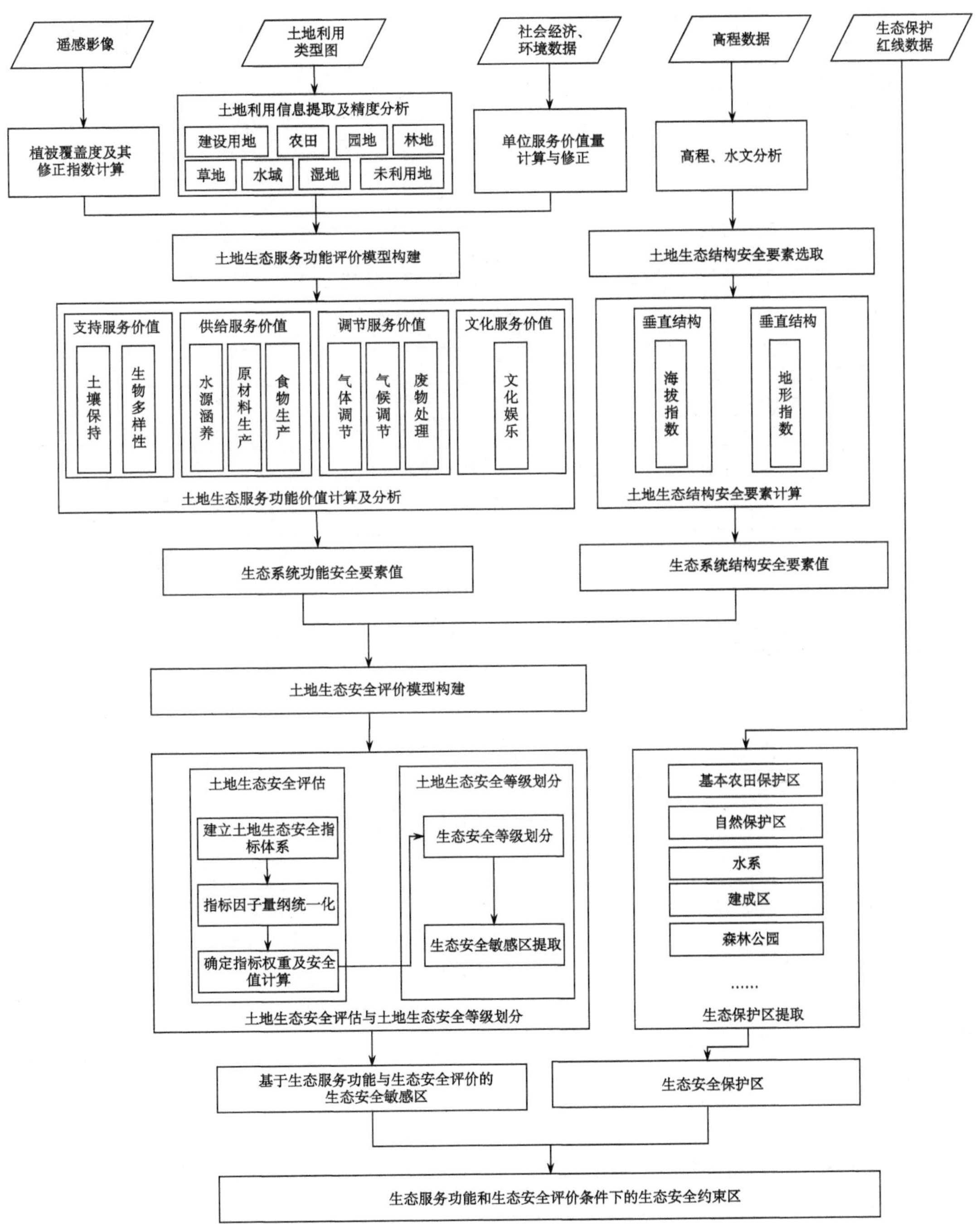

图 7-7　生态服务功能与生态安全评价流程

3. 土地利用灾害风险评价过程

土地利用灾害风险评价流程如图 7-8 所示。

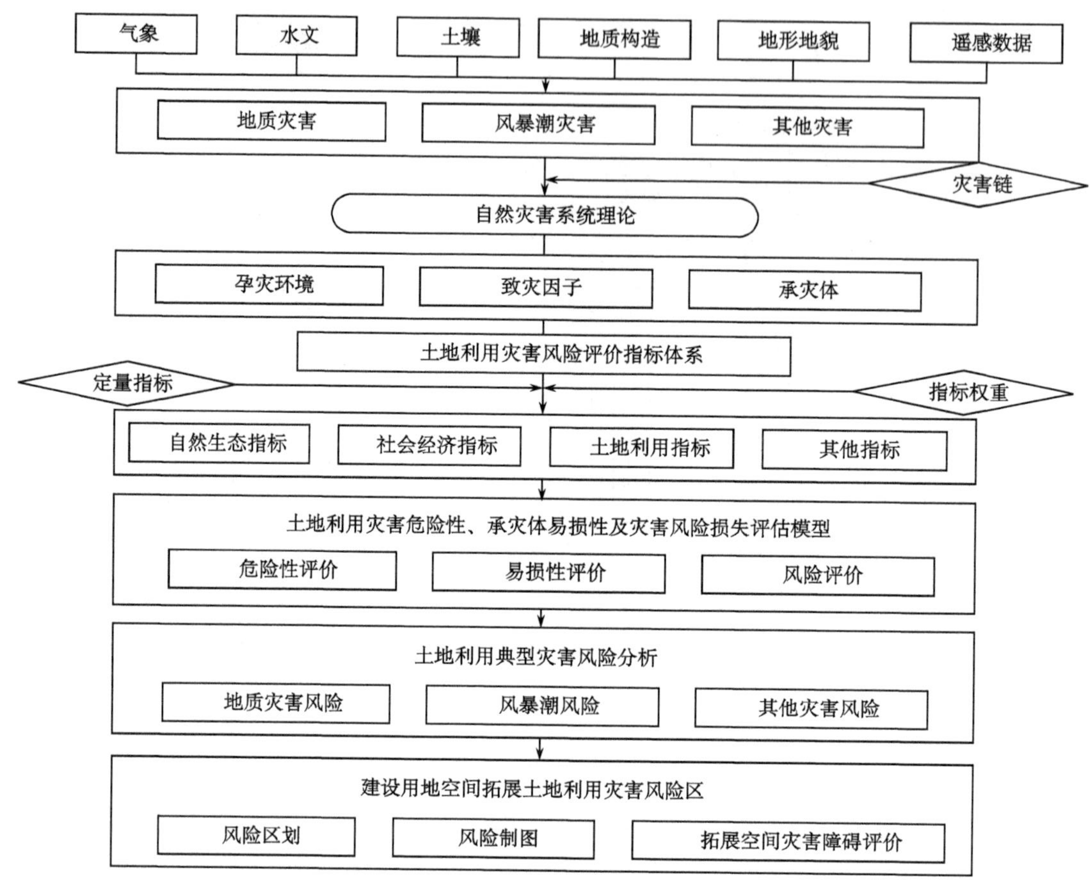

图 7-8　土地利用灾害风险评价流程图

4. 建设用地空间拓展综合评价过程

建设用地空间拓展综合评价流程如图 7-9 所示。

7.6.4　评价结果输出

（1）基于障碍因子约束的建设用地空间拓展综合评价成果图应包括各障碍因子评价项的专题图。

（2）评价成果的底图应包括研究区禁止建设区、限制建设区和行政分区要素。

（3）评价成果专题图应分级显示，包括适宜建设区、较适宜建设区、一般适宜建设区、限制建设区、禁止建设区五级，着色应符合表 7-7 的规定。

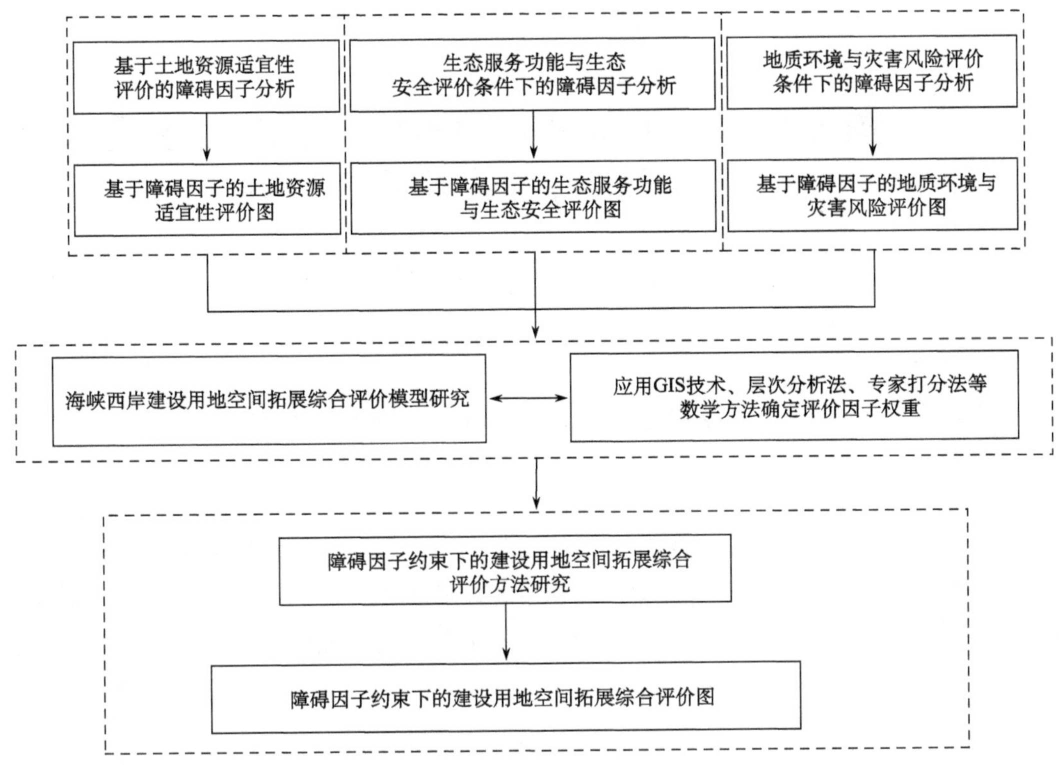

图 7-9　建设用地空间拓展综合评价流程

表 7-7　评价成果图图例图色值设置表

序号	评价级别名称	着色名称	红色	绿色	蓝色
1	适宜建设区	暗绿	56	167	0
2	较适宜建设区	青绿	64	215	0
3	一般适宜建设区	浅绿	152	229	0
4	限制建设区	橘黄	255	170	1
5	禁止建设区	白色	255	255	255

第 8 章　基于多障碍因子约束的海西建设用地空间拓展综合评价系统设计

8.1　需求分析

8.1.1　系统功能需求

基于障碍因子约束的建设用地空间拓展综合评价系统主要功能需求如下。

1. 土地资源适宜性评价

采用层次分析法、模糊分析方法等方法进行分析，以坡度、海拔、土壤、地质条件等影响海西建设用地空间拓展的空间形态和自然属性等为障碍因子，以建设用地拓展为目标导向，开发基于土地资源适宜性评价的障碍因子分析功能模块，能够计算建设用地拓展的重点区域与空间分布数据。

2. 地质环境与灾害风险评价

主要针对山区地质灾害，开发建设海西土地利用灾害危险性、承灾体易损性及灾害风险损失评估功能模块，能够开展土地利用典型灾害风险分析，筛选出建设用地空间拓展的土地利用灾害风险区。

3. 生态服务功能与生态安全评价

能够管理生态服务功能与生态安全评价的指标体系，并根据土地生态服务功能与生态安全评价方法，建立生态服务功能与生态安全评价功能模块，能够根据输入数据筛选出建设用地空间拓展的土地生态安全约束区。

4. 建设用地空间拓展综合评价

综合考虑土地资源适宜性障碍因子、土地生态安全、土地利用自然灾害风险等约束条件，开发依据面向空间拓展的多要素数据整合与挖掘结果和综合评价功能模块，能够对输入区域进行建设用地空间拓展综合评价。

5. 建设用地空间拓展信息查询分析

能够对系统中导入的建设用地各种信息进行查询和定位。

6. 建设用地空间拓展图件浏览、打印等功能

能够对系统中已有和后期制作完成的图件进行浏览、打印、输出等。

8.1.2　数据处理需求

数据处理需求包括数据录入需求和评价结果输出需求。

1）数据录入需求

数据录入包括需要录入与国土规划相关的各种基础数据和专题数据。需要录入的数据主要如下。

（1）地形数据、河流水域数据、交通道路数据、居民点数据、行政区划数据等基础地理数据；

（2）土地利用现状数据（矢量、遥感图像）；

（3）土地利用规划数据；

（4）气象资源数据（降水、气温、风、日照等）；

（5）地质灾害数据；

（6）生物资源数据；

（7）环境保护数据；

（8）海洋资源数据；

（9）水资源数据；

（10）农业数据；

（11）工业数据；

（12）建筑业数据；

（13）铁路运输数据；

（14）公路及水上运输数据；

（15）管道运输数据；

（16）人口数据；

（17）各种相关的法律法规条文等文档资料；

（18）其他相关的数据。

2）评价结果输出需求

评价结果数据的输出要求制作专题图件，供浏览、查看、打印、保存，主要包括土地资源适宜性评价图、生态服务功能与生态安全评价图、地质环境与灾害风险评价图、建设用地空间拓展综合评价结果图。

8.1.3　业务管理需求

基于多障碍因子约束的海西建设用地空间拓展综合评价系统中的业务总体需求主要如下。

（1）地理空间数据管理：地理空间数据的存储、添加、预览、删除；

（2）土地资源适宜性评价管理：评价模型管理、空间分析、适宜性评价、专题图输出；

（3）地质环境与灾害风险评价管理：评价模型管理、属性数据管理、统计分析、风险评价、专题图输出；

（4）生态服务功能与生态安全评价管理：评价模型管理、生态数据处理、空间分析、服务功能与安全评价、专题图输出；

（5）建设用地空间拓展综合评价管理：评价模型管理、空间拓展综合评价、专题图输出；

（6）建设用地空间拓展信息查询分析管理：遥感数据查询、生态数据查询、土地数据查询、灾害数据查询、土地适宜性查询分析、生态服务功能与生态安全查询分析、地质环境与灾害风险查询分析、建设用地空间拓展区域查询分析；

（7）建设用地空间拓展图件浏览、打印管理；

（8）系统管理功能：系统用户的管理，包括用户注册、密码管理等。

8.1.4 系统管理需求

1）用户管理需求

系统要求能够对不同用户的访问权限进行控制，能够添加、删除和修改用户属性，并且能够对用户的权限进行修改。

2）元数据管理需求

由于系统涉及的数据来源广泛、数据量大、数据种类众多，为了便于对数据的访问和管理，必须采用元数据技术来对这些数据进行有效的管理。元数据包括专题数据、图件、文档等的描述信息管理；专题信息编码等的录入、修改和删除等；系统运行环境的数据库、用户名称及密码的配置管理等。

3）数据管理需求

为了确保系统的稳定运行和抵抗外界的破坏行为，系统要求能够对系统中的数据进行备份和恢复等管理。

8.2 系统总体设计

8.2.1 系统结构设计

数据处理日益成为信息化的中心环节，数据库的灵活性、安全性和可拓展性成为数据处理技术的焦点。应用系统不断扩充和新功能不断增加，基于传统的二层数据处理结构中系统拓展性、维护成本、数据安全性和应用间通信功能障碍等原生性问题的存在，系统建设必须采用分布式多层体系结构，如图 8-1 所示。

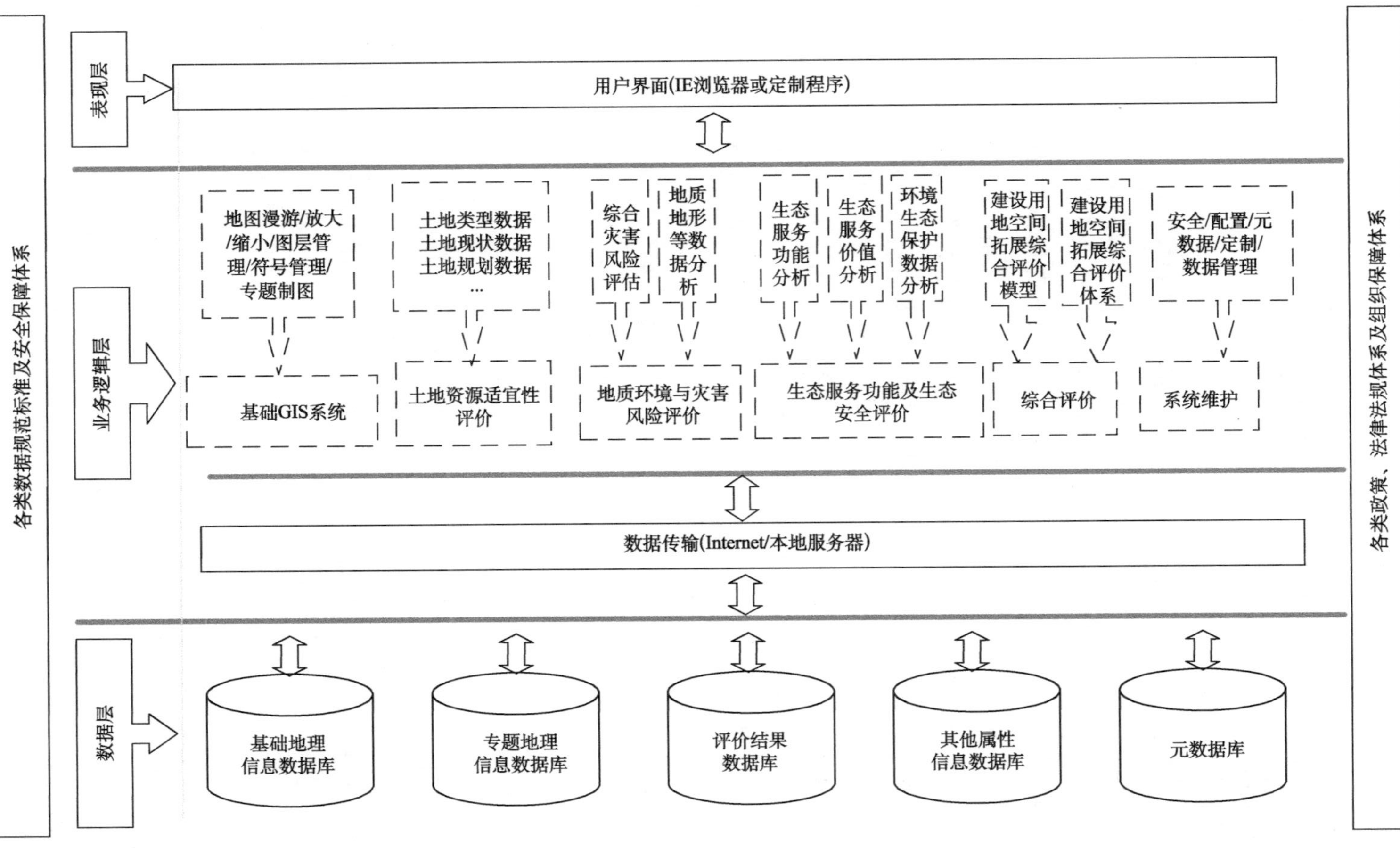

图 8-1　三层体系结构系统

三层体系结构系统包括数据层（data layer）、业务逻辑层（business logic layer）和表现层（presentation layer）。其中，表现层也称为用户层，主要指用户界面，要求尽可能简单，使最终用户不进行任何培训就能方便地访问信息；业务逻辑层对应应用服务器，所有的应用系统、应用逻辑、控制都在这一层，系统的复杂性也主要体现在业务逻辑层，该层根据需要也可以分为多层，所以三层体系结构也称为多层体系结构；数据层存储大量的数据信息和数据逻辑，所有与数据有关的安全、完整性控制、数据的一致性、并发操作等都是在第三层完成的。三层结构在传统的二层结构的基础上增加了业务逻辑层，对业务逻辑单独进行处理，从而使得用户界面与应用逻辑位于不同的平台上，两者之间的通信协议由系统自行定义。这样的结构设计使得业务逻辑被所有用户共享。

多层应用结构在各层次上的组件能单独更新、替换或增加、拆除。因此，系统维护更方便，代价相对低得多，而且因各组件互相独立，更换组件就好比更换组合音响的一个部件，对系统其他部分并无影响，所以更新维护更加安全可靠。

通过将业务逻辑集中到中间层，系统获得了对业务逻辑的独立性，即当用户的需求改变时，构建平台可以迅速地在业务逻辑层（应用服务器）上更新业务逻辑，不需要将更新后的应用提交到众多的PC终端系统上去，即客户端不需要任何改动。

同时，多层体系结构对数据与程序、数据控制与应用逻辑分层独立管理，能更严格地控制信息访问；信息传递中采用数据加密技术，可进一步降低信息失密的风险。在应用服务器内建立安全控制数据库，实现应用服务器与数据服务器的双重权限控制，对权限的划分更准确、灵活、严格。新系统在信息访问、传递和存储3个环节上均有严格的安全措施。

8.2.2 系统主要功能模块设计

针对海西的自然地理条件和资源环境特点，以落实“挖潜”“上山”“下海”等建设用地空间拓展战略为目标导向，在充分考虑土地资源适宜性、生态服务功能与生态安全、地质环境与灾害风险等各种限制因子基础上，将各类限制因子作为建设用地拓展的障碍因子加以研究。通过障碍因子的综合研究与评价，确定建设用地发展空间的适宜程度，并提出对策措施，为建设用地的空间拓展提供科学依据，推动海西战略实施并为我国其他国家级区域战略土地空间拓展综合评价探索经验。

海西建设用地空间拓展综合评价系统是一个基于多障碍因子评价的综合系统，主要由4个部分组成，即基础地理数据操作、障碍因子功能模块、障碍因子评价分析综合制图、系统管理与维护。系统结构如图8-2所示。

主要功能具体如下。

1. 基础地理数据操作

（1）数据导入、导出：各种地理数据的添加、移除操作。

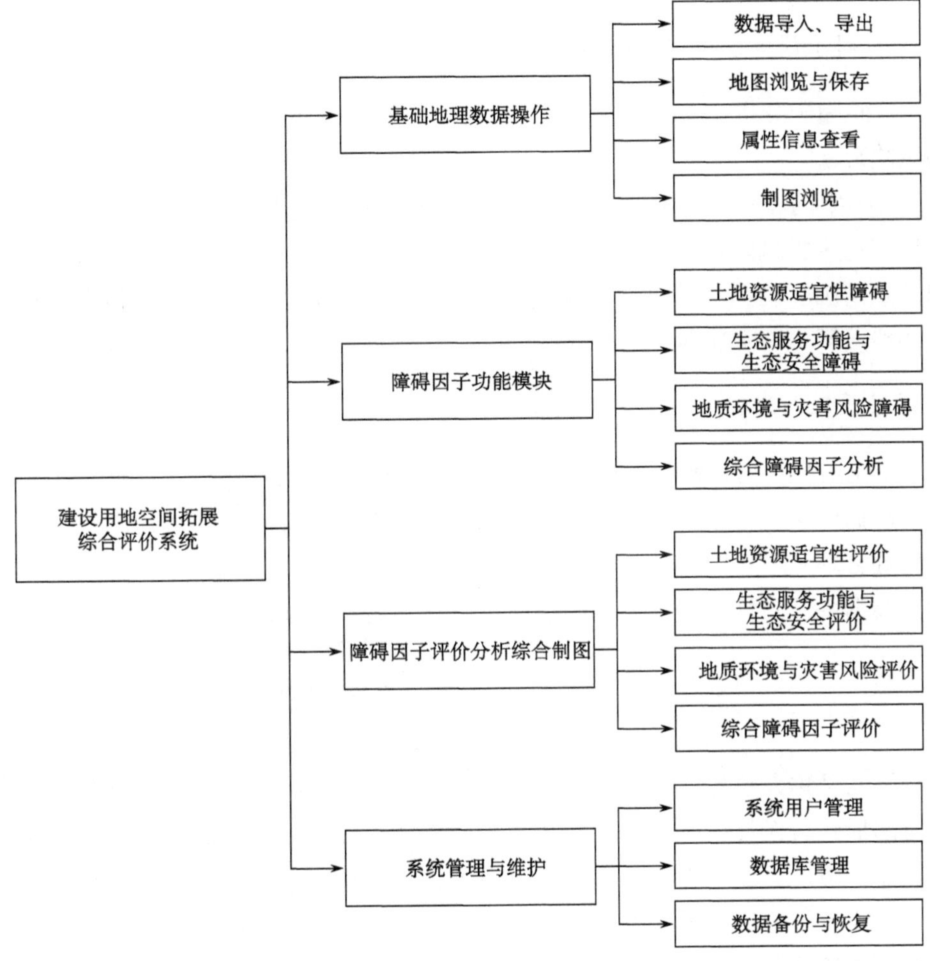

图 8-2　海西建设用地空间拓展综合评价系统功能结构图

（2）地图浏览：对地图数据的放大、缩小、移动等操作。

（3）地图保存：对地图数据处理修改后保存新的地图操作。

（4）属性信息查看：查看图层数据的地理属性信息。

（5）制图浏览：制作专题图视图预览、缩放编辑。

2. 障碍因子功能模块

（1）土地资源适宜性障碍因子功能模块：基于土地资源适宜性评价的障碍因子分析。

（2）生态服务功能与生态安全障碍因子：基于生态服务功能与生态安全评价的障碍因子分析。

（3）地质环境与灾害风险障碍因子：基于地质环境与灾害风险评价的障碍因子分析。

（4）综合障碍因子分析：基于障碍因子约束的建设用地空间拓展综合评价方法研究。

3. 障碍因子评价分析综合制图

（1）障碍因子分析：①土地资源适宜性分析；②生态服务功能与生态安全价值分析；③灾害风险分析。

（2）障碍因子评价：①土地资源适宜性评价；②生态服务功能与生态安全评价；③地质环境与灾害风险评价。

（3）障碍因子制图：①土地资源适宜性评价制图；②生态服务功能与生态安全评价制图；③地质环境与灾害风险评价制图。

4. 系统管理与维护

（1）系统用户管理：系统用户的添加、编辑和删除管理，以及系统用户权限的管理。

（2）数据库管理：系统地理数据库数据管理，系统运行环境的数据库、用户名称及密码的配置管理等。

（3）数据备份与恢复：对系统中的数据进行备份和恢复的管理。

8.3　系统主要功能及界面设计

用户界面又称人机界面，是系统和用户之间进行交互和信息交换的媒介，它实现了信息的内部形式与人类可以接受的形式之间的转换。凡参与人机信息交流的领域都存在着用户界面。用户界面是用户与系统打交道的地方，是一个系统的“外衣”。用户界面的好坏直接决定了用户对系统的印象。总的来说，用户界面应该友好、操作简便，具有可使用性、灵活性和可靠性。系统主界面如图 8-3 所示。

图 8-3　系统主界面

8.3.1　土地适宜性评价

土地适宜性评价功能模块由 4 部分完成，分别为模型管理模块、空间分析模块、适宜性评价模块和专题图输出模块（图 8-4）。每个模块都实现独立功能，用户可按照土地适宜性评价流程逐步实现评价，得出评价结果并输出成图。

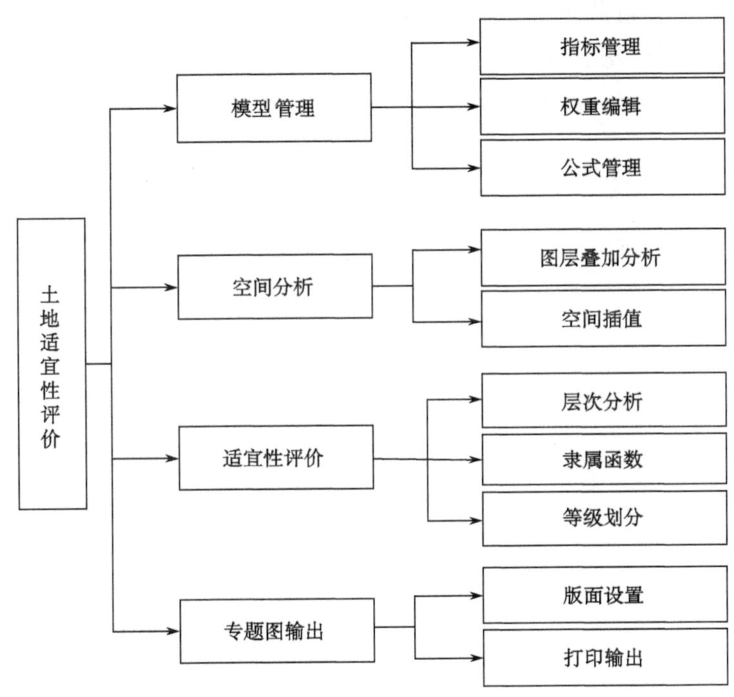

图 8-4　土地适宜性评价功能模块

1. 功能模块结构

空间分析模块将实现图层的叠加功能，以及对采样点进行空间插值。在对两个矢量图层的图斑叠加的同时，实现对其属性表的连接。空间插值实现用离散的点数据估算连续区域的特征分布状况，可以在无法取得面数据的情况下实现评价。

适宜性评价模块是系统的核心，系统将适宜性评价的步骤和方法通过编程实现，主要完成层次分析法的算法实现，建立隶属函数库并将数据标准化，最终目的为划分并渲染适宜性等级，在地图上直观地反映出评价等级。

专题图输出模块是结果输出的载体，用户可根据需要和喜好将结果图打印输出。

2. 界面设计

系统选用 ArcEngine 开发组件的 MapControl 控件显示地图，TocControl 控件关联 MapControl 所示地图中的图层文件信息，ToolbarControl 控件用来实现快速控制地图的工具栏，并添加放大、缩小、移动和全图按钮。在菜单栏中，系统设置七类菜单，分别为文件、图层、视图、属性、空间分析、适宜性评价和专题图输出。文件菜单包括保存、另存为、扩展功能和退出子菜单；图层菜单具有添加和移除图层的功能；视图菜单有放大、缩小、移动和全图子菜单，对应 ToolbarControl 的工具按钮；属性菜单实现属性表的操作，包括打开表、编辑、保存、添加和删除字段；空间分析菜单包括图层叠加和空间插值功能；适宜性评价菜单主要实现评价过程中的层次分析模型和隶属函数模型分析；专题图输出菜单实现地图的打印输出。

土地适宜性评价界面如图 8-5 所示。

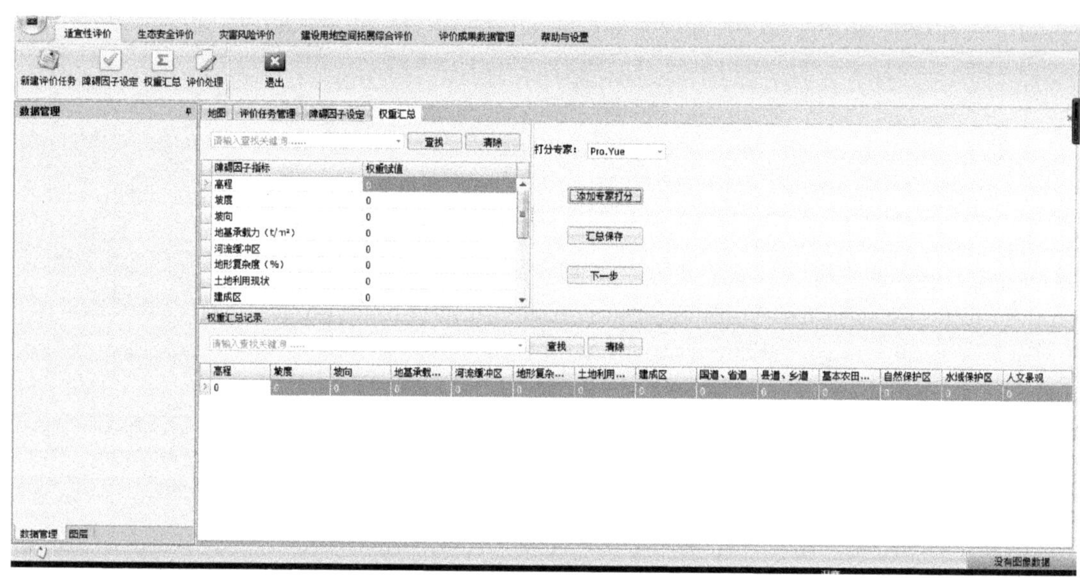

图 8-5 土地适宜性评价界面

8.3.2 生态服务功能与生态安全评价

本模块具有生态安全值的计算、预测与数据可视化功能，包括对生态评价指标数据库的录入、查询、修改，以及生态安全值的计算、预测功能，同时也能实现研究区生态安全情况的分析与可视化显示。系统采用 PSR 模型对主城区生态安全情况进行综合评价，结合多元逐步回归分析法确定预测模型，对主城区生态安全情况进行预测，以期达到为政府相关决策部门做出理论参考的目的。

1. 功能模块结构

生态服务功能与生态安全评价功能如图 8-6 所示。

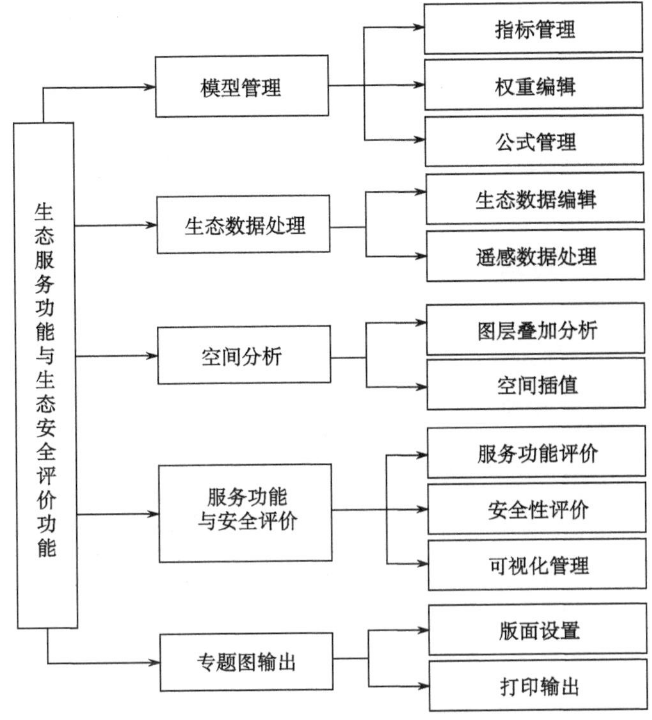

图 8-6　生态服务功能与生态安全评价功能

2. 界面设计

生态安全评价界面设计如图 8-7 和图 8-8 所示。

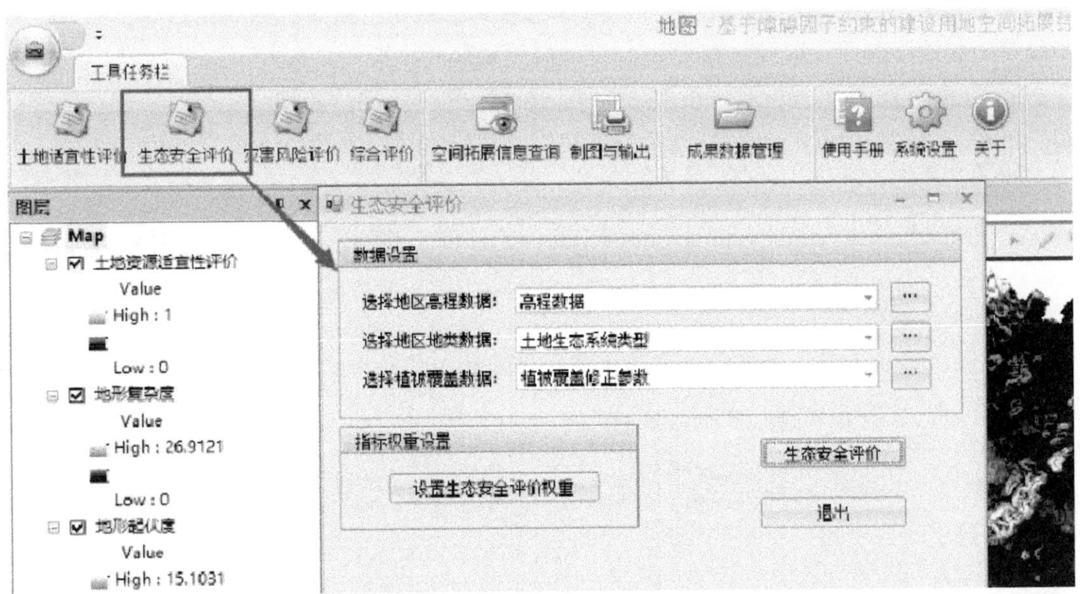

图 8-7　生态安全评价参数基本设置

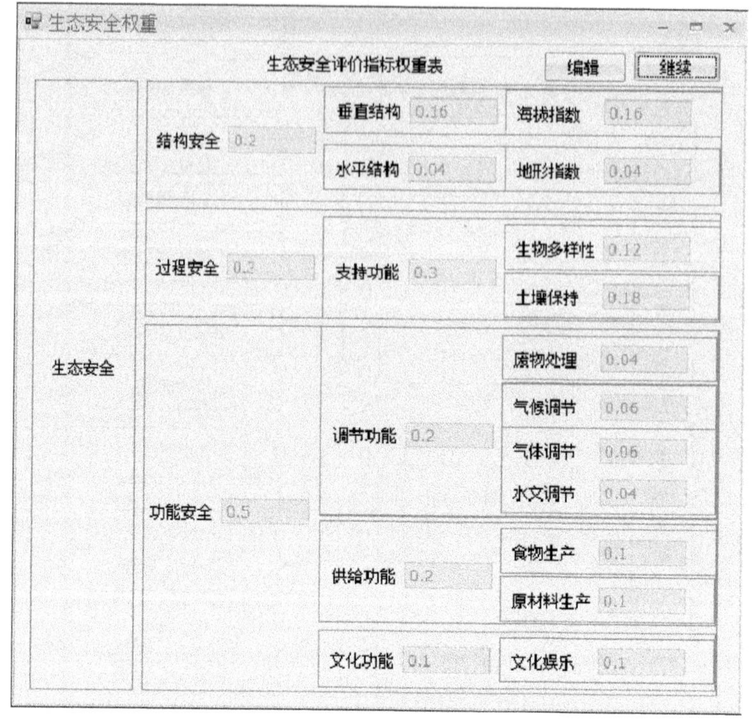

图 8-8　生态安全评价指标权重

8.3.3　灾害风险评价

灾害管理与评价是一个基于 GIS 技术，解决灾害信息处理、灾害评价及灾害危险发展预测相关技术的专题功能模块，该模块从属性数据和空间数据信息的有效获取、存储、查询和处理入手，提供灾情环境评价、危险性区划等。

1. 功能模块

灾害风险评价功能结构如图 8-9 所示。

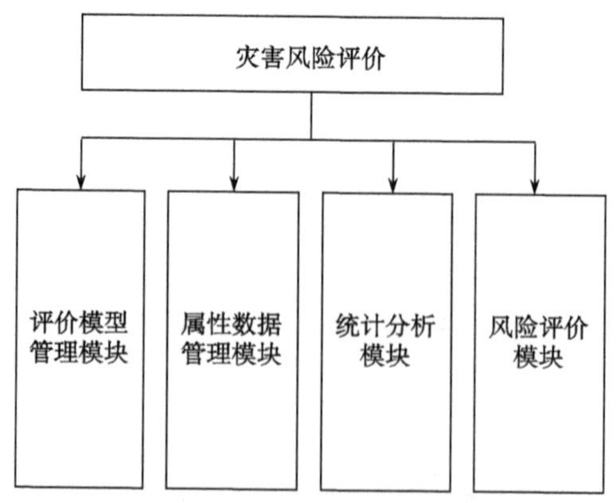

图 8-9　灾害风险评价功能结构

2. 界面设计

系统界面采用简单明了的单画面风格，将所有信息通过一个画面完整地表现出来，使得用户不需要记住过多的操作和菜单功能就可以使用。通过合理规划，将系统画面设计成专区，简化了打开过多窗口，造成窗口互相遮盖等用户操作不便的问题。灾害风险评价功能界面设计如图 8-10 所示。

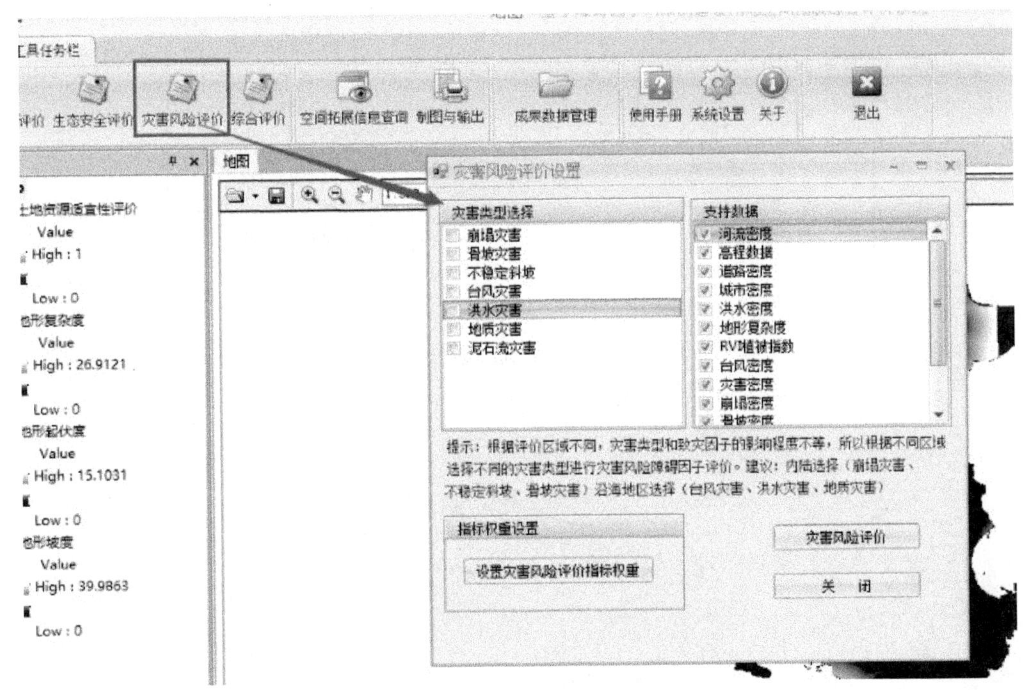

图 8-10　灾害风险评价功能

8.3.4　建设用地空间拓展综合评价

1. 功能模块

建设用地空间拓展综合评价功能模块如图 8-11 所示。

2. 界面设计

综合评价界面设计如图 8-12 所示。

8.3.5　建设用地空间拓展信息查询分析

建设用地空间拓展信息查询分析（图 8-13）包括遥感数据查询、生态数据查询、土地数据查询、灾害数据查询、土地适宜性查询分析、生态服务功能与生态安全查询分析、土地利用灾害风险查询分析、建设用地空间拓展区域查询分析。

建设用地空间拓展综合评价
模型管理
指标管理
权重编辑
公式管理
空间拓展综合评价
图层叠加分析
空间插值
等级划分管理
可视化管理
专题图输出
版面设置
打印输出

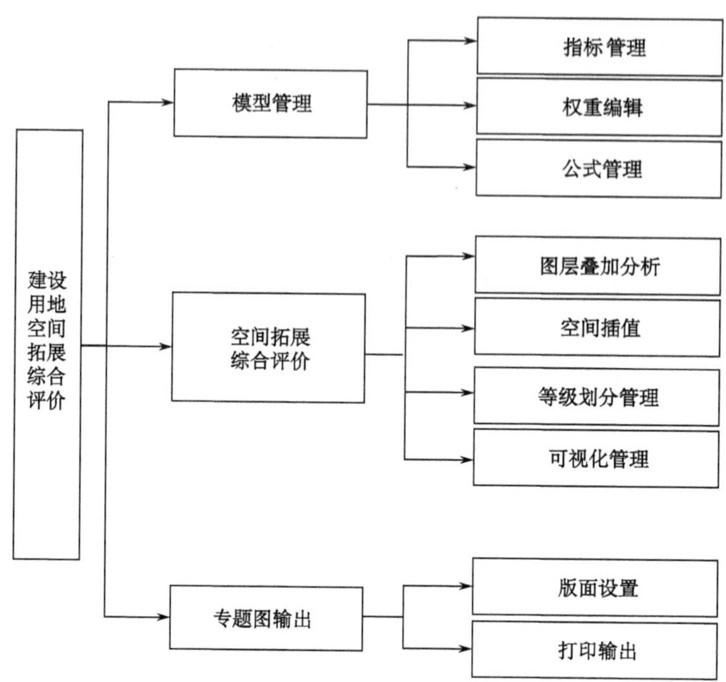

图 8-11 建设用地空间拓展综合评价功能

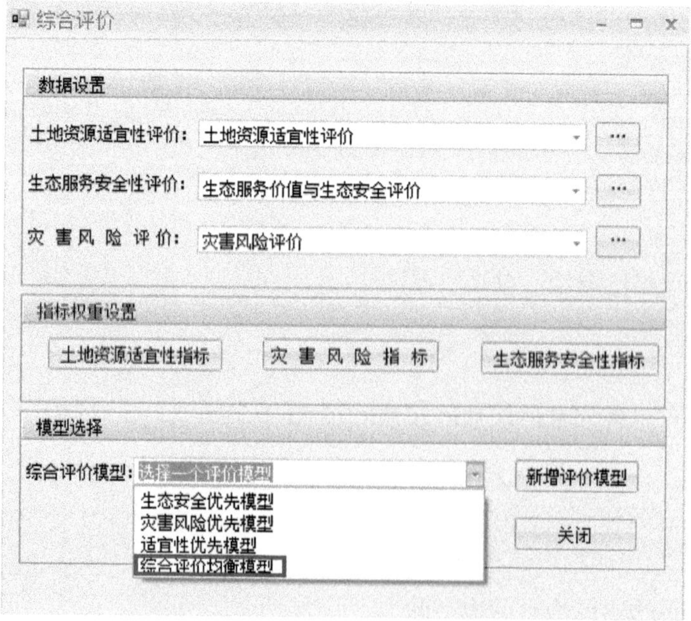

综合评价
数据设置
土地资源适宜性评价：
土地资源适宜性评价
生态服务安全性评价：
生态服务价值与生态安全评价
灾害风险评价：
灾害风险评价
指标权重设置
土地资源适宜性指标
灾害风险指标
生态服务安全性指标
模型选择
综合评价模型：
选择一个评价模型
生态安全优先模型
灾害风险优先模型
适宜性优先模型
综合评价均衡模型
新增评价模型
关闭

图 8-12 综合评价基本参数设置

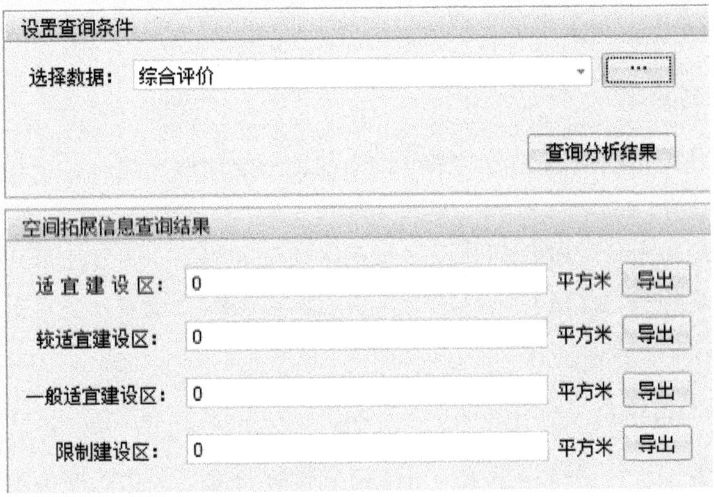

图 8-13　建设用地空间拓展信息查询分析

8.3.6　数据管理功能

数据管理模块（图 8-14）包括图形和属性数据的管理，如地图的添加、保存、另存、移除及属性表的打开，对属性数据进行修改和保存；遥感数据的处理，以及数据的备份、导出和导入等。

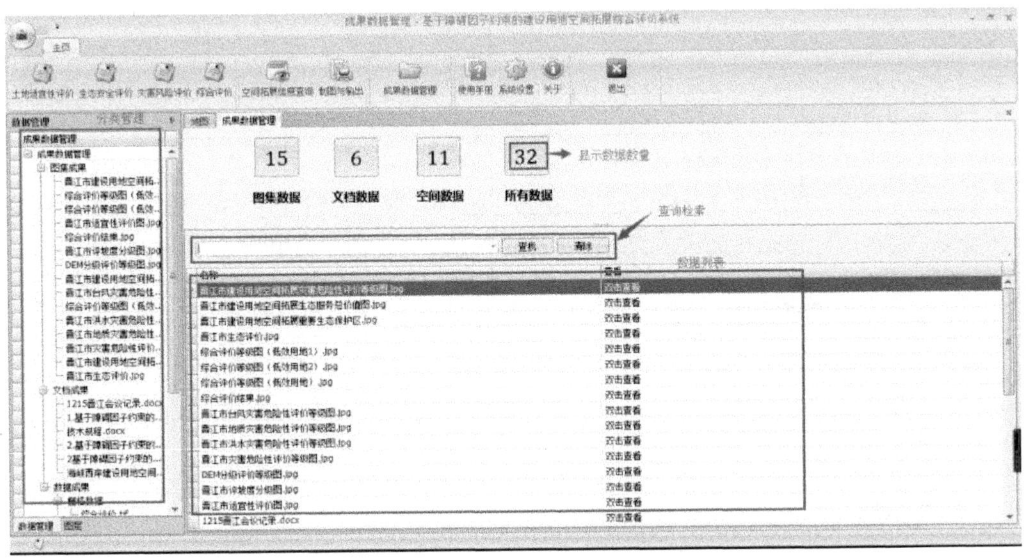

图 8-14　数据管理功能

8.3.7　系统 GIS 功能设计

1. 基本地图操作

地图操作功能包括地图放大、缩小、移动、给定比例尺显示、全景、刷新、范围切换等。

浏览时图层显示的控制包括图层显示顺序的设置和单一图层显示开关。

对图中要素相关信息进行量测的工具包括两点间距离量测、多点折线长度量测、坡度量测、多边形面积量测。

2. 专题图制图综合

专题图制图综合主要是根据土地资源适宜性评价成果、生态服务功能和生态安全评价成果、地质环境与灾害风险评价成果、基于障碍因子约束的建设用地空间拓展综合评价成果制作专题图，并输出图集。

8.4　系统软件选型

系统所需软件参见表 8-1。

表 8-1　系统软件选型表

软件分类		软件选型
系统软件	服务器	Windows 2008 Server 及以上
	工作站	Windows XP 及以上
国土资源成果数据浏览插件		DevExpress13.1
GIS 软件	GIS 数据库	Personal GeoDatabase/File GeoDatabase
	GIS 软件	ArcGIS Desktop 10.2、ArcEngine10.2
数据库软件		MySQL5.7
开发工具		Visual Studio 2012（含 Visual C#.NET 等）
设计工具		Powerdesign16.0、Microsoft Office Visio 2010

8.4.1　GIS 软件

目前市场上地理信息系统软件主要有 ESRI 公司的 ArcGIS、北京超图软件股份有限公司的 SuperMap GIS、中国地质工程集团有限公司的 MapGIS 和 MapInfo，以及开源的 GIS 软件等，这些软件均能满足该系统的开发需求，可根据自身条件选择。本着充分利用已有条件、节约开发费用的原则，本书采用 ArcGIS 软件。

8.4.2　数据库软件

文件数据库：项目的数据格式主要以文件的形式存在，所有经济数据、指标数据均以数据文件的形式存放，因而系统充分利用了操作系统文件管理器对所有文档数据进行管理。

空间数据库：系统主要以 Personal Geodatabase 和 File Geodatabase 空间数据库存放地理空间数据，方便 ArcGIS 软件的识别和浏览。

采用 MySQL 5.7 数据库软件来存储数据。

8.4.3　开发工具

VS.NET 框架包含通用语言运行环境（CLR），许多接口化和基于类的框架，以及许多开发工具。CLR 是通用语言基础设施（CLI）规范的实现，它增加了 COM+互操作和 Windows 平台访问服务。在.NET 技术中可以并排地使用同一配件的多个版本，并且配件具有平台无关性。.NET 框架允许简单的 Web 服务的轻量级实现。.NET 框架的 ADO.NET 技术数据集是一个“断开的”数据库数据的视图，这种断开的体系结构，在读写数据库时，只使用数据库服务器资源，从而具有更大的可收缩性。.NET 框架的 ASP.NET 是 Microsoft 公司的一项崭新的技术，它是完全面向对象的程序设计模型，并且可以使用.NET 支持的任何语言（例如 Visual Basic.NET、C#、Jscript 等），在很大程度上提高了编写代码的能力。ASP.NET 是建立在公共语言运行库上的编程框架，可用于在服务器上生成功能强大的 Web 应用程序。C#语言作为 Microsoft Visual.NET 平台的一部分，它是一种现代的、面向对象的语言，它使开发人员能够在微软新的.NET 平台上快速建立广泛的应用，其提供的工具和服务能够充分发掘系统的计算和通信能力。因为 C#具有优良的面向对象设计，在构建从高级业务对象到系统及应用的各种不同组件时，它是首要的选择。使用简易的 C#语言构造，组件可以被转换为 Web 服务，从而允许从运行在任何操作系统上的任何语言中跨越 Internet 调用它们。

8.4.4　操作系统

在充分考虑现有软硬件条件，以及人员的技术储备、使用的便捷性和当前计算机技术发展的方向基础上，选用 Windows 2008 Server 及以上版本作为网络服务器操作系统，客户端使用 Windows XP 及以上版本系统，并安装有.Net Framework 4.5 及以上版本。

以 Windows 2008 Server 在软件结构上可以充分利用微软的 COM 和 DCOM 标准模型，开发基于组件的应用系统，具有较灵活的系统结构。Windows XP 支持 TCP/IP、IPX/SPX 和 NetBEUI 协议，内置 Internet 服务器 IIS （Internet Information Server） 和文件服务器，为开发基于 Internet 和 Intranet 的应用提供了方便。

8.5 数据库设计

综合评价系统数据库设计是系统设计的核心，是系统实现的前提，是系统成败的关键，也是衡量系统好坏的一个重要的因素。在进行设计时应考虑以下几点。

（1）便于规划数据和现状的管理维护，特别是对现状专业数据的更新和维护。

（2）结构化数据和非结构化数据中，结构化数据采用关系数据库存储，如各种专题的空间和属性数据，非结构化数据采用 html、doc、PDF 格式存储。

（3）确保数据共享性，以及应用数据一致性、完备性和安全性。

（4）建立元数据和数据字典。

空间数据主要以土地利用现状图、土地总体规划图等专题地图的形式存在，包括图形和属性数据。非空间数据主要是以各种文档、报表和多媒体等形式存在，包括结构化数据和非结构化数据，结构化数据主要是指有一定结构，可以划分出固定的基本组成要素，以表格的形式表达的数据，可用关系数据库的表、视图表示；而非结构化数据是指没有明显结构，无法划分出固定的基本组成元素的数据，主要是一些文档、多媒体数据，如各种文件、法规等。为实现系统的计算机管理，必须将这些数据由现有的模拟方式转换为电子格式的数据，建立文档数据库。按数据特征分类，分为空间数据库、非空间数据库，非空间数据库又可分为非空间关系数据库和文档数据库。其组成如图 8-15 所示。

从系统的管理来看，在综合评价系统建立过程中，应采用空间数据库技术，将空间数据和属性数据存储于关系数据库管理系统中，从而实现空间数据与属性数据的一体化。

8.5.1 数据库构成

综合评价地理信息系统所涉及的基础数据包括图形数据、现状数据和各种规划成果数据等。地形图数据的建立，着重解决了纸质地形图的数字化（包括数据要素分层、编码、数字化方法和数据检验）、地形图数据的组织（建库方法）、地形图数据的查询和应用，以及数据库的更新等问题，从而可以建立一个基于 GIS 技术的基础地理信息系统。基础地理信息数据库包括多比例尺的地形图数据库、遥感影像图等数据库。

就图形数据来讲，需要对正在制作的专题和基础数据进行建库，这样才能为规划管理等业务创造有利的条件，同时还能为专题制作单位和其他单位提供基础图形数据，为这些部门建立不同专题规划建立重要的基础。

除了基础地理信息数据库以外，综合评价地理信息系统还包括土地资源利用适宜性数据库、土地生态服务与安全数据库、土地灾害风险数据库等空间数据库。同时，从业务的角度出发，综合评价地理信息系统还包括各种专题属性数据的管理。

总的来说，综合评价地理信息系统主要包括以下几部分数据库。

（1）基础地理信息数据库。

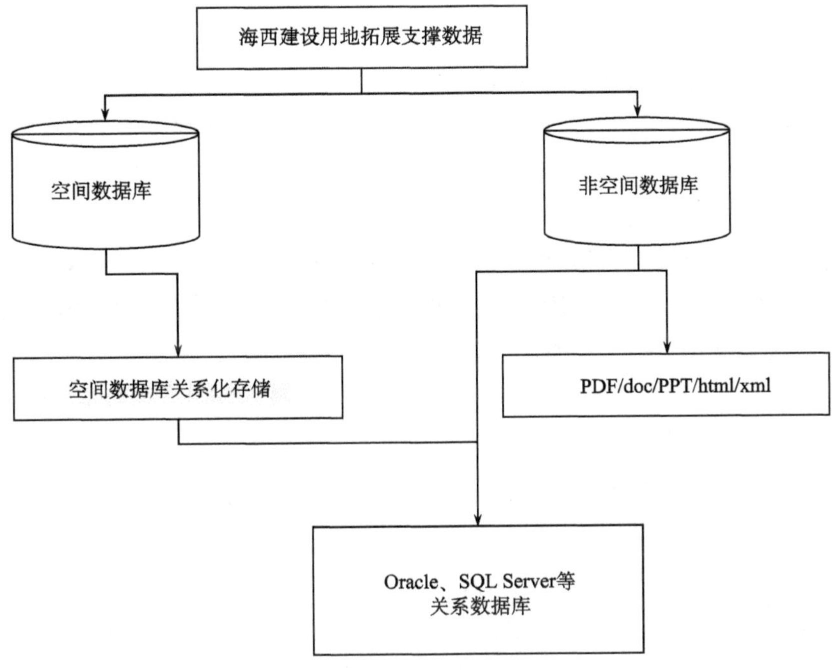

图 8-15　系统信息分类

（2）土地资源利用适宜性数据库：①土地利用现状数据库；②土地资源影像数据库（JPG、TIFF、PDF 等栅格图件）。

（3）土地生态服务与安全数据库：①土地生态服务数据库；②土地生态安全数据库。

（4）土地灾害风险数据库：①地质环境数据库；②地形环境数据库。

（5）元数据库：综合评价系统设计专题众多，数据来源复杂，为了便于数据的管理，需要建设元数据库对国土规划管理系统涉及的所有数据进行统一管理。

（6）评价模型库：本系统中评价模型较多，为了便于模型的管理和适应以后预测模型的增加，为不断积累模型做好充分的准备，本系统采用模型库对评价模型进行管理，为障碍因子评价模型的共享使用提供方便。

8.5.2　数据库软件选型

地理信息系统支撑平台采用功能强大的 ArcGIS 空间数据引擎 ArcSDE 10.2，数据库管理系统采用面向对象的 SQL Server 2008 数据库。

8.5.3　数据库设计基本原则

在进行设计时需要遵循以下基本原则。

1）全面准确

所涉及的数据库内容应该尽可能全面，字段的类型、长度都应该准确地反映业务处理的需要，所采用的字段类型、长度能够满足当前和未来的业务需要。

2）关系一致

应准确表述不同数据表的相互关系，如一对一、一对多、多对多等，应符合业务数据实际情况。同时应包含是否使用各种强制关系（指定维护关系的各种手段，如强制存在、强制一对一等）。

3）松散耦合

各个子系统之间应遵循松散耦合的原则，即各个子系统之间不设置强制性的约束关系。一方面避免级联、嵌套的层次太多；另一方面避免不同子系统的同步问题。子系统之间的联系可以通过重新输入、查询、程序填入等方式建立，子系统之间的关联字段是冗余存储的。

4）适度冗余

数据库设计中应尽量减少冗余，同时应保留适当的冗余。主要应基于以下几点考虑。

（1）为提高性能，如果数据的记录数较多，执行多表联合查询时会显著降低性能。通过在表中保留多份拷贝，使用单表即可完成相应操作，会显著改善性能。

（2）为实现耦合关系的松弛，需要保留冗余信息，否则当数据记录不同步时，会出现其中一个子系统无法运行而导致整个系统均无法运行的情况。

（3）为备份而冗余，如果其中某些数据或某些子系统不是一直可用的，则可以考虑在可用时保存到本系统的数据库中，以提高整个系统的可用性。

5）高频分离

将高频使用的数据从主表中分离或者冗余存储（如限制信息的检测等），将有助于大幅度提高系统运行的性能。

8.5.4 系统数据库设计

1. 数据内容

1）基础数据

基础数据为系统分析提供基本的地图数据。基础数据包括界线类（行政界线、城市规模控制线、城市开发区界线、规划区界线及基本农田保护区界线 5 层）、水系（河流、湖泊）、道路（铁路及各等级公路）、注记（包括地名、开发区、大型工程、河流及交通注记）等。

2）专题数据

专题数据是进行分析的依据。专题数据主要包括地籍图、土地利用现状图、土地利用规划图、土地供应、建设用地审批、土地利用年度计划、耕地保护图等，以及遥感影像数据。在数据库中以矢量、栅格的形式存放，编码采用国家标准《基础地理信息要素分类与代码》（GB/T 13923—2006）。

3）业务数据

基于障碍因子约束的建设用地空间拓展综合评价研究中所生产的数据包括各类图件等。

4）元数据

系统需要使用基础数据和各种专题数据，为保证对这些数据的有效使用，并且不妨碍已有系统对这些数据的访问，特建设元数据库。系统元数据主要包括对这些专题和基础数据访问的信息，包括数据源、数据质量、数据服务器名称、用户名、密码、坐标系等数据的基本信息。

5）系统管理数据

系统管理数据包括系统业务数据、系统安全数据及系统日志数据。

系统业务数据是系统运行期间，需记录系统用户调用共享服务接口的情况。

系统安全数据包括系统用户及其权限管理数据，包括用户基本信息和权限信息。用户基本信息包括用户 ID、用户名、单位、部门、IP 等；权限信息包括用户的功能权限和数据权限。

系统日志数据包括对系统故障的记录及用户登录情况的记录，具体包括三类数据——系统日志、用户登录日志。

2. 存储设计

1）空间数据存储设计

空间数据包含土地适宜性分析、生态安全性分析、土地利用灾害风险分析等拓展分析成果数据，这些数据包括空间位置信息和属性信息。

空间数据拟采用 ArcGIS 的 GeoDatabase 来存储空间数据，将空间位置和属性信息一体化存储。各数据通过 ArcSDE 来管理和访问，原则上数据不分幅存储，相同类型和特征（feature）的数据存储在一张表中。后台数据采用 MySQL 平台。

空间数据库在物理上在两个库中进行存储，分别为矢量数据库和栅格数据库。两个库之间通过统一编号进行关联，实现两种状态数据同步。

2）数据存储设计

业务数据主要以统计表格的形式统计和记录了建设用地空间拓展分析业务流程中产生的数据，采用数据库建表的方式存储，后台数据库采用 MySQL。

3）元数据存储设计

元数据以专题数据为单位，对成果数据质量等方面内容进行描述，包括数据生产日期、生产作业单位、监测参数、数据评价参数、空间坐标、投影系统等参数，以服务于数据库的检索查询。元数据文件数据标准采用自然资源部元数据标准。具体存储时，与空间数据放在同一物理数据库中，后台数据库采用 MySQL。

4）系统管理数据存储设计

系统管理数据都是无空间信息的数据，包括系统业务数据、系统安全数据、系统日志数据。这些数据可放在数据服务器中，也可放在独立的业务数据服务器中。数据通过 MySQL 来进行存储。平台日志数据中的系统日志，由于相对比较简单，考虑直接用文件的方式对其进行管理。

3. 土地资源适宜性评价数据库设计

对主要的业务基础数据（包括用户信息数据、土地适宜性评价指标、权重、模型等数据）进行数据库结构设计，合理分配字段长度，以满足存储和管理的要求。其他类型数据按照数据本身结构进行存储和管理。各个数据库设置如表 8-2～表 8-4 所示。

表 8-2　土地适宜性评价指标表

字段名称	字段中文名称	数据类型	字段长度	备注
ID	标识	Int	10	指标值是有一定的有效期的，再改变值后，该指标以前的值就失效了
ZBMC	指标名称	Nvchar	20	
VALUE	参数值	Float	8	
BZ	备注	Nvchar	200	
YXKSSJ	有效开始时间	Date	8	
YXJSSJ	有效结束时间	Date	8	

表 8-3　土地适宜性评价模型权值表

字段名称	字段中文名称	数据类型	字段长度	备注
ID	标识	Int	10	权值是有一定的有效期的，再改变值后，该指标以前的值就失效了
QZMC	权值名称	Nvchar	20	
VALUE	权值	Float	8	
BZ	备注	Nvchar	200	
YXKSSJ	有效开始时间	Date	8	
YXJSSJ	有效结束时间	Date	8	

表 8-4　土地适宜性评价结果表

字段名称	字段中文名称	数据类型	字段长度	备注
ID	标识	Int	10	
DKBH	权值名称	Nvchar	20	
SSXZQBH	所属行政区编号			
VALUE	权值	Float	8	
BZ	备注	Nvchar	200	
JSSJ	计算时间	Date	8	

4. 地质环境与灾害风险评价数据库设计

地质灾害数据分为图形数据（空间数据）和专题属性数据。在地理信息数据库系统中，一般采用分离存储的方法来减少图形数据和专题属性数据对计算机时间和空间的占用。与影像图形相连的空间数据库包括各种专题图、综合地图、评价地图、土地利用图等图件，以点-线-面形式表示，根据属性各类信息被存放于不同的图层中。与非空间信息相连的属性数据库，数据以表的形式存储。空间数据库与属性数据表依据某种特性相关联。

区域地质灾害信息库设计（图 8-16）如下。

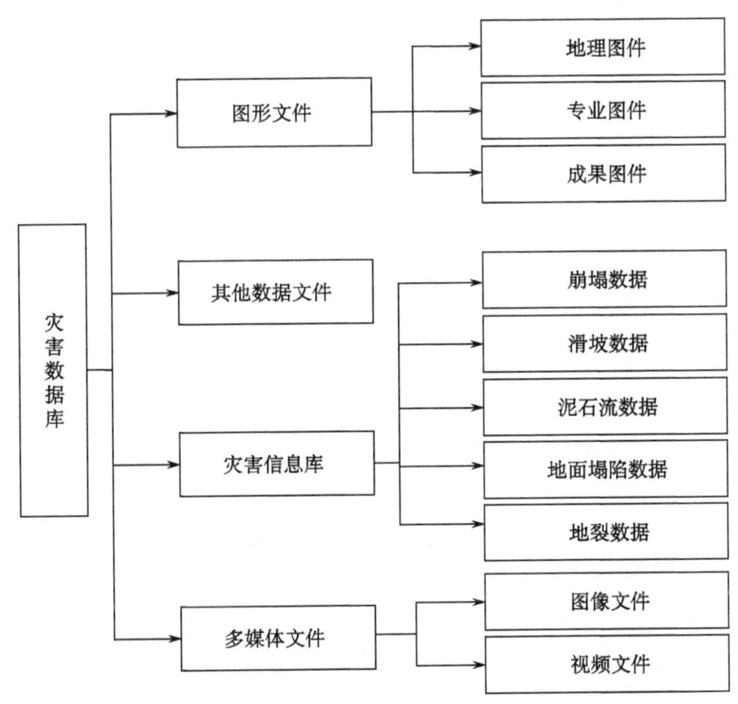

图 8-16　地质灾害信息库设计

1）地质灾害信息编码

地质灾害数据库将全面反映滑坡、崩塌、泥石流、斜坡变形体、塌陷、地裂缝六大灾种的主要特征指标。数据库设计遵从关系数据库建设基本原则，根据不同灾害的特点将包含重复数据的表拆分成若干个没有重复的表，建立表与表之间的关系，通过一对多的关系，实现记录查询检索。地质灾害/统一编号 0 规则，地质灾害统一编号是 GIS 连接空间图元与属性表及外部数据库的唯一性关键字，三者必须保持一致。统一编号采用 12 位编码，前 6 位为行政区划代码（国标代码），第 7 位和第 8 位表示灾害类型，第 9～12 位表示野外编号（不足 4 位的前面补 0），其编码结构如下。

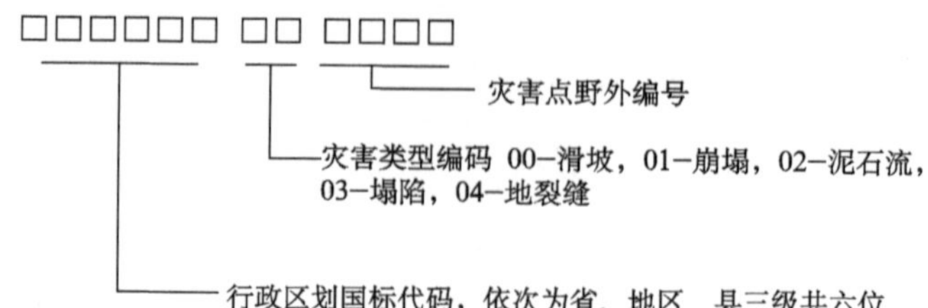

示例：山西省古交市（行政区划国标代码：140181）

140181020036

140181010169

（灾害类型：泥石流，野外顺序编号=0036）

（灾害类型：崩塌，野外顺序编号=0169）

2）图形数据库的建立

对已有的行政区划图、地形地质图等地图图件进行扫描，然后对扫描图进行矢量化，在矢量图上加入通过遥感图像解译和野外实地调查等手段获得的地质灾害信息，最后对矢量图进行投影变换、坐标校正，得到 1∶50000 的地质灾害分布图。

5. 生态服务功能与生态安全评价数据库设计

对主要的基础数据（包括用户信息数据、生态指标数据、城区生态安全值数据等）进行数据库结构设计，合理分配字段长度，以满足存储和管理的要求。其他类型数据按照数据本身结构进行存储和管理。各个数据库设置如表 8-5～表 8-7 所示。

表 8-5　生态指标数据库结构

字段名称	数据类型	字段长度	备注
ID 号	整数型	8	主键
	整数型	8	
城区	字符型	50	
人口密度	浮点型	20	
人口自然增长率	浮点型	20	
城市化率	浮点型	20	
……	……	……	……
万人拥有大学以上文化程度人数	浮点型	20	
每万人藏书量	浮点型	20	
万人区域内各类学校	浮点型	20	

表 8-6　生态安全值数据库结构

字段名称	数据类型	字段长度	备注
ID 号	整数型	8	主键
年份	整数型	8	
城区	字符型	50	
生态安全值	浮点型	20	

表 8-7　生态预测值数据库结构

字段名称	数据类型	字段长度	备注
ID 号	整数型	8	主键
年份	整数型	8	
城区	字符型	50	
生态预测值	浮点型	20	

8.6　小　　结

基于障碍因子约束的建设用地空间拓展综合评价系统主要实现了基于障碍因子的建设用地土地资源适宜性评价、地质环境与灾害风险评价和生态服务功能与生态安全评价等功能，为基于障碍因子约束的建设用地空间拓展综合评价的快速完成提供了有力支撑。

参 考 文 献

鲍丽萍, 王景岗. 2009. 中国大陆城市建设用地扩展动因浅析. 中国土地科学, (8): 68-72.

陈杜彬, 岳建伟, 丁克松. 2017. 基于模糊综合评价的多障碍因子建设用地空间拓展评价. 亚热带资源与环境学报, (2): 51-57.

陈江龙, 高金龙, 魏也华, 等. 2013. 大都市区建设用地空间扩展机理研究——以南京市区为例. 地理科学, (6): 676-684.

陈奇, 樊运晓. 2004. 城市地质灾害危险性评价浅析. 中国地质灾害与防治学报, (S1): 111-115.

陈新建, 段钊, 赵法锁, 等. 2011. 基于模糊数学的地质灾害危险性评价. 中国地质灾害与防治学报, 22(3): 90-94.

陈茵茵. 2008. 区域可持续土地利用评价研究. 南京: 南京农业大学博士学位论文.

程红芳, 章文波, 陈锋. 2008. 植被覆盖度遥感估算方法研究进展. 国土资源遥感, (1): 13-18.

程凌鹏, 杨冰, 刘传正. 2001. 区域地质灾害风险评价研究述评. 水文地质工程地质, (3): 75-78.

程晓亮, 吕成文. 2008. 地形因子对人口空间分布影响分析——以黄山市为例. 安徽师范大学学报(自然科学版), (5): 488-492.

程旭. 2014. 甘泉县耕地保护研究. 西安: 长安大学硕士学位论文.

崔娟敏, 季文光. 2011. 基于 AHP 的土地集约利用水平模糊综合评价. 水土保持研究, (4): 122-125.

邓聚龙. 1984. 社会经济灰色系统的理论与方法. 中国社会科学, (6): 47-60.

邓旭晖, 吴佳. 2017. 国内外城市土地集约利用研究进展与展望. 安徽农学通报, (22): 12-13, 16.

董亮. 2010. 基于土地质量评价原理的郸城县土地肥力研究. 开封: 河南大学硕士学位论文.

杜军, 杨青华, 严嘉, 等. 2010. 基于 GIS 与信息量模型的汶川次生地质灾害危险性评价. 地球科学(中国地质大学学报), 35(2): 324-330.

段宝彬. 2005. 综合评价的模糊数学方法研究. 南京: 河海大学硕士学位论文.

封丹. 2013. 基于行政村和地块尺度的土地质量综合评价. 南宁: 广西师范学院硕士学位论文.

付帼, 武春友, 卢小丽. 2016. 基于 AHP-DEMATEL 的建设用地增长驱动因子重要性研究. 国土资源科技管理, (3): 9-14.

傅伯杰. 1991. 土地评价的理论与实践. 北京: 中国科学技术出版社.

高常军, 魏龙, 贾朋, 等. 2017. 基于去重复性分析的广东省滨海湿地生态系统服务价值估算. 浙江农林大学学报, (1): 152-160.

桂昆鹏, 徐建刚, 张翔. 2014. 风险管理视角下的城市建设用地适宜性评价方法研究//中国城市规划学会. 城乡治理与规划改革——2014 中国城市规划年会论文集(04 城市规划新技术应用). 北京: 中国建筑工业出版社.

郭月婷, 廖和平, 彭征. 2009. 中国城市空间拓展研究动态. 地理科学进展, (3): 370-375.

韩利, 梅强, 陆玉梅, 等. 2004. AHP-模糊综合评价方法的分析与研究. 中国安全科学学报, (7): 89-92, 3.

韩乾, 施怡真, 胡玮婷. 2001. 台湾与大陆国土规划之比较(摘编). 中国土地科学, (6): 10-12.

何霜. 2015. 基于 MODIS 数据的植被指数与植被覆盖度关系研究——以比值植被指数和归一化植被指数为例. 科技创新与应用, (28): 285.

胡喜生, 洪伟, 吴承祯. 2013a. 土地生态系统服务功能价值动态估算模型的改进与应用——以福州市为例. 资源科学, 35(1): 30- 41.

胡喜生, 洪伟, 吴承祯, 等. 2013b. 福州市土地生态系统服务时空分异特征. 中国环境科学, 33(5):

881-888.
黄可, 熊显名. 2009. 基于TM遥感影像的水深遥感研究. 桂林: 全国虚拟仪器学术交流大会.
黄山, 林恒萍. 2017. 基于建设用地适宜性评价的建设用地空间拓展研究——以晋江市为例. 亚热带资源与环境学报, (4): 84-90.
黄永斌, 董锁成, 白永平. 2015. 中国城市紧凑度与城市效率关系的时空特征. 中国人口·资源与环境, (3): 64-73.
蒋蕊竹, 李秀启, 朱永安, 等. 2011. 基于MODIS黄河三角洲湿地NPP与NDVI相关性的时空变化特征. 生态学报, (22): 6708-6716.
焦利民, 刘耀林. 2004. 土地适宜性评价的模糊神经网络模型. 武汉大学学报(信息科学版), (6): 5130.
金菊良, 魏一鸣, 丁晶. 2004. 基于改进层次分析法的模糊综合评价模型. 水利学报, (3): 65-70.
晋江市统计局. 2014. 晋江市统计年鉴2014. 晋江: 晋江市统计局.
郎昱, 叶剑平. 2017. 西方国家建设用地空间拓展理念探讨与启示——以德国、美国和日本的一些城市为例. 中国土地, (12): 45-47.
郎昱, 叶剑平. 2018. 国外建设用地空间拓展理念探讨与启示——以德国、美国和日本的一些城市为例. 资源导刊, (2): 52-53.
李根, 张光明, 朱莹莹, 等. 2016. 基于改进 AHP-FCE 的新常态下中国能源安全评价. 生态经济, (10): 27-31.
李京, 陈云浩, 潘耀忠, 等. 2003. 生态资产定量遥感测量技术体系研究——生态资产定量遥感评估模型. 遥感信息, (3): 8-11.
李俊晓, 李朝奎, 罗淑华, 等. 2015. 基于 AHP-模糊综合评价方法的泉州市水资源可持续利用评价. 水土保持通报, (1): 210-214, 286.
李坤, 岳建伟. 2015. 我国建设用地适宜性评价研究综述. 北京师范大学学报(自然科学版), (S1): 107-113.
李琼. 2012. 洪水灾害风险分析评价方法的研究及改进. 武汉: 华中科技大学博士学位论文.
李通. 2016. 福建省建设用地“山海原”一体化立体规划与优化配置研究. 泰安: 山东农业大学硕士学位论文.
李团胜, 王丽霞, 马超群. 2013. 土地评价与估价. 北京: 化学工业出版社.
李希灿, 王静, 邵晓梅. 2009. 模糊数学方法在中国土地资源评价中的应用进展. 地理科学进展, (3): 409-416.
李玉琳, 高志刚, 韩延玲. 2006. 模糊综合评价中权值确定和合成算子选择. 计算机工程与应用, (23): 38-42, 197.
梁雄飞. 2015. TOD规划的定量评价与反思——以广佛地铁线TOD站点为例. 贵阳: 2015中国城市规划年会.
梁学庆, 杨凤海, 刘卫东. 2006. 土地资源学. 北京: 科学出版社.
林爱文. 2008. 自然地理学. 武汉: 武汉大学出版社.
刘长松. 2016. 紧凑城市的理论实践与政策启示. 发展研究, (11): 24-28.
刘鸿渊, 曾艳琳. 2007. 基于企业业务层次创新能力的AHP模糊评价. 科技进步与对策, (2): 116-120.
刘瑞, 朱道林, 朱战强, 等. 2009. 基于 Logistic 回归模型的德州市城市建设用地扩张驱动力分析. 资源科学, (11): 1919-1926.
刘思峰, 曾波, 刘解放, 等. 2014. GM(1, 1)模型的几种基本形式及其适用范围研究. 系统工程与电子技术, (3): 501-508.
刘卫东, 谭永忠, 彭俊, 等. 2010. 土地资源学. 上海: 复旦大学出版社.
刘晓聪. 2014. 西宁市主城区建设用地扩展动态及驱动力分析. 西宁: 青海师范大学硕士学位论文.
刘艳辉, 刘传正, 唐灿, 等. 2015. 基于确定性系数模型的地质灾害多因子权重计算方法. 中国地质灾害与防治学报, 26(1): 92-97.
刘耀林. 2008. 土地评价理论、方法与系统开发. 北京: 科学出版社.
柳顺, 杜树新. 2010. 基于数据包络分析的模糊综合评价方法. 模糊系统与数学, (2): 93-98.
卢文喜, 李迪, 张蕾, 等. 2011. 基于层次分析法的模糊综合评价在水质评价中的应用. 节水灌溉, (3): 43-46.
缪信. 2016. 考虑斜坡活动性状态的滑坡风险评价技术研究. 成都: 成都理工大学硕士学位论文.
牛航空, 金萍, 王颜朝. 2009. 模糊数学在地质灾害风险分析中的应用. 山西建筑, 35(24): 115-117.
牛叔文, 李景满, 李升红, 等. 2014. 基于地形复杂度的建设用地适宜性评价——以甘肃省天水市为例. 资源科学, (10): 2092.
欧阳志云, 王如松, 赵景柱. 1999. 生态系统服务功能及其生态经济价值评价. 应用生态学报, 10(5): 635-640.
欧阳志云, 赵同谦, 王效科, 等. 2004. 水生态服务功能分析及其间接价值评价. 生态学报, (10): 2091-2099.
齐信, 唐川, 陈州丰, 等. 2012. 地质灾害风险评价研究. 自然灾害学报, 21(5): 33-40.
屈宇宏, 孙帅, 陈银蓉. 2014. 中国城市建设用地扩张趋势模拟及抑制策略. 资源科学, (1): 1-7.
渠爱雪, 仇方道. 2013. 徐州城市建设用地扩展过程与格局研究. 地理科学, (1): 61-68.
荣梅. 2011. 模糊综合评价方法在营销风险评估中的应用. 统计与决策, (7): 169-170.
师庆三, 王智, 吴友均, 等. 2010. 新疆生态系统服务价值测算与 NPP 的相关性分析. 干旱区地理(汉文版), 33(3): 427-433.
施昱年, 张秀智. 2014. 服务业集聚与商务区楼宇生产效率关系评价研究——以北京市东二环交通商务区为例. 财经论丛, (8): 16-21.
时伟, 李伍平, 陈启辉. 2016. 工程地质学(第 2 版). 北京: 科学出版社.
史利霞. 2013. 商都县农用地定级估价研究. 呼和浩特: 内蒙古师范大学硕士学位论文.
宋丹青, 鲍春. 2015. 模糊数学在地质灾害危险性分区中的应用——以九甸峡水利枢纽为例. 水利与建筑工程学报, 13(1): 104-108.
宋光兴, 杨德礼. 2003. AHP 判断矩阵与模糊判断矩阵相互转化方法. 大连理工大学学报, (4): 535-539.
宋晓莉, 余静, 孙海传, 等. 2006. 模糊综合评价法在风险评估中的应用. 微计算机信息, (36): 71-73, 79.
孙华芬, 赵俊三, 潘邦龙, 等. 2008. 基于 GIS 和 BP 神经网络技术的建设用地适宜性评价研究. 国土资源科技管理, (1): 1120.
孙建筑. 2013. 基于 GIS 的石家庄市建设用地适宜性评价. 天津: 河北工业大学硕士学位论文.
孙晓莉. 2013. 基于 GIS 的低丘缓坡建设用地适宜性评价. 贵州大学学报(自然科学版), (2): 131.
孙艳敏. 2005. 县级土地类型划分及其在耕地分等中的应用——以太原市万柏林区为例. 北京: 中国农业大学博士学位论文.
陶星名, 田光明, 王宇峰, 等. 2006. 杭州市生态系统服务价值分析. 经济地理, 26(4): 665-668.
汪成刚, 宗跃光. 2007. 基于 GIS 的大连市建设用地生态适宜性评价. 浙江师范大学学报(自然科学版), (1): 109.
王海鹰, 张新长, 康停军. 2009. 基于 GIS 的城市建设用地适宜性评价理论与应用. 地理与地理信息科学, (1): 14-17.
王辉. 2012. 中国西南山区城镇建设用地适宜性评价研究. 昆明: 云南财经大学硕士学位论文.
王其翔. 2009. 黄海海洋生态系统服务评估. 青岛: 中国海洋大学博士学位论文.
王庆林, 胡圣武. 2010. 区域地质灾害评价的 GIS 方法研究. 河南理工大学学报(自然科学版), 29(3): 293-297.
王三宝, 易秀英. 2008. 基于 Mathematica 的灰色预测模型 GM(1, 1)之精度检验. 黄石理工学院学报, (6): 49-51.

王士君, 冯章献, 刘大平, 等. 2012. 中心地理论创新与发展的基本视角和框架. 地理科学进展, (10): 1256-1263.

王晓强. 2010. 我国生物多样性保护法律制度研究. 青岛: 中国海洋大学硕士学位论文.

王学良, 李建一. 2011. 基于层次分析法的泥石流危险性评价体系研究. 中国矿业, (10): 113-117.

王振芳. 2017. 城市 TOD 的可持续发展理念分析. 国际工程与劳务, (8): 50-54.

王子博. 2009. 基于模糊层次分析法的城市快速路施工风险评价研究. 天津: 天津理工大学硕士学位论文.

危向峰, 段建南, 胡振琪, 等. 2006. 层次分析法在耕地地力评价因子权重确定中的应用. 湖南农业科学, (2): 39-42.

危小建, 梁俊红, 马国庆. 2014. 不同预案下的建设用地适宜性评价——以湖北宜城市为例. 资源开发与市场, 30(6): 667-671, 770.

吴丽萍. 2006. 模糊综合评价方法及其应用研究. 太原: 太原理工大学硕士学位论文.

吴正红, 冯长春, 杨子江. 2012. 紧凑城市发展中的土地利用理念. 城市问题, (1): 9-14.

夏涛, 陈尚, 张涛, 等. 2014. 江苏近海生态系统服务价值评估. 生态学报, (17): 5069-5076.

谢高地, 鲁春霞, 冷允法, 等. 2003. 青藏高原生态资产的价值评估. 自然资源学报, 18(2): 189-196.

谢高地, 张彩霞, 张雷明, 等. 2015. 基于单位面积价值当量因子的生态系统服务价值化方法改进. 自然资源学报, (8): 1243-1254.

谢高地, 甄霖, 鲁春霞, 等. 2008. 一个基于专家知识的生态系统服务价值化方法. 自然资源学报, 23(5): 911-919.

徐丽芬, 许学工, 罗涛, 等. 2012. 基于土地利用的生态系统服务价值当量修订方法. 地理研究, 31(10): 1775-1784.

许林艳. 2015. 信息量模型在地质灾害灾情评估及险情预测中的应用. 安徽农业科学, 43(14): 302-305, 325.

薛强, 祖彪. 2007. 地质灾害风险评价研究. 山西建筑, 33(24): 94-95.

闫彩峰, 张东升. 2014. 紧凑城市理论对我国城市化的启示. 河南科技, (2): 201.

杨光. 2013. 区位特性对土地资源利用的影响. 商, (13): 317.

杨俊, 王占岐, 金贵, 等. 2013. 基于 AHP 与模糊综合评价的土地整治项目实施后效益评价. 长江流域资源与环境, (8): 1036-1042.

杨泰平, 唐川, 齐信. 2009. 基于 GIS 技术的汶川 8.0 级地震诱发地质灾害危险性评价. 灾害学, 24(4): 68-72.

杨艳, 张绪教, 叶培盛, 等. 2012. 基于模糊数学法评价滇西保山地区麻榔河泥石流沟的危险性. 地质通报, 31(Z1): 351-355.

杨子. 2015. 乌鲁木齐市土地利用变化的生态环境效益研究. 乌鲁木齐: 新疆农业大学硕士学位论文.

杨子生, 王辉, 张博胜. 2014. 中国西南山区建设用地适宜性评价研究——以云南芒市为例. 昆明: 中国土地开发整治与建设用地上山学术研讨会.

姚金艳. 2014. 城市地理国情监测在城市总体规划中的应用研究. 西安: 西安科技大学硕士学位论文.

叶珍. 2010. 基于 AHP 的模糊综合评价方法研究及应用. 广州: 华南理工大学硕士学位论文.

於冉. 2009. 试论生长极理论与城市综合体(HOPSCA)规划模式——以杭州市为例. 合肥: 中国自然资源学会热带亚热带地区资源研究学术年会暨热带亚热带区域经济合作与资源节约集约利用学术论坛论文集.

于立宏, 费文博. 2009. 中国石化产业园区与循环经济互动发展研究. 中国软科学, (11): 25-33.

余兵, 丁中军. 2018. 浅谈城镇规划导向下城镇建设用地空间拓展研究. 山东工业技术, (3): 226.

袁扬, 黄秋亚. 2016. 紧凑城市理论研究综述. 山西建筑, (15): 8-10.

张惠远, 郝海广, 张哲. 2017. 生态保护红线构建路径思考. 环境保护, (23): 18-21.

张晓晓, 张恩朝, 欧盛强, 等. 2014. 低丘缓坡建设用地适宜性评价方法研究——以曲靖市罗平县为例. 地矿测绘, (3): 17.

张新爱, 郑莉芳. 2016. 基于模糊数学理论的茶叶安全风险评价研究. 福建茶叶, (9): 17-18.

张震, 于天彪, 梁宝珠, 等. 2006. 基于层次分析法与模糊综合评价的供应商评价研究. 东北大学学报, (10): 1142-1145.

赵可, 张安录, 徐卫涛. 2011. 中国城市建设用地扩张驱动力的时空差异分析. 资源科学, (5): 935-941.

周豹, 赵俊三, 袁磊, 等. 2013. 低丘缓坡建设用地适宜性评价体系研究——以云南省宾川县为例. 安徽农业科学, (28): 11528-11531, 11535.

朱文泉, 林文鹏. 2015. 遥感数字图像处理: 原理与方法. 北京: 高等教育出版社.

朱文泉, 张锦水, 潘耀忠, 等. 2007. 中国陆地生态系统生态资产测量及其动态变化分析. 应用生态学报, 18(3): 586-594.

庄恒扬. 1996. 灰色系统关联分析统计检验方法. 农业系统科学与综合研究, (3): 168-171.

Costanza R, D'Arge R, De Groot R, et al. 1998. The value of the world's ecosystem services and natural capital. Ecological Economics, 25(1): 3-16.

De Groot R S, Wilson M A, Boumans R M. 2002. A typology for the classification, description and valuation of ecosystem functions, goods and services. Ecological Economics, 41(3): 393-408.

Mantovani F, Soeters R, Van westen C J. 1996. Romote sensing techniques for landslide studies and hazard zonation in Europe. Geomorphology, 15(3 /4): 213-225.

Mcharg I . 1969. Design with Nature. New York: Natural History Press.

Millennium Ecosystem Assessment. 2005. Ecosystems and Human Well-Being: Biodiversity Synthesis. Washington, DC: Island Press.

Peng Y T, Li Z C, Choi K. 2017. Transit-oriented development in an urban rail transportation corridor. Transportation Research Part B: Methodological, 103: 269-290.

Spellerberg I F, Fedor P J. 2003. A tribute to Claude Shannon (1916–2001) and a plea for more rigorous use of species richness, species diversity and the 'Shannon–Wiener' Index. Global Ecology and Biogeography, 12(3): 177-179.

Zhang Q W, Su S L. 2016. Determinants of urban expansion and their relative importance: A comparative analysis of 30 major metropolitans in China. Habitat International, 58: 89-107.

附录1　福建省基于多障碍因子约束的海西建设用地空间拓展图集

1. 福建省建设用地空间拓展土地资源适宜性等级图

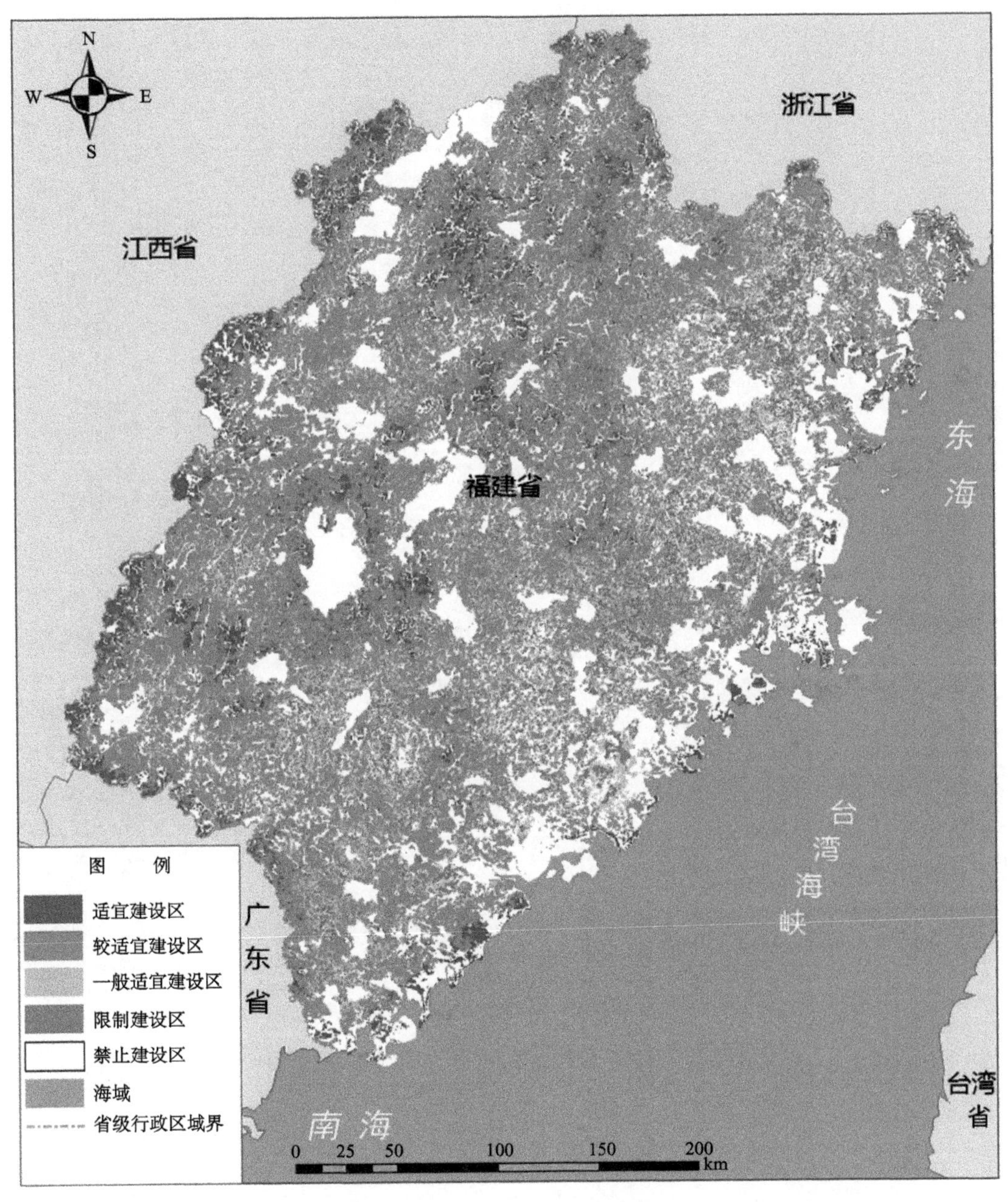

附图 1-1　福建省建设用地空间拓展土地资源适宜性等级图

2. 福建省生态服务及生态安全评价相关图件

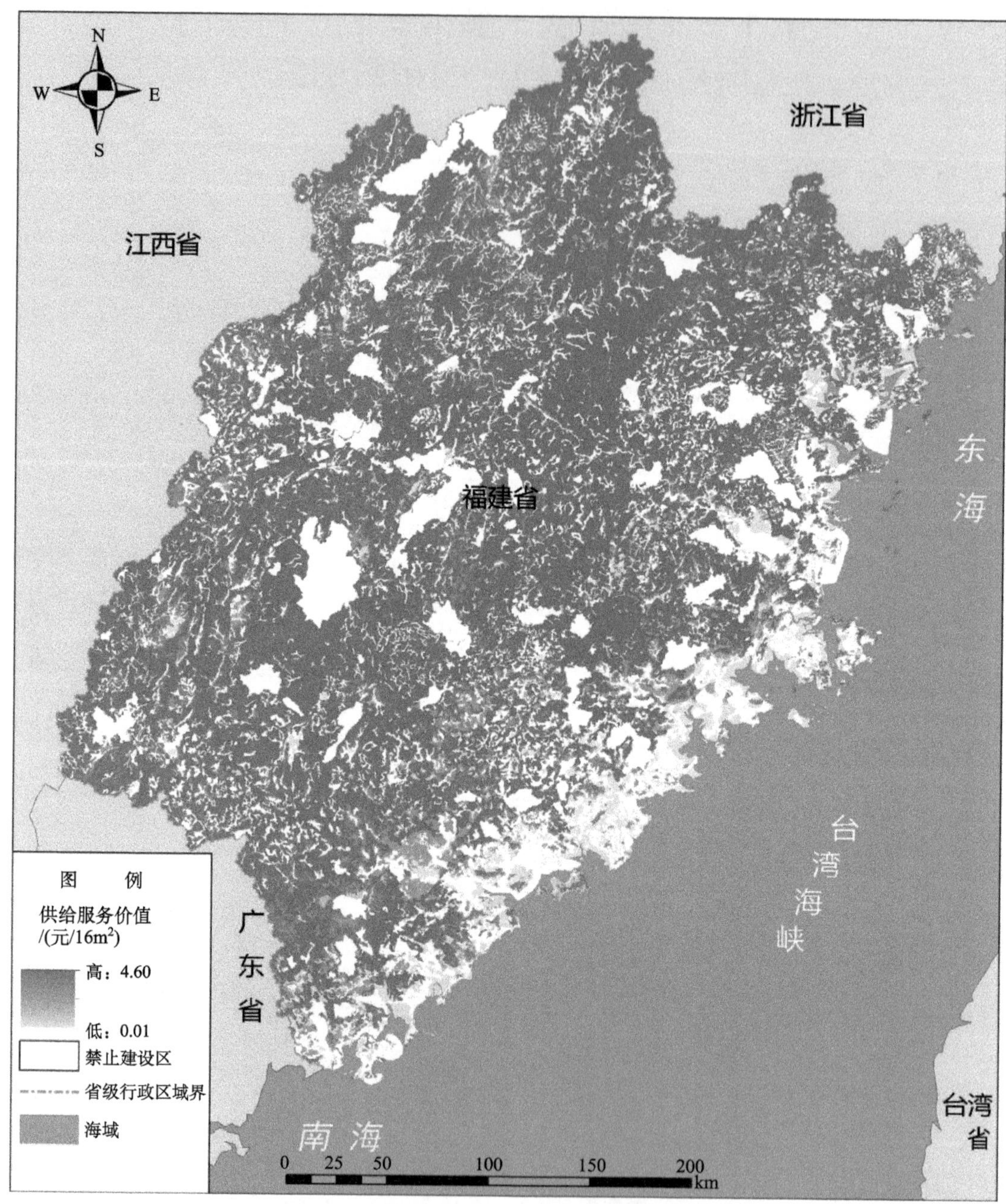

附图 1-2　福建省建设用地空间拓展供给服务价值图

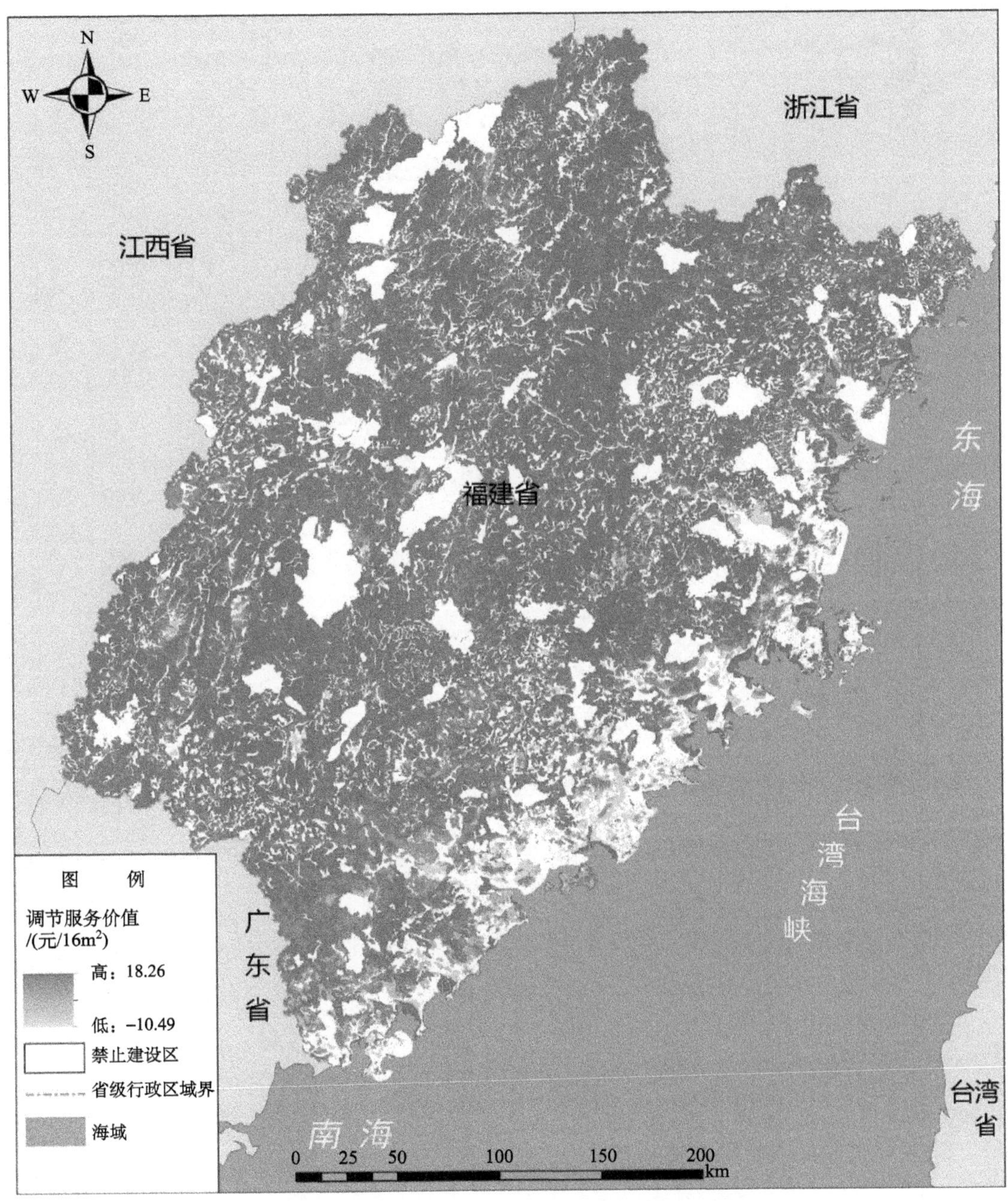

附图 1-3　福建省建设用地空间拓展调节服务价值图

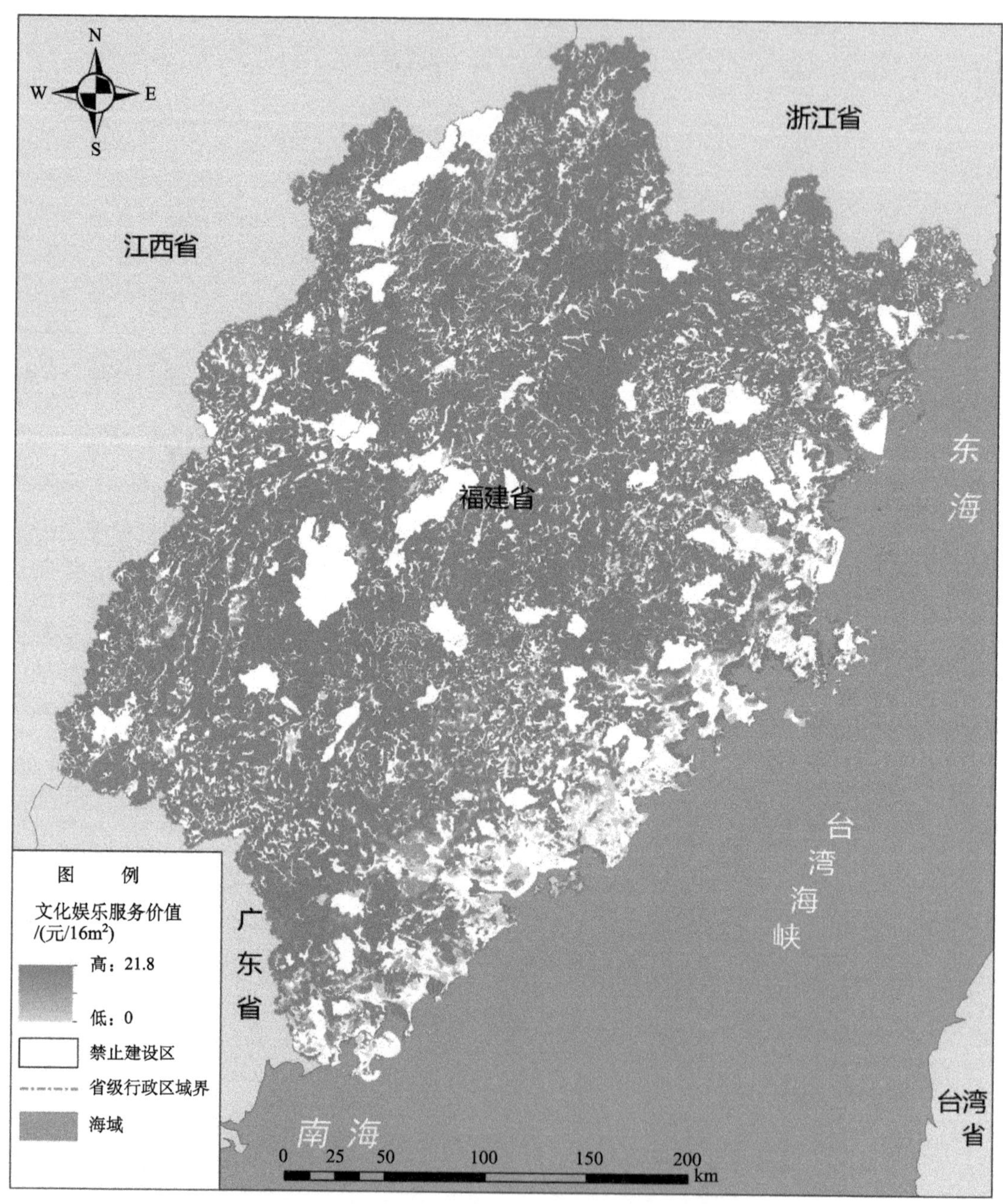

附图 1-4　福建省建设用地空间拓展文化娱乐服务价值图

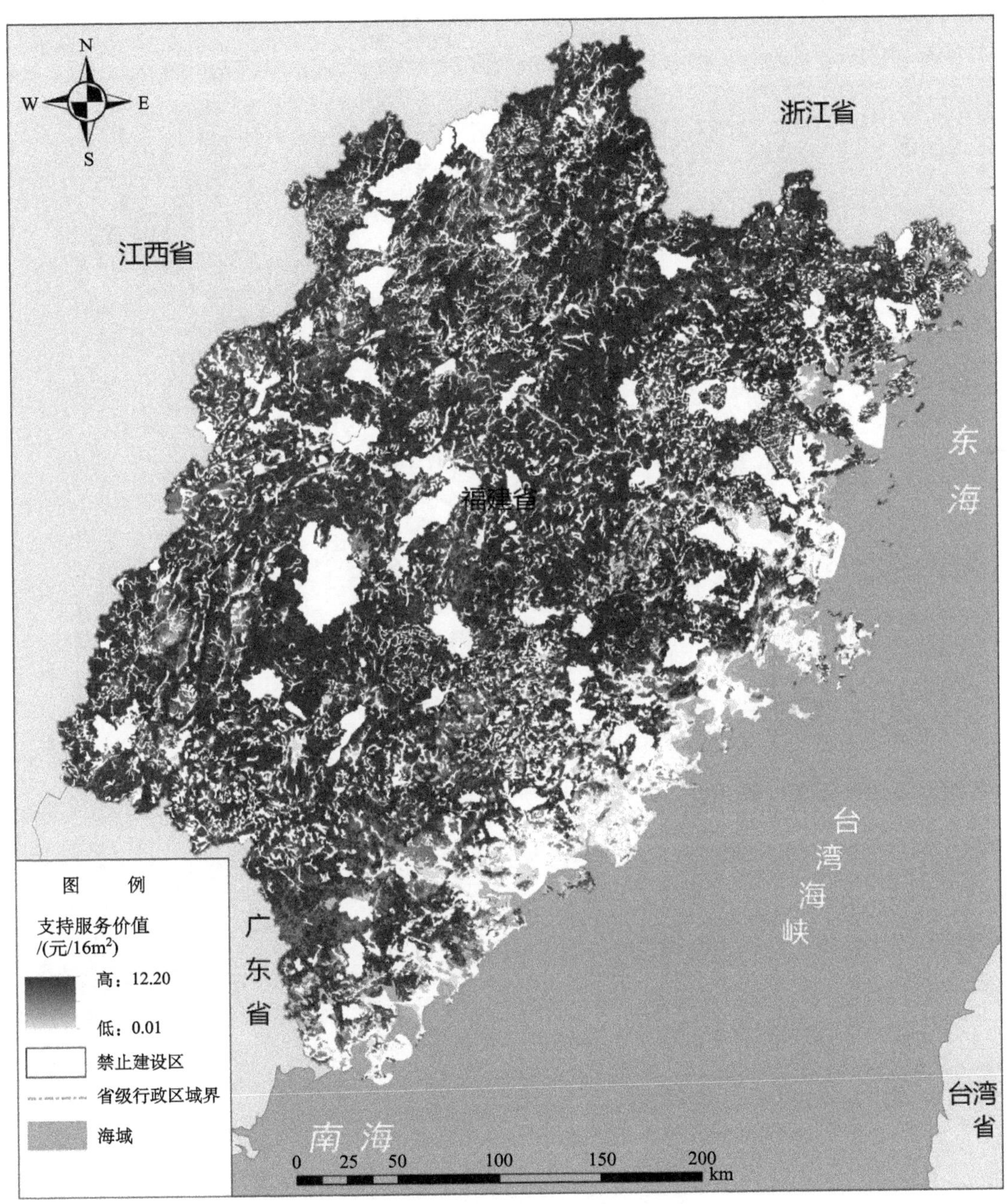

附图 1-5　福建省建设用地空间拓展支持服务价值图

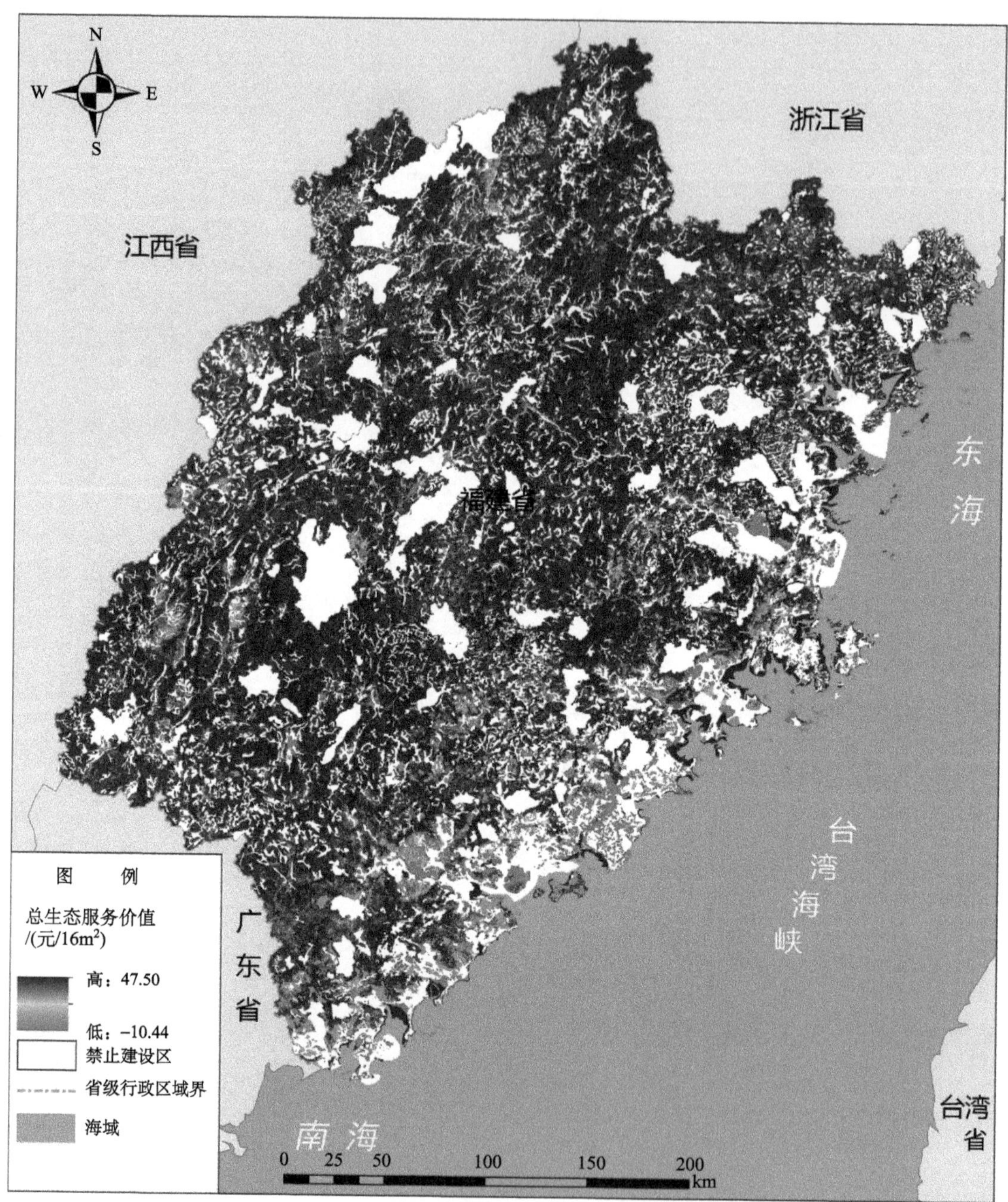

附图 1-6　福建省建设用地空间拓展总生态服务价值图

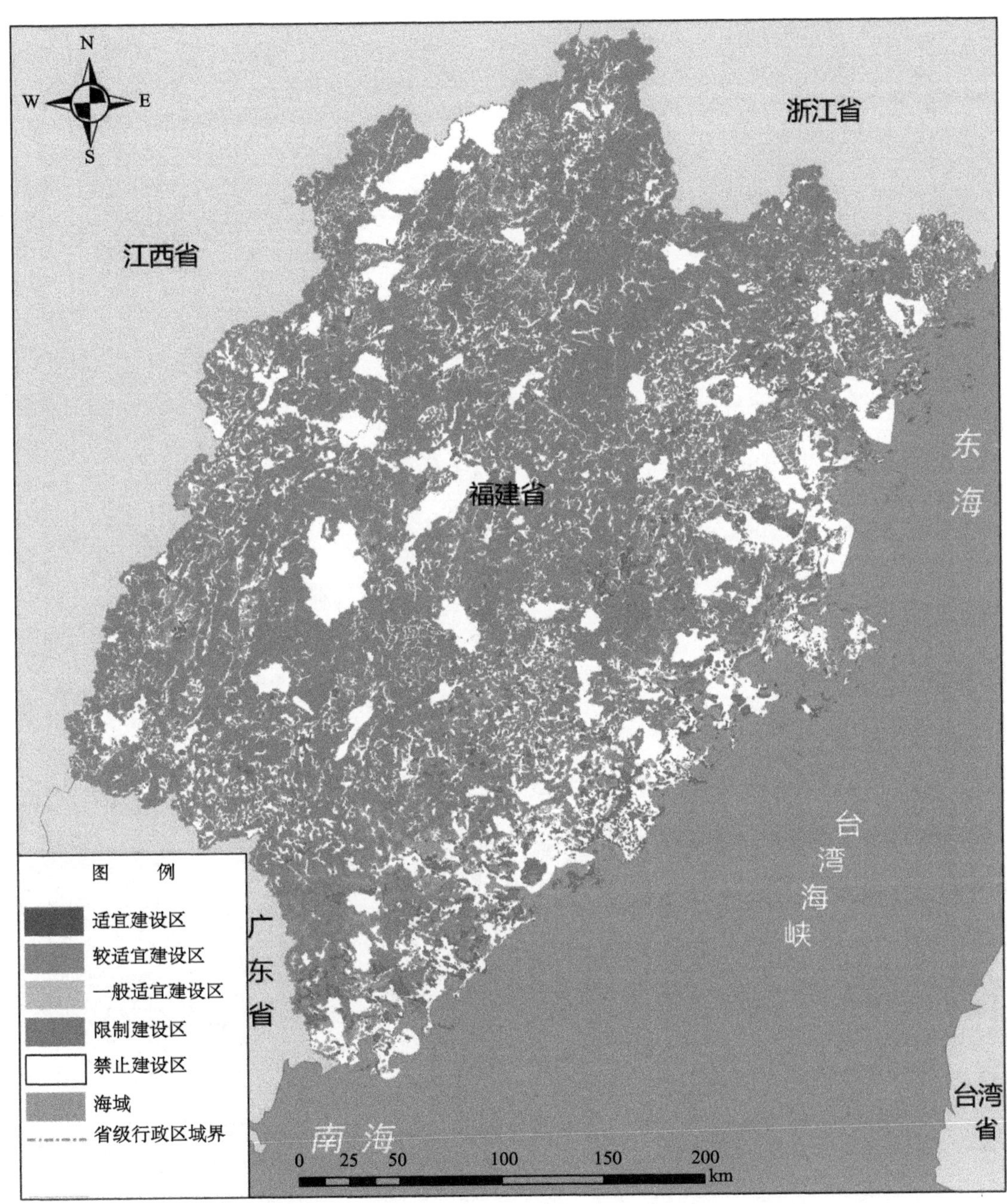

附图1-7　福建省建设用地空间拓展生态安全等级图

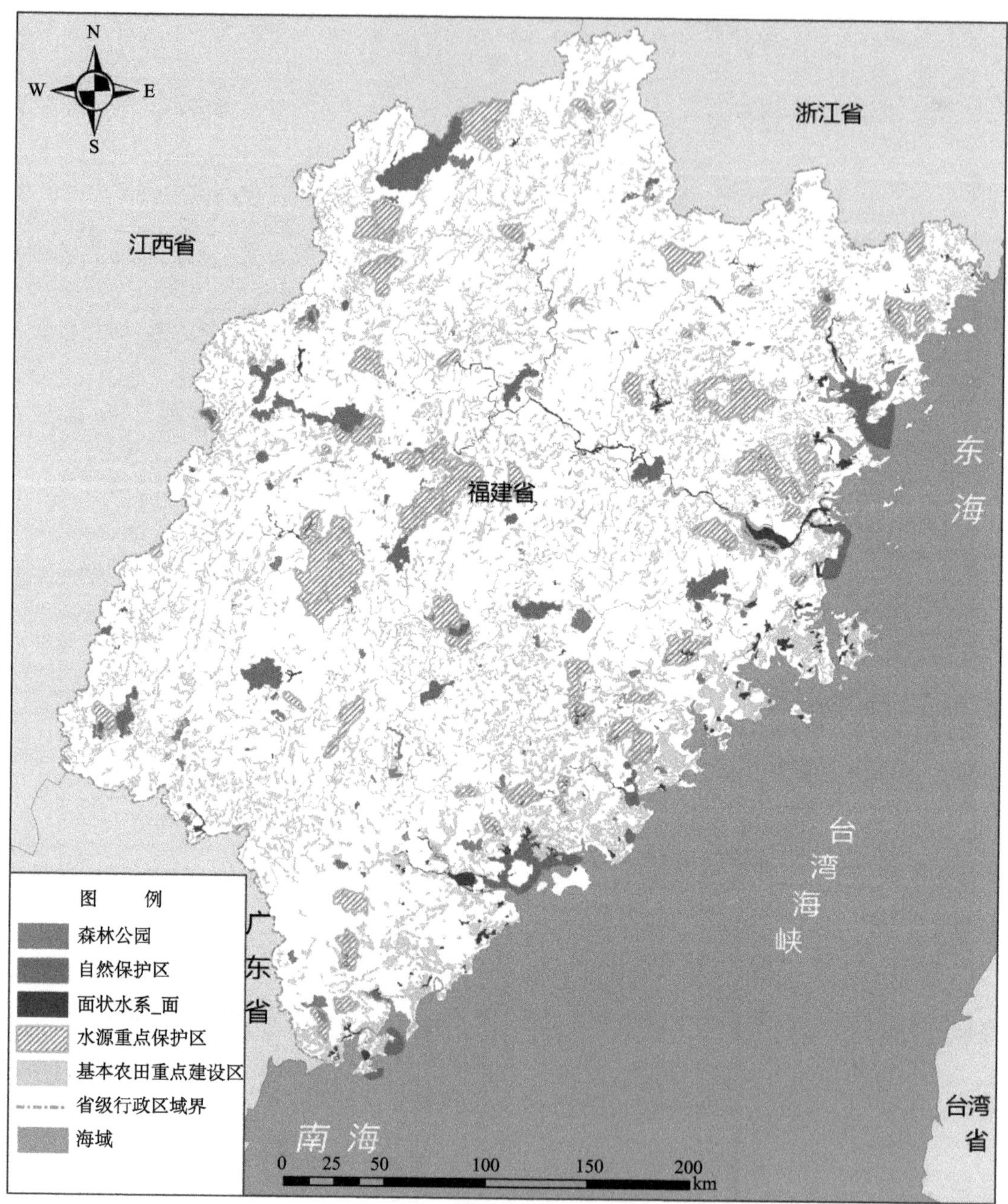

附图 1-8　福建省建设用地空间拓展重要生态保护区

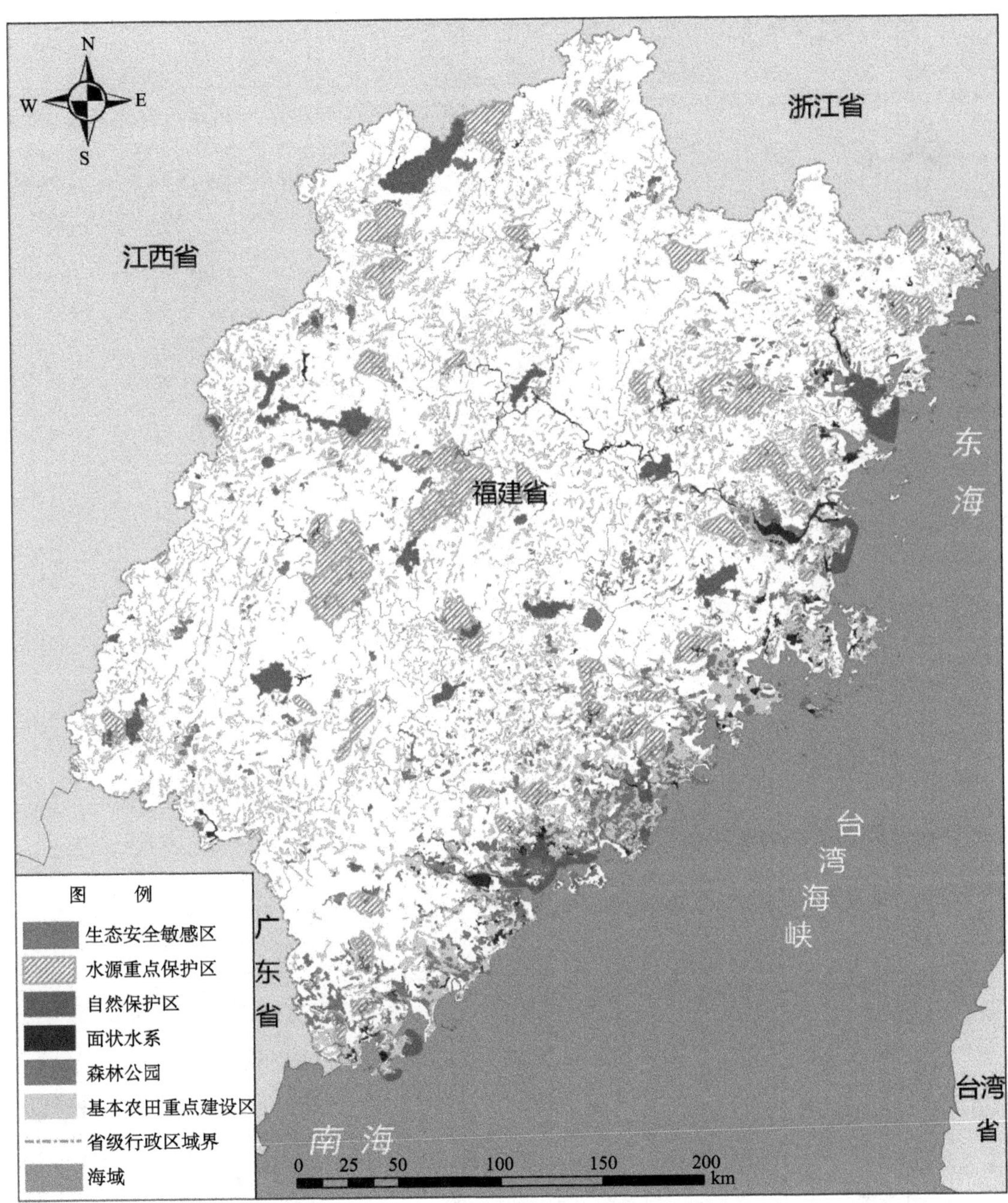

附图 1-9　福建省建设用地空间拓展生态安全约束区

3. 福建省建设用地空间拓展灾害影响评价相关图件

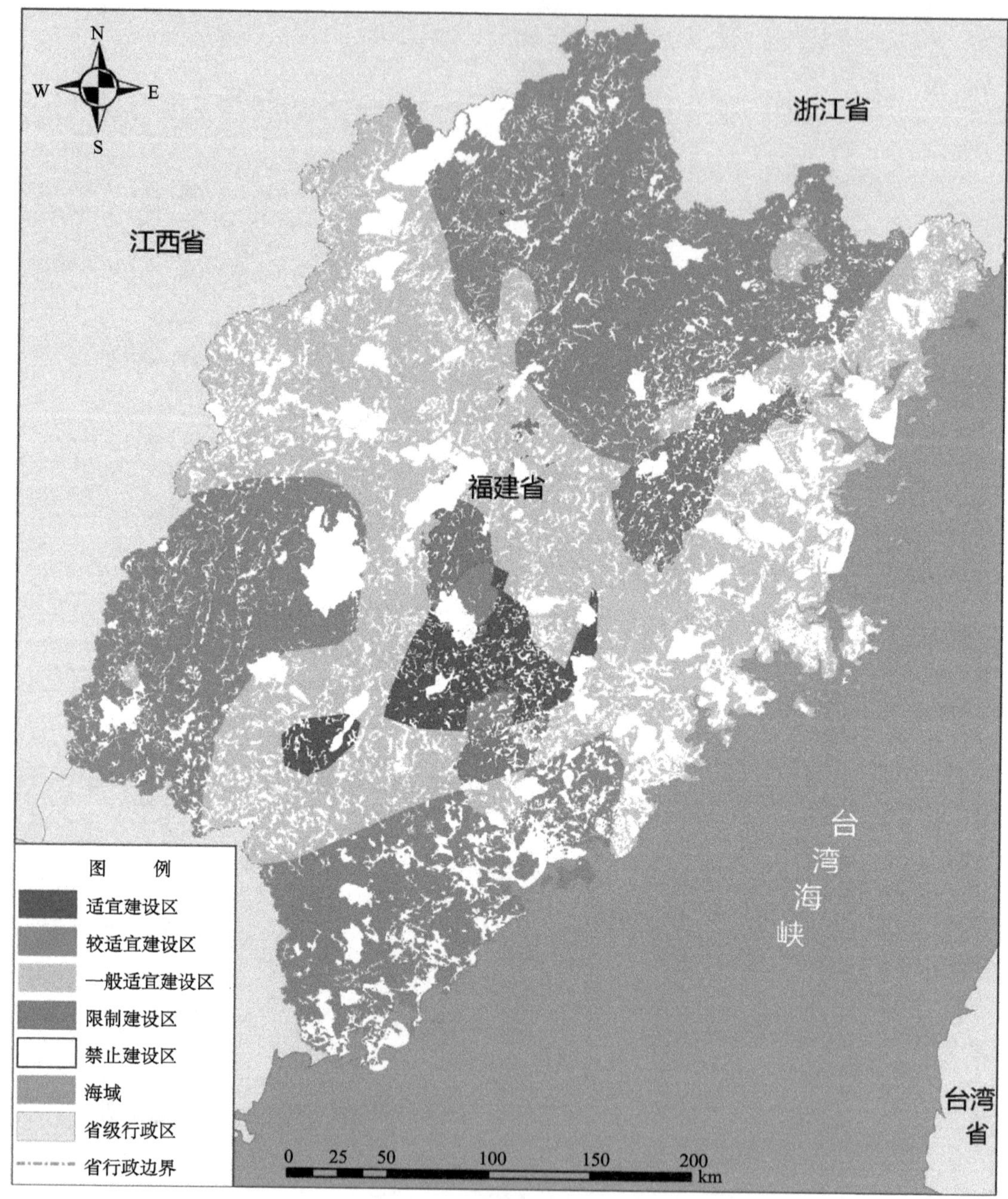

附图 1-10　福建省建设用地空间拓展崩塌灾害风险等级图

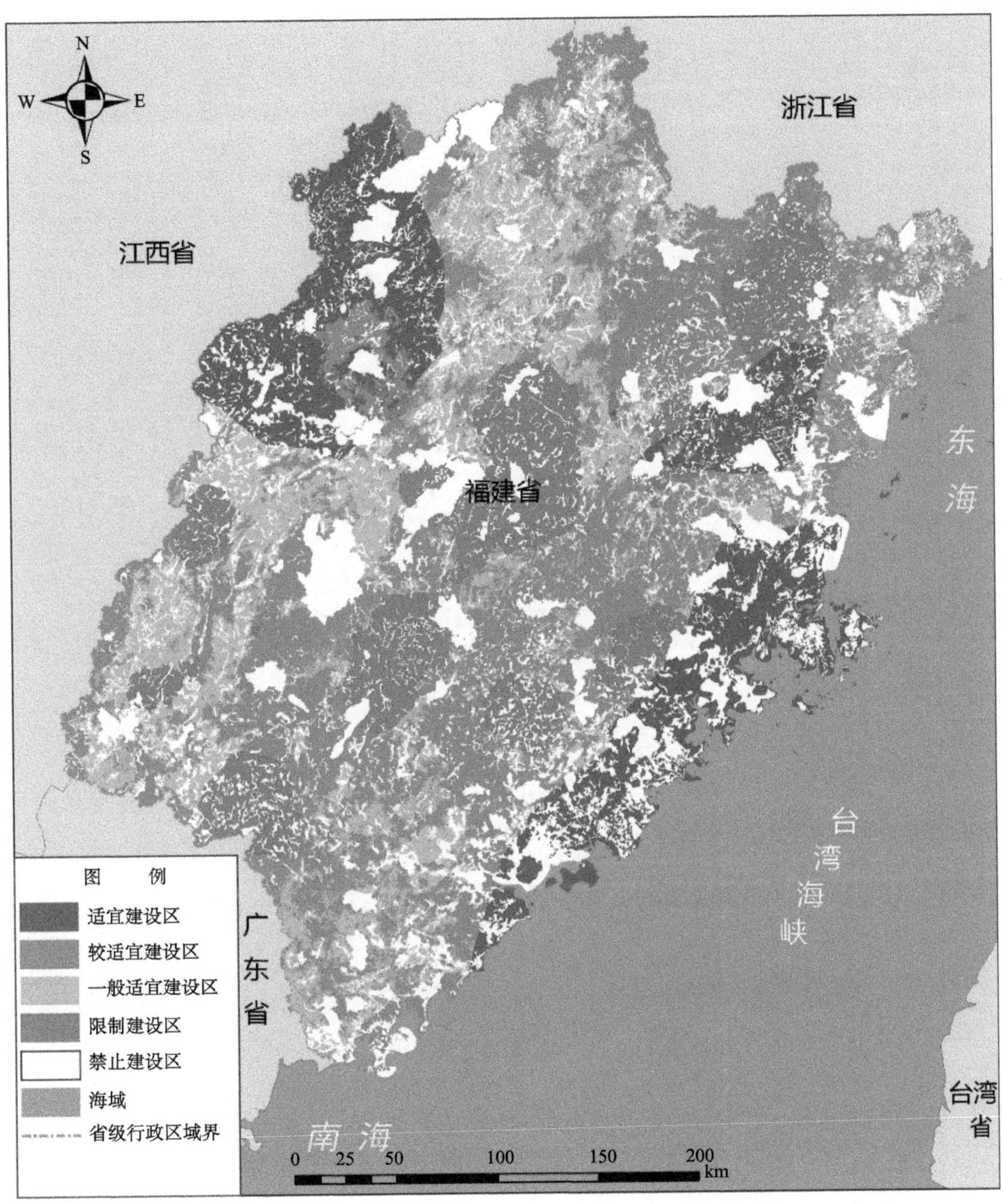

附图 1-11　福建省建设用地空间拓展滑坡灾害风险等级图

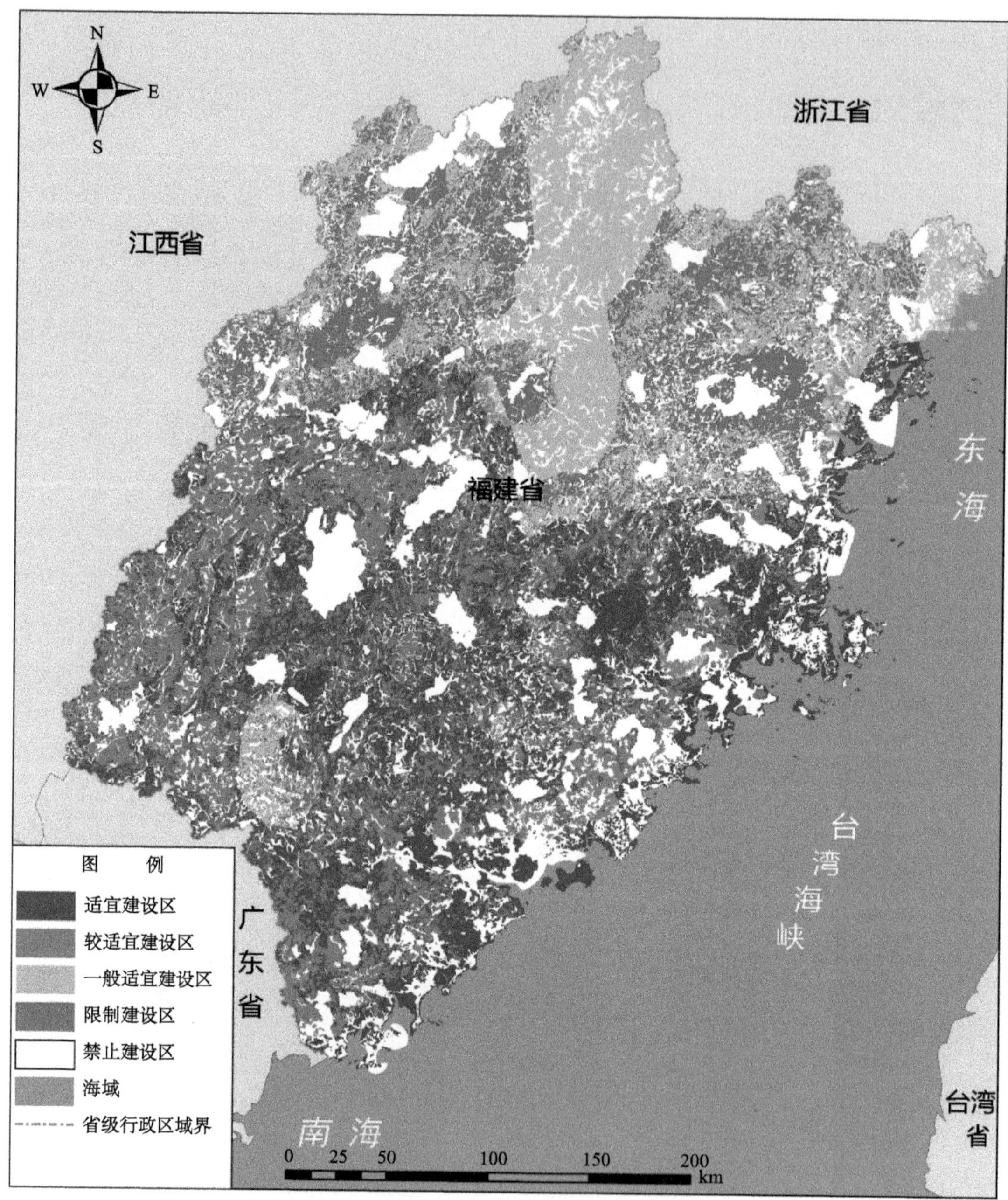

附图 1-12　福建省建设用地空间拓展泥石流灾害风险等级图

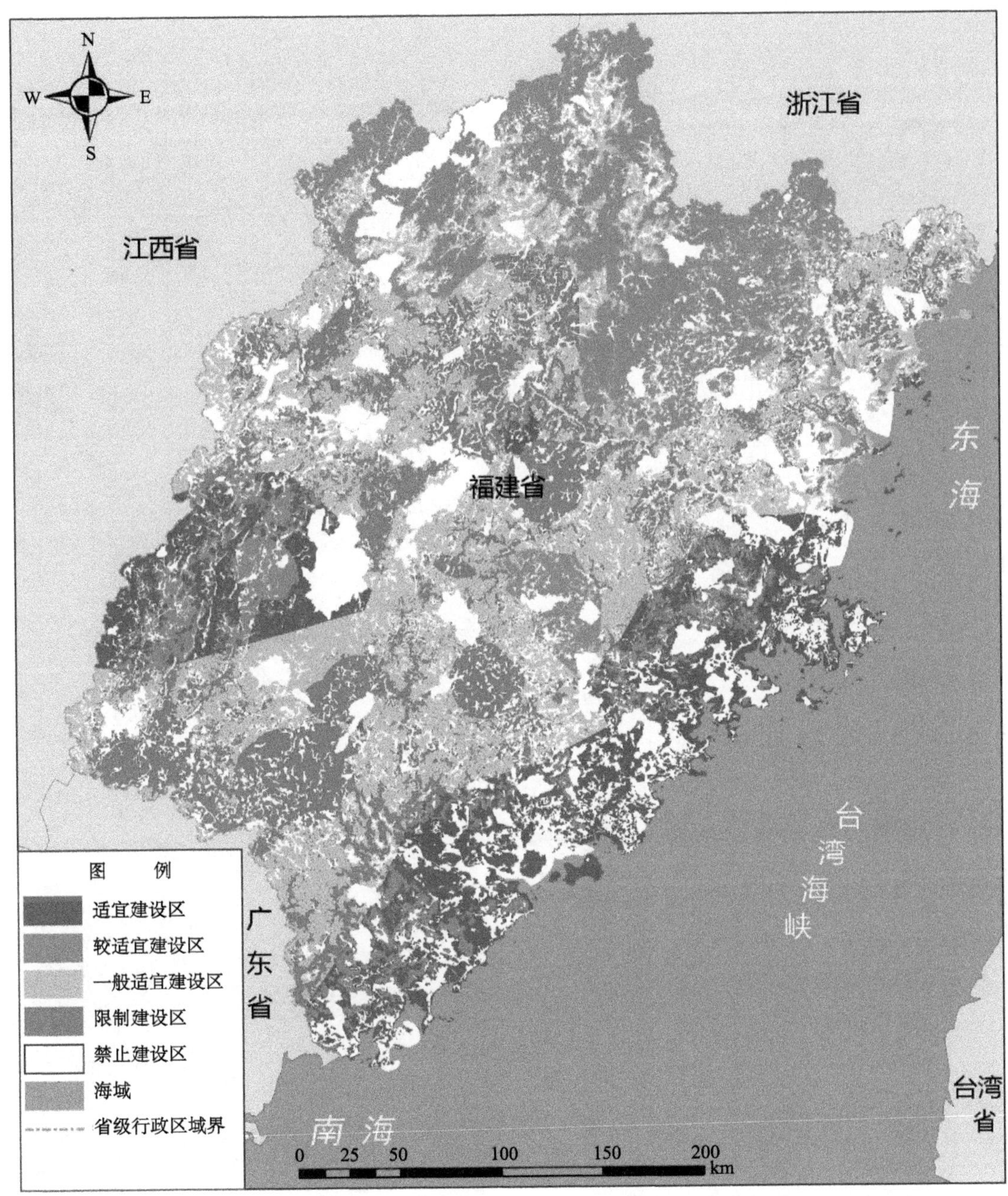

附图 1-13　福建省建设用地空间拓展塌陷灾害风险等级图

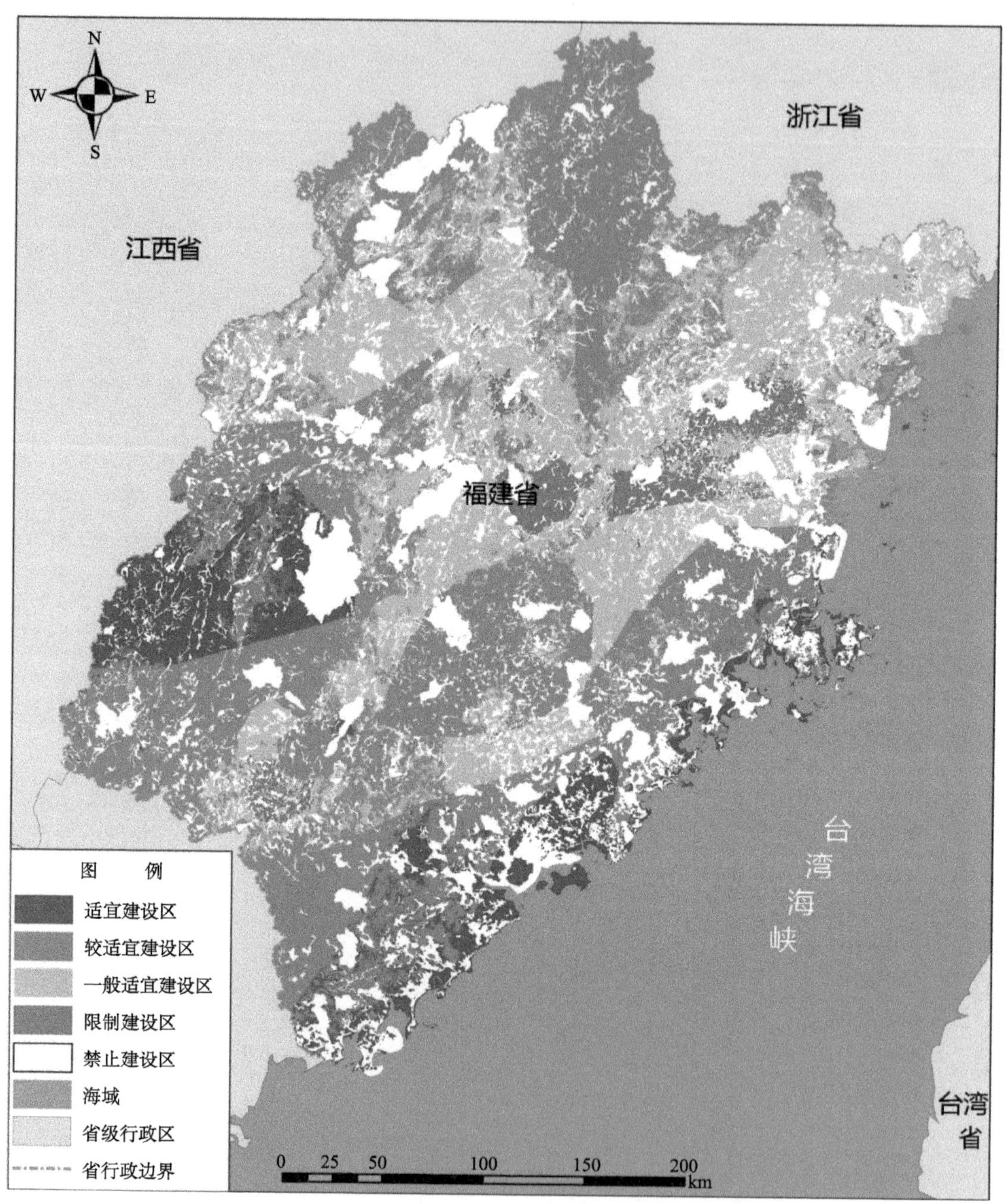

附图 1-14　福建省建设用地空间拓展灾害综合风险等级图

4. 福建省建设用地空间拓展适宜性综合评价等级图

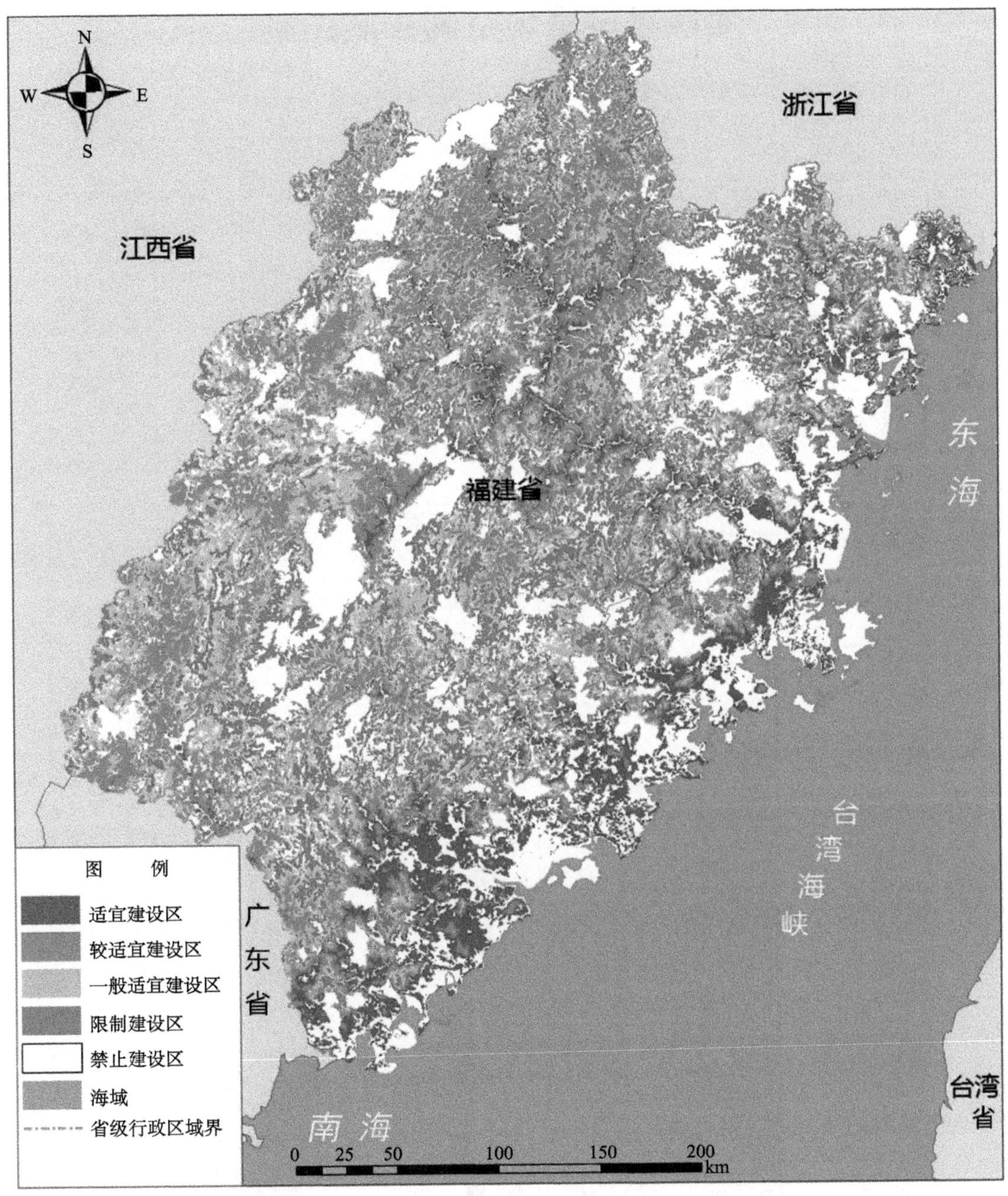

附图 1-15　福建省建设用地空间拓展适宜性综合评价等级图

附录 2　晋江市基于多障碍因子约束的海西建设用地空间拓展图集

1. 晋江市建设用地空间拓展土地资源适宜性等级图

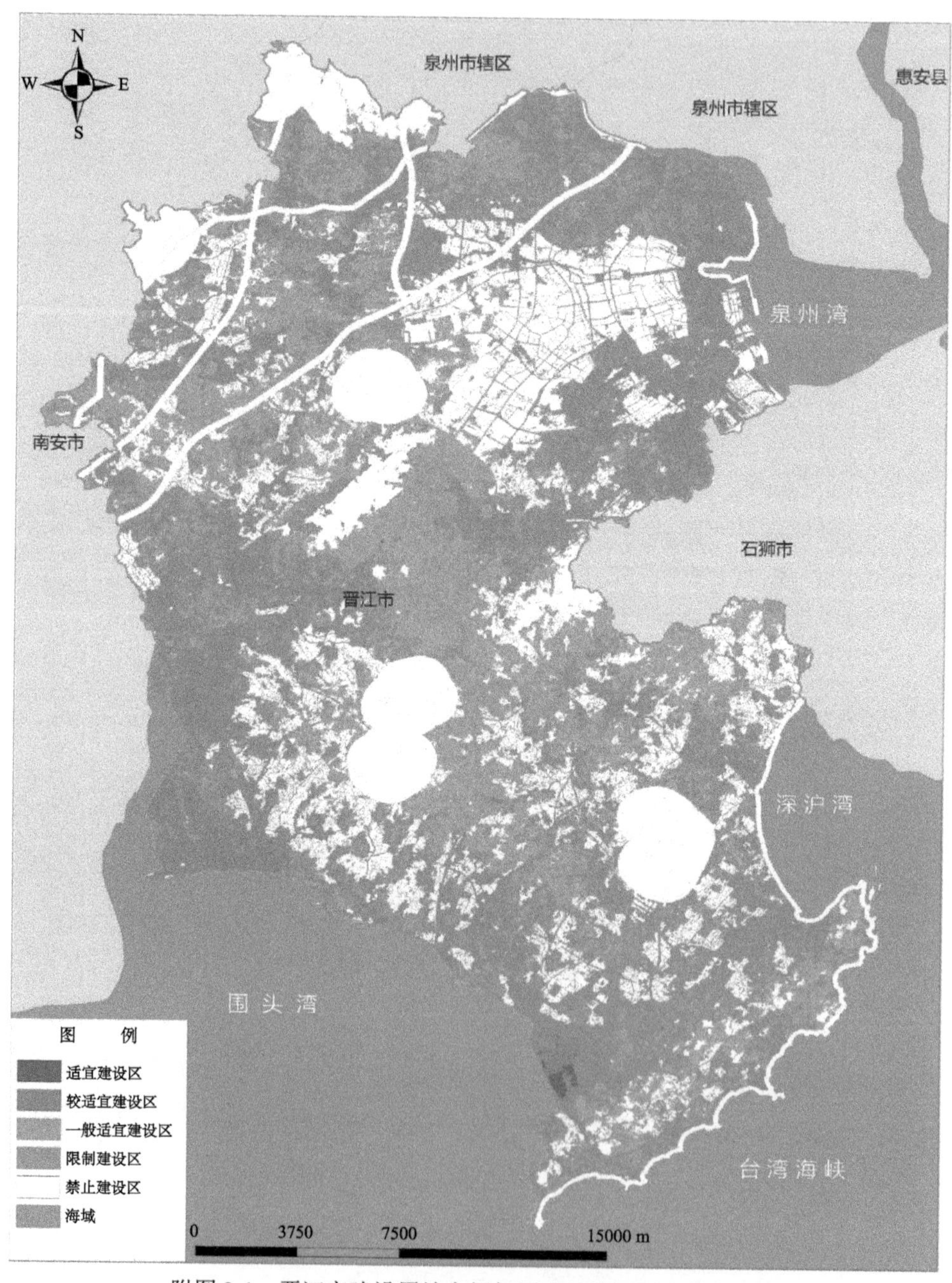

附图 2-1　晋江市建设用地空间拓展土地资源适宜性等级图

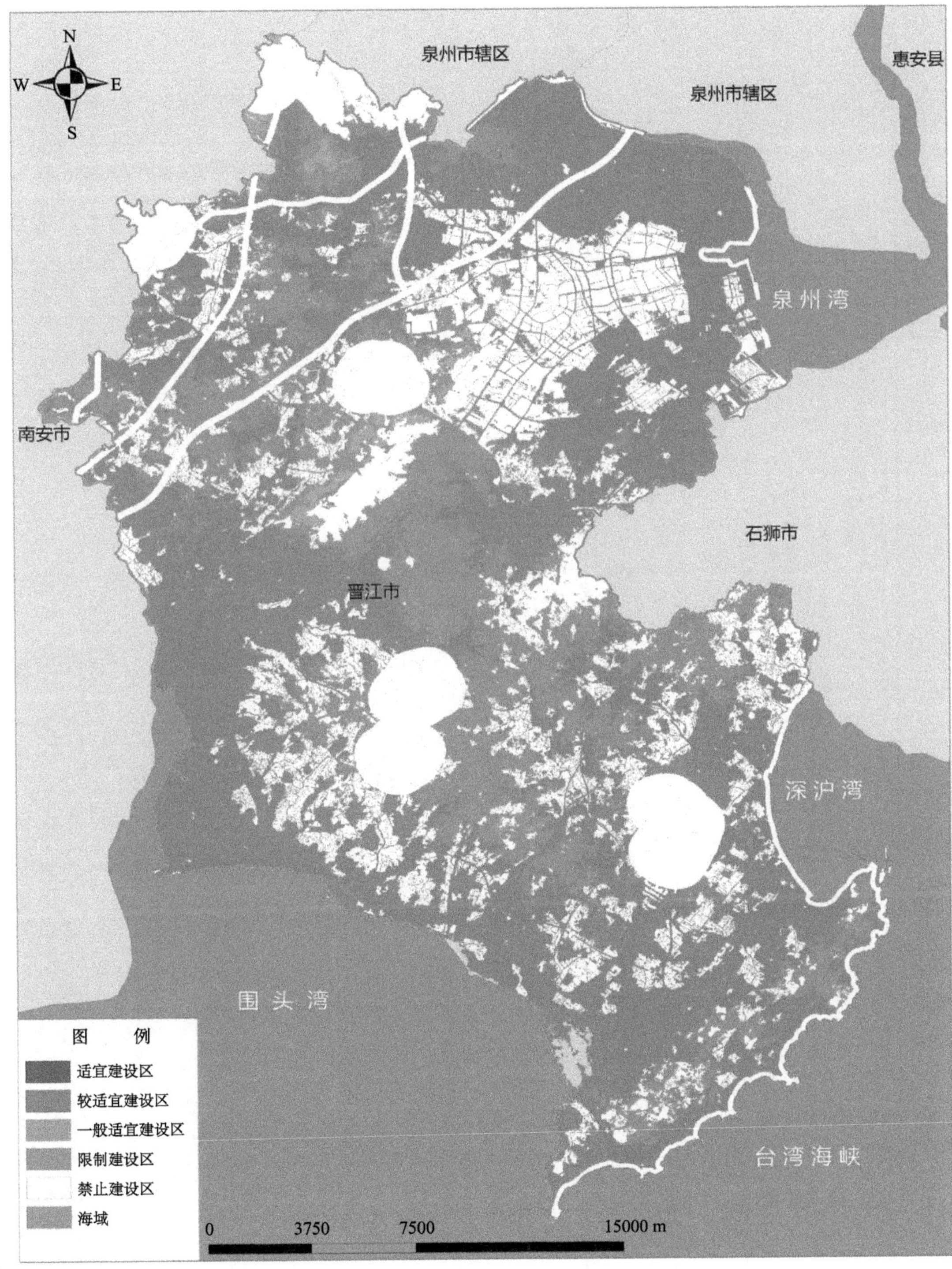

附图 2-2　晋江市建设用地空间拓展数字高程分级图

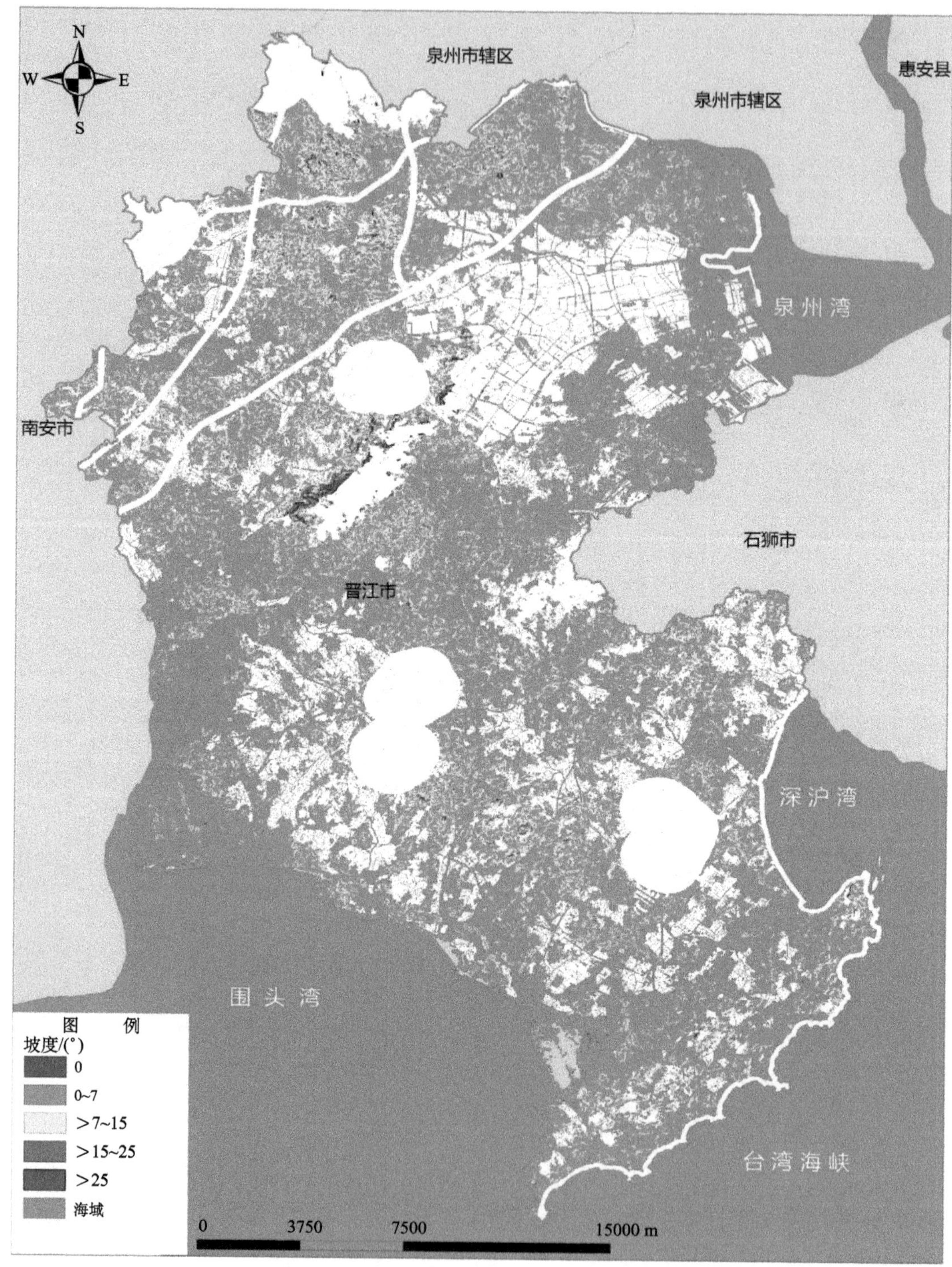

附图 2-3　晋江市建设用地空间拓展坡度分级图

2. 晋江市建设用地空间拓展生态服务功能及生态安全评价相关图件

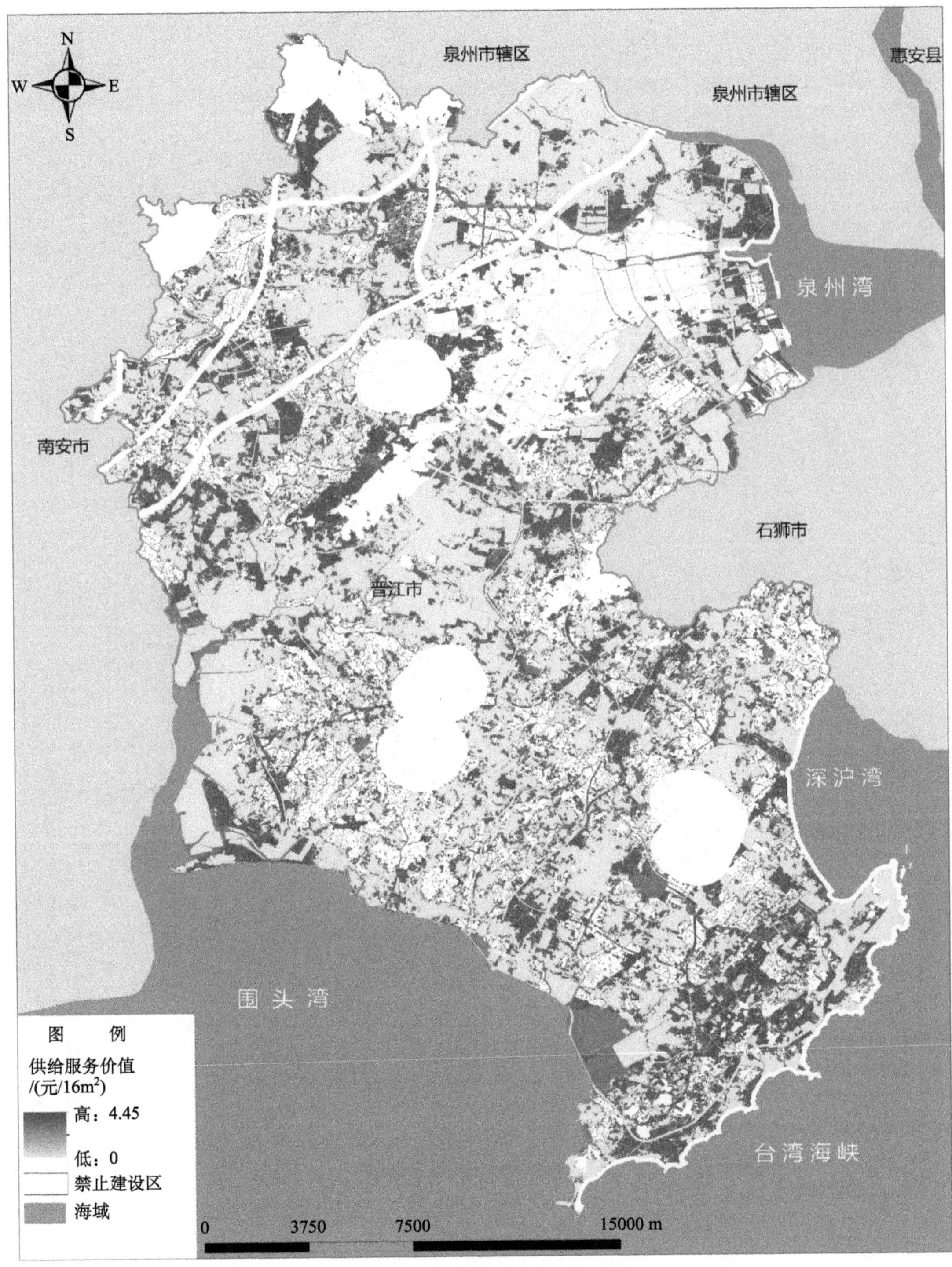

附图 2-4 晋江市建设用地空间拓展供给服务价值图

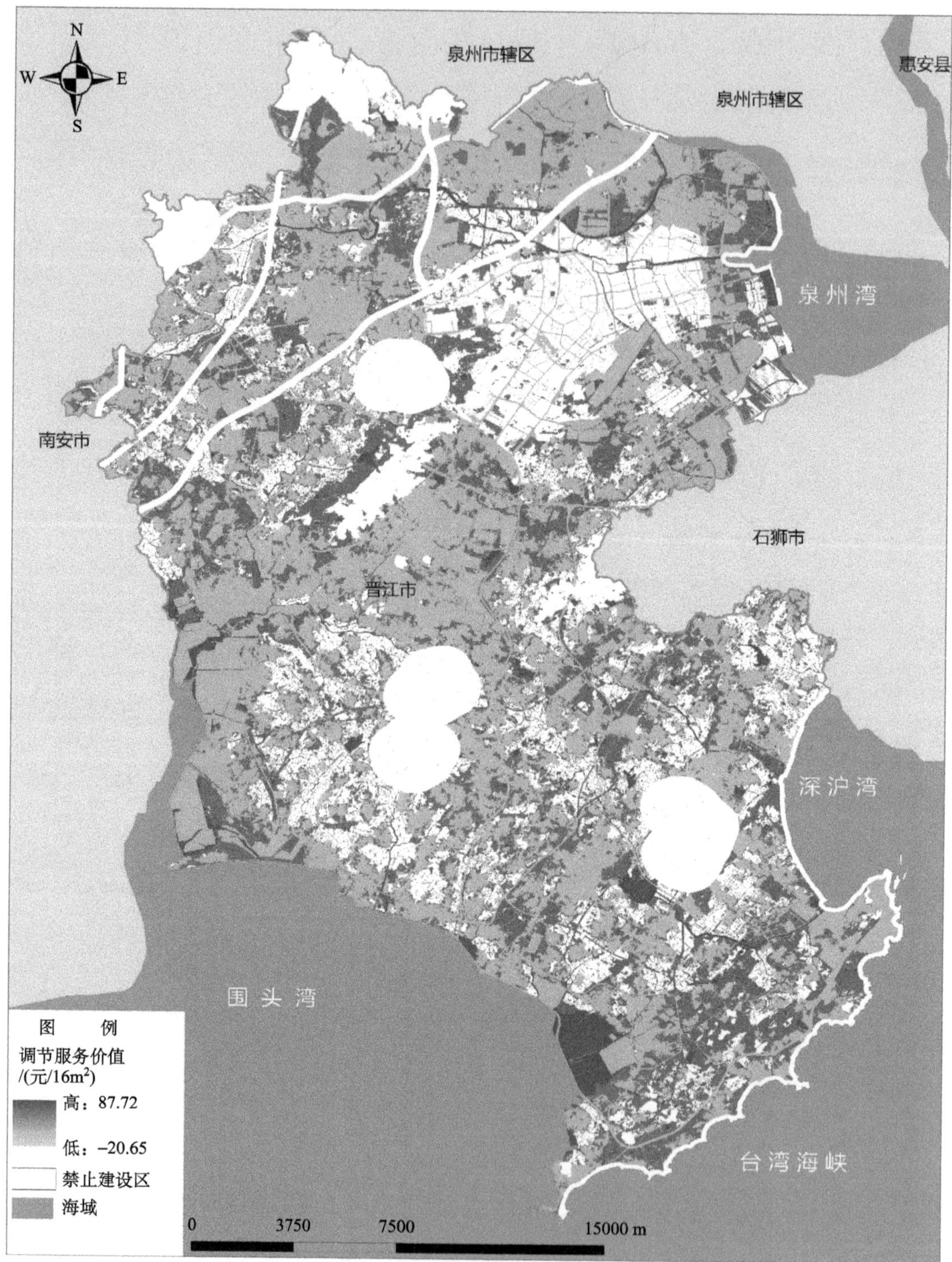

附图 2-5　晋江市建设用地空间拓展调节服务价值图

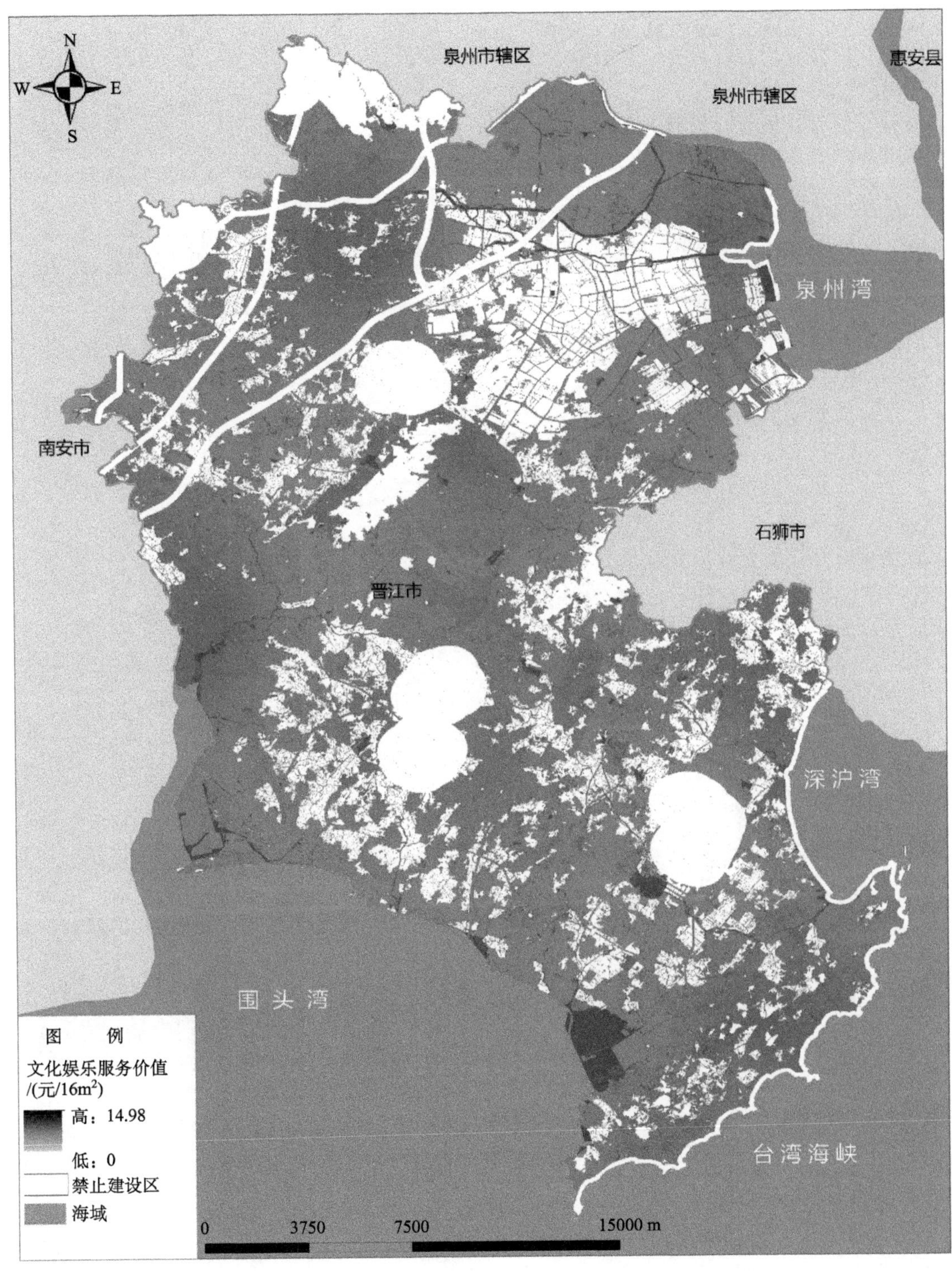

附图 2-6　晋江市建设用地空间拓展文化娱乐服务价值图

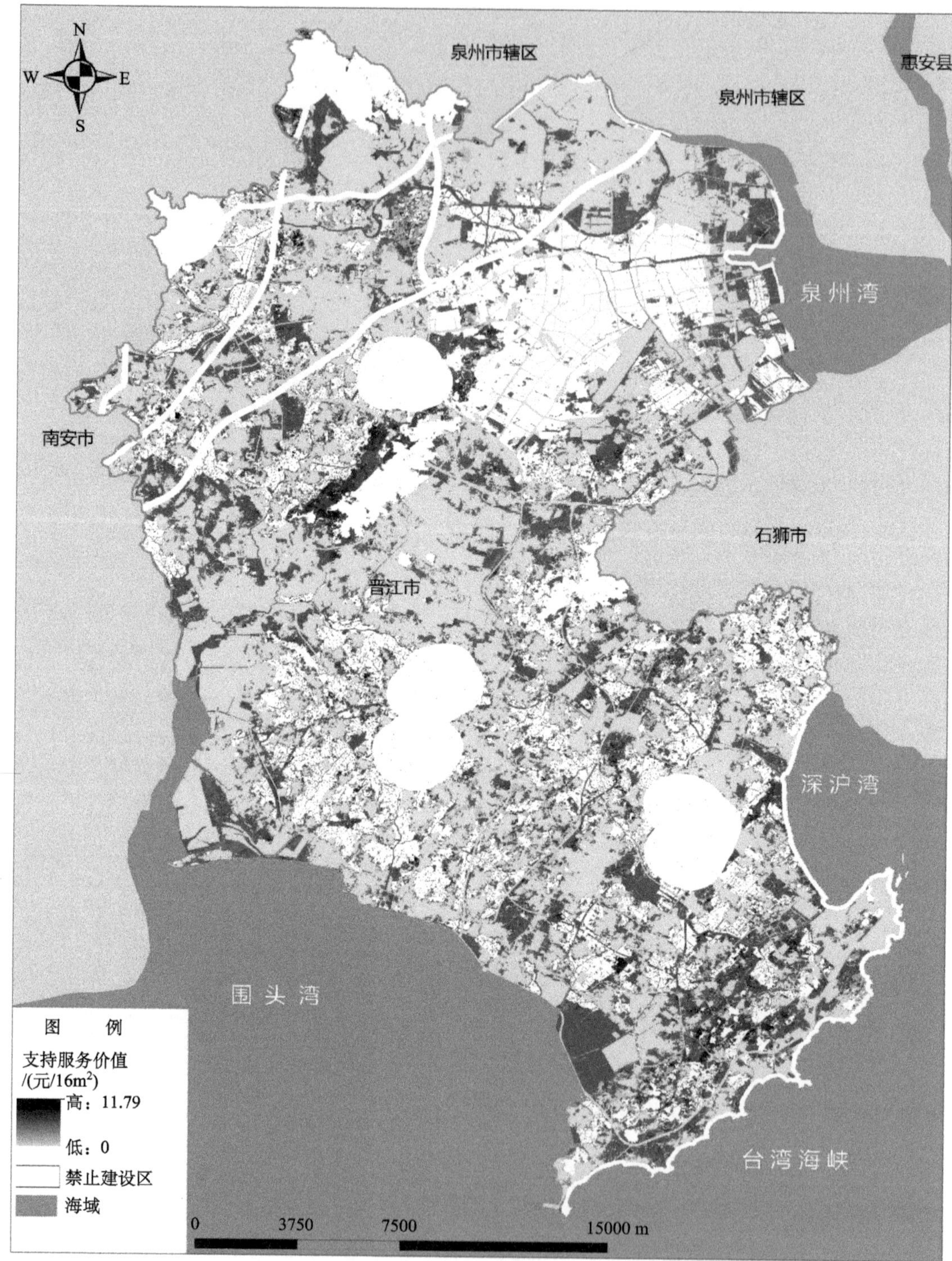

附图 2-7　晋江市建设用地空间拓展支持服务价值图

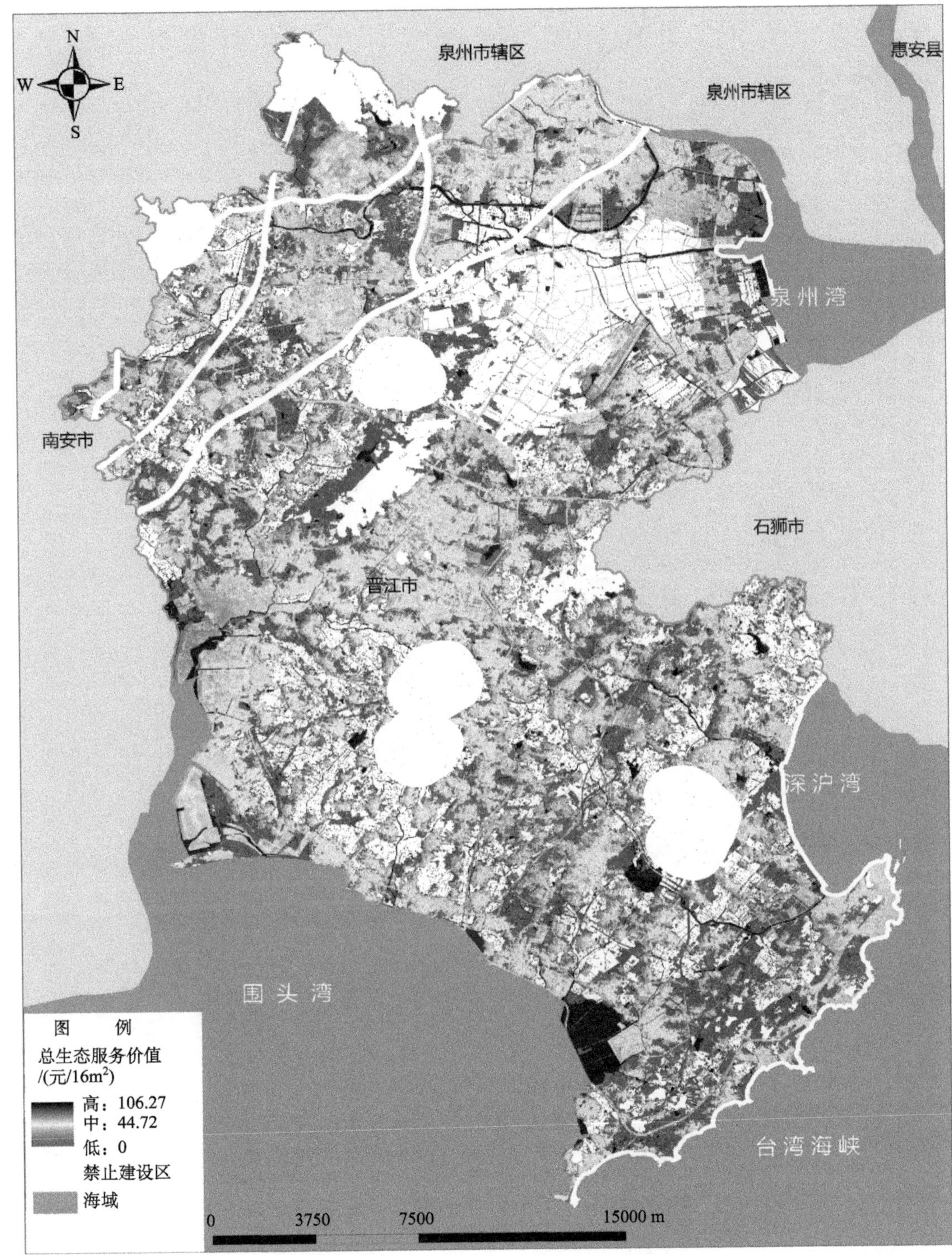

附图 2-8　晋江市建设用地空间拓展总生态服务价值图

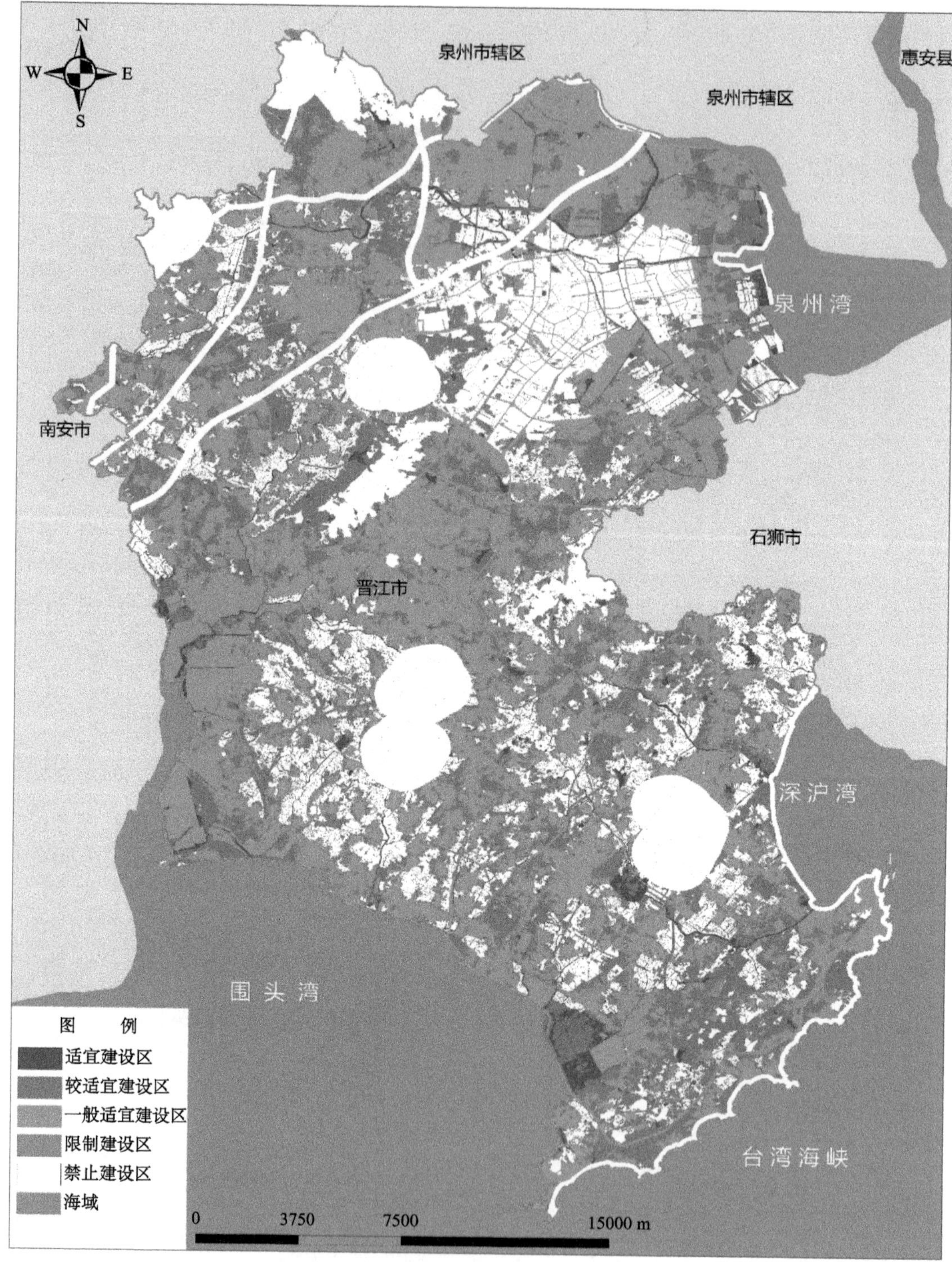

附图 2-9　晋江市建设用地空间拓展生态安全等级图

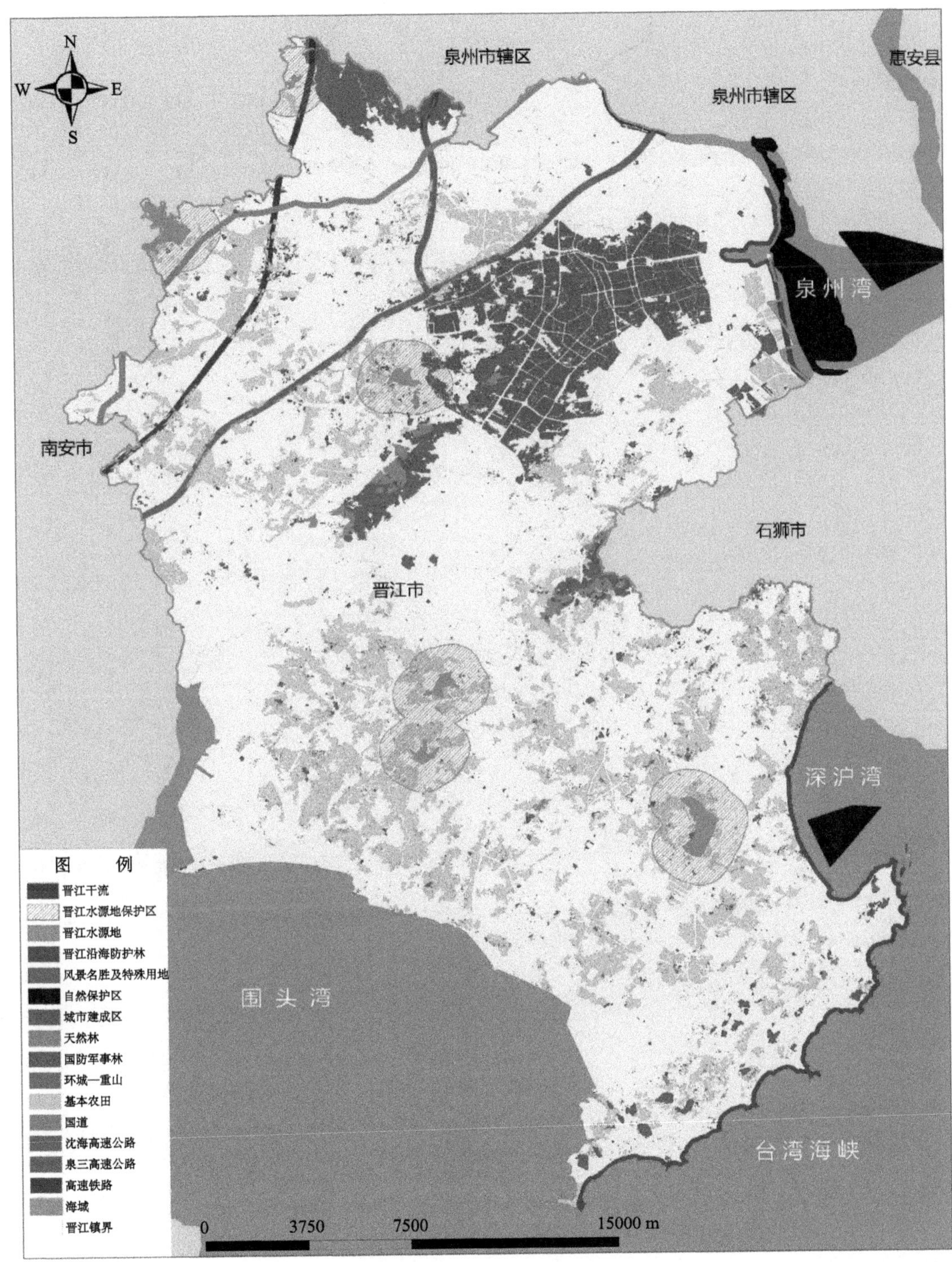

附图 2-10　晋江市建设用地空间拓展重要生态保护区

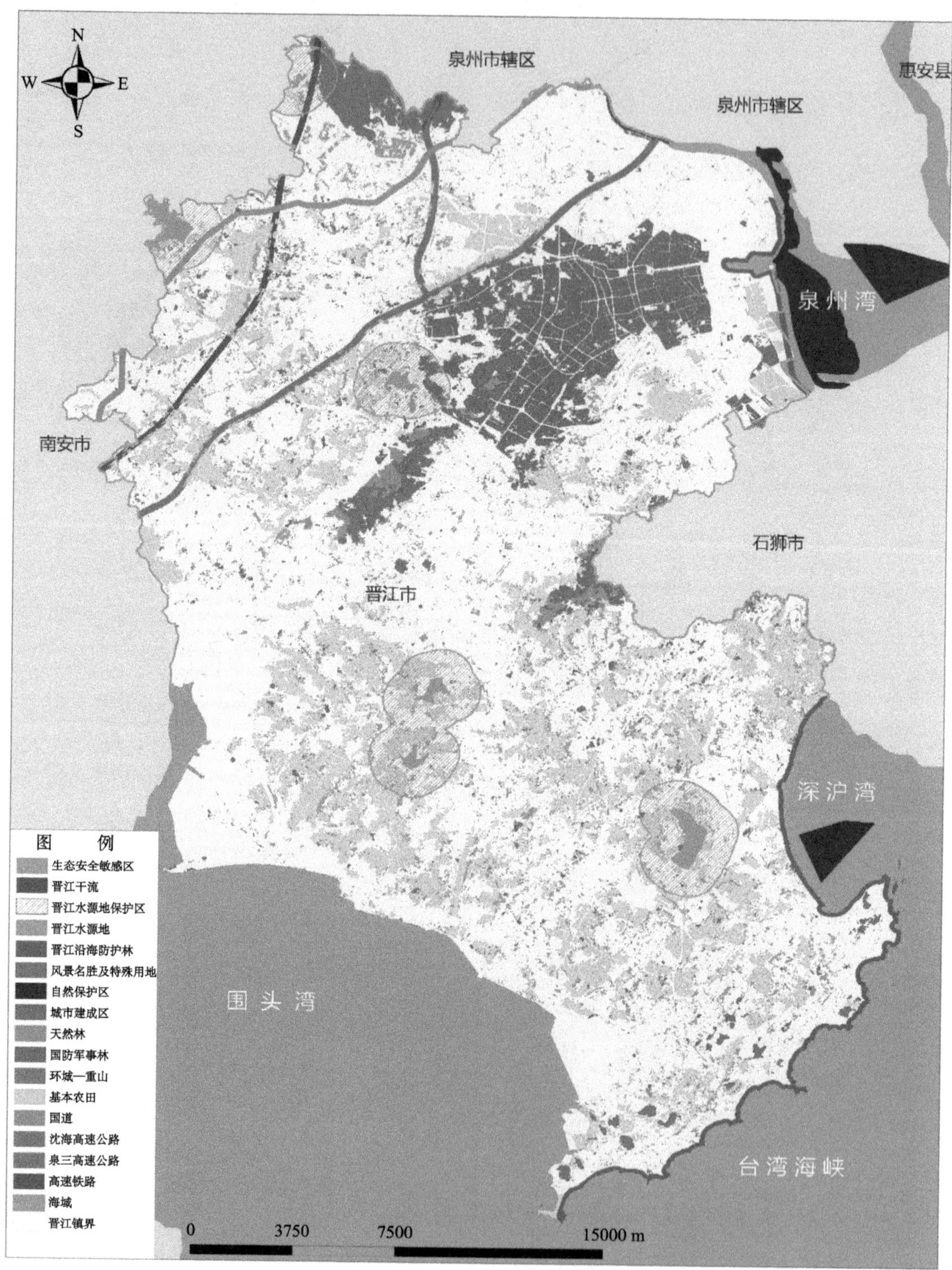

附图 2-11　晋江市建设用地空间拓展生态安全约束区

3. 晋江市建设用地空间拓展地质环境与灾害风险评价相关图件

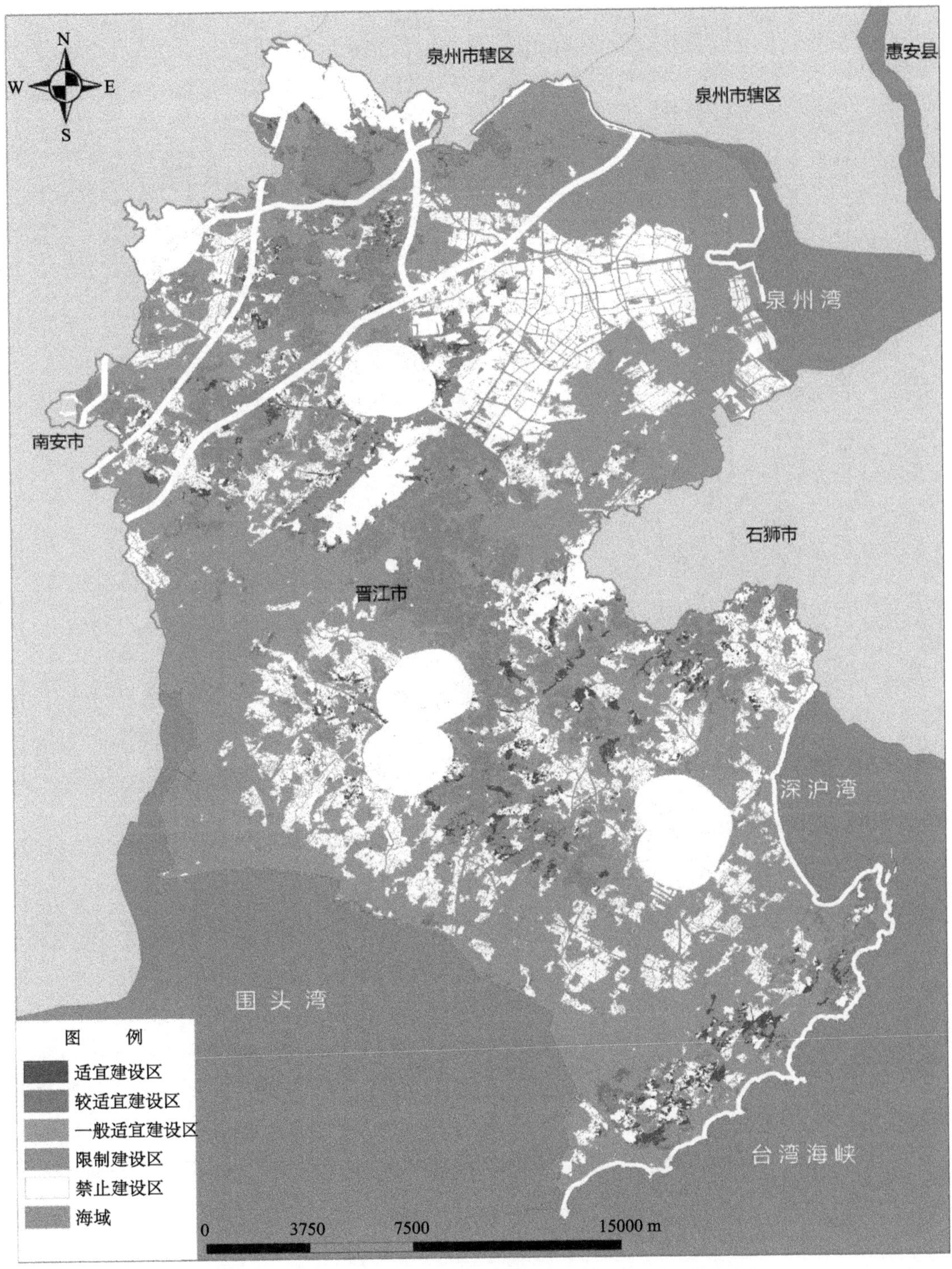

附图 2-12　晋江市建设用地空间拓展地质灾害风险等级图

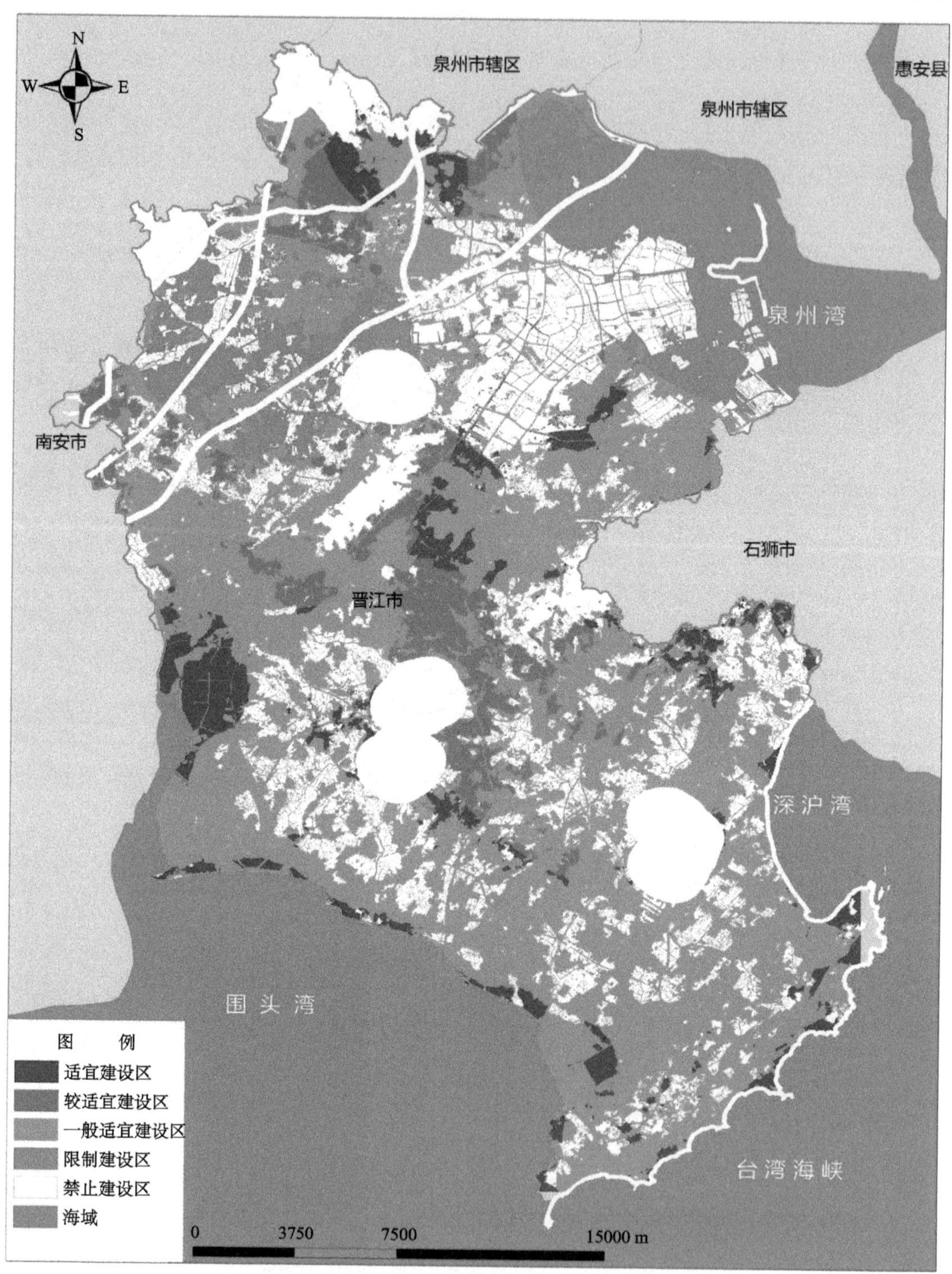

附图 2-13　晋江市建设用地空间拓展洪水灾害风险等级图

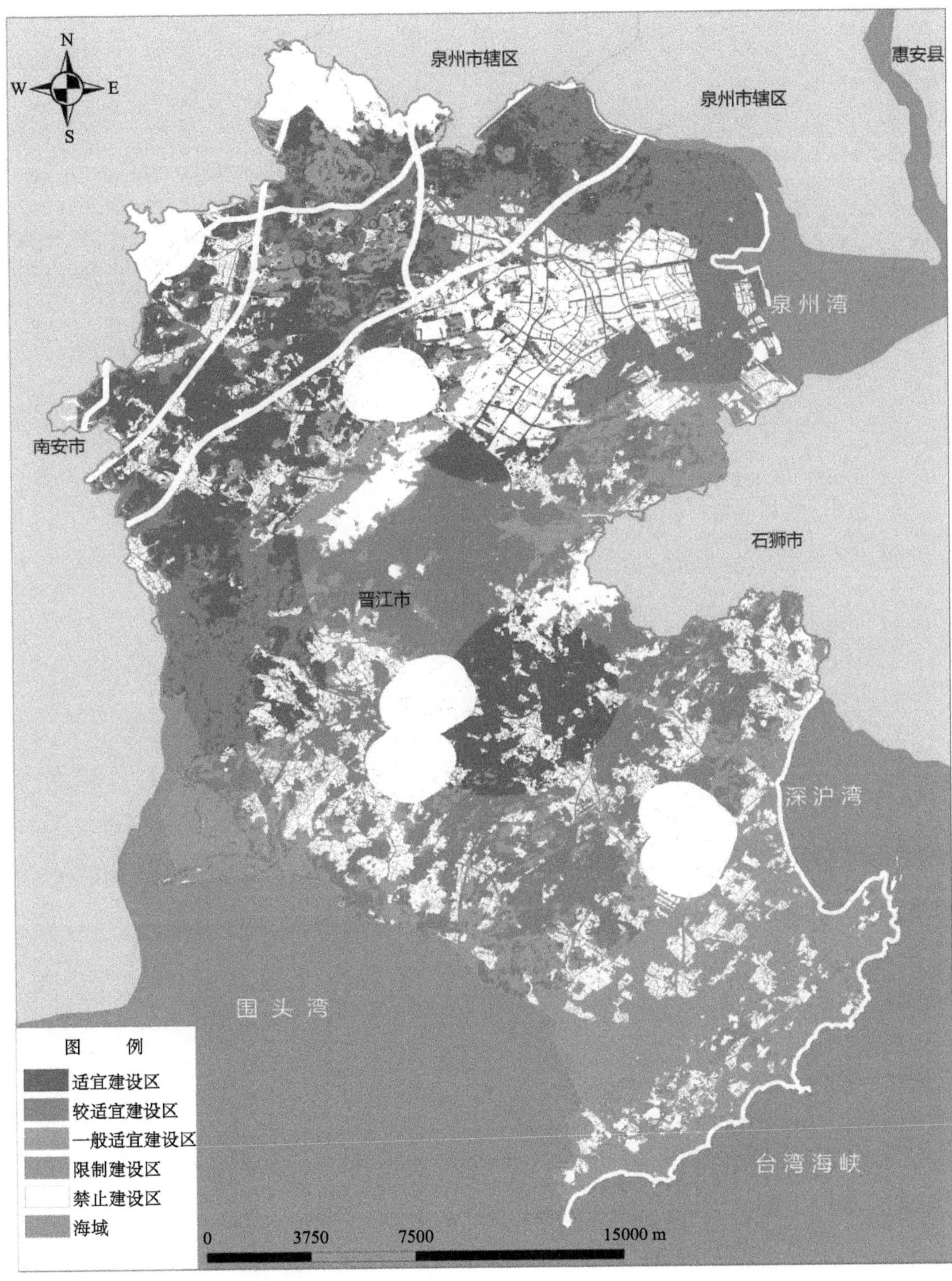

附图 2-14　晋江市建设用地空间拓展台风灾害风险等级图

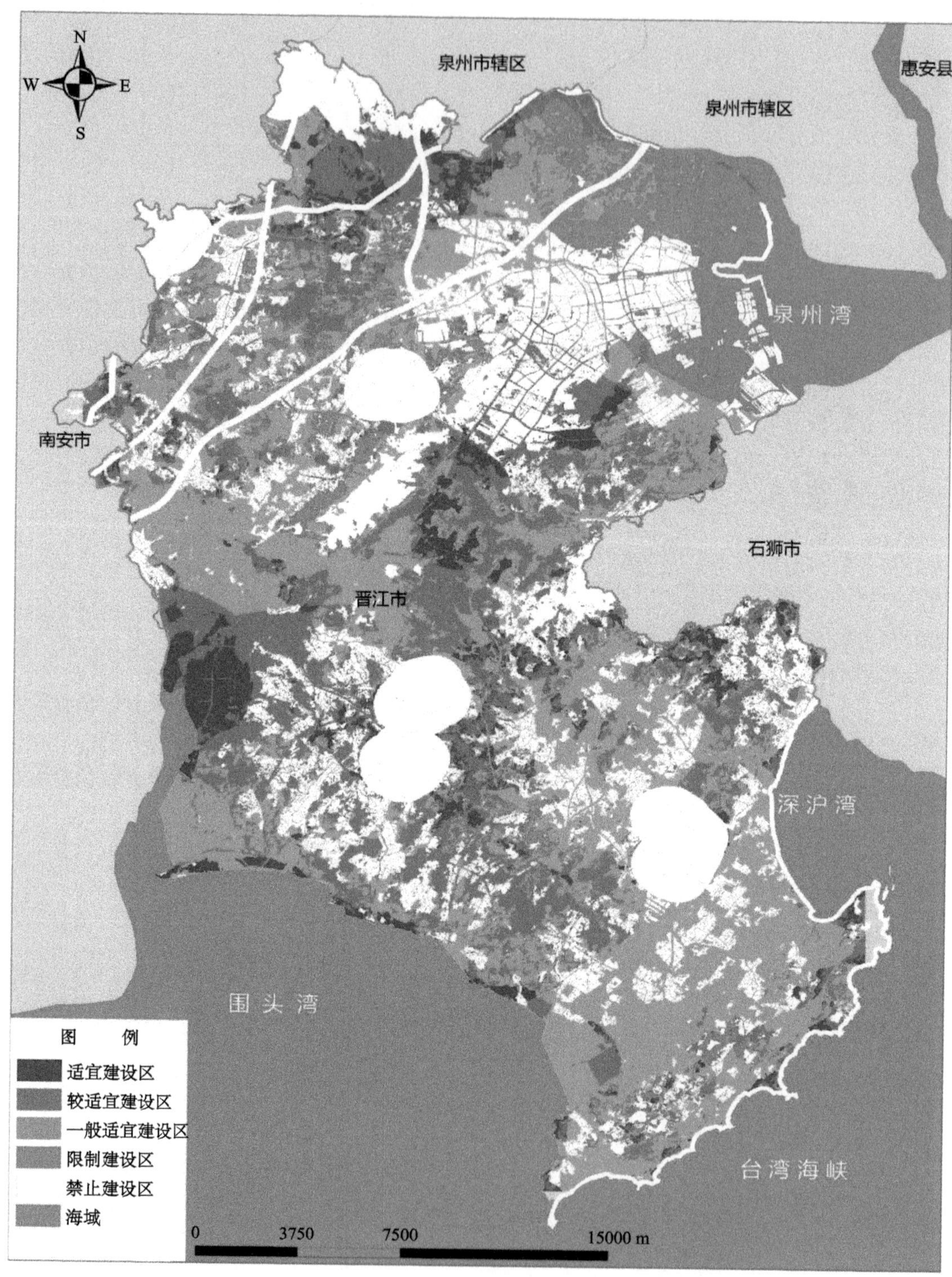

附图 2-15 晋江市建设用地空间拓展灾害危险性等级图

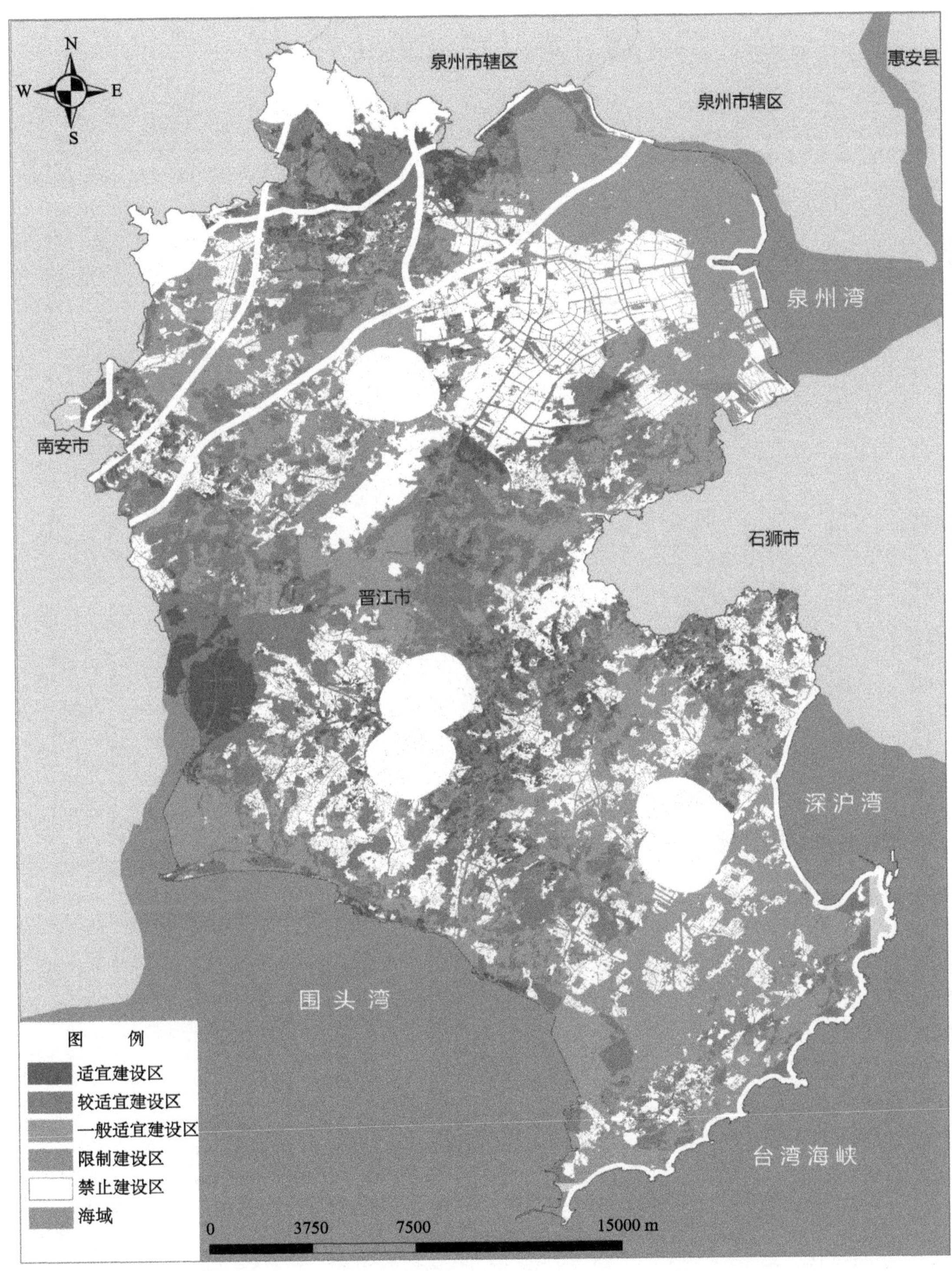

附图 2-16 晋江市建设用地空间拓展灾害风险评价综合等级图

4. 晋江市建设用地空间拓展适宜性综合评价等级图

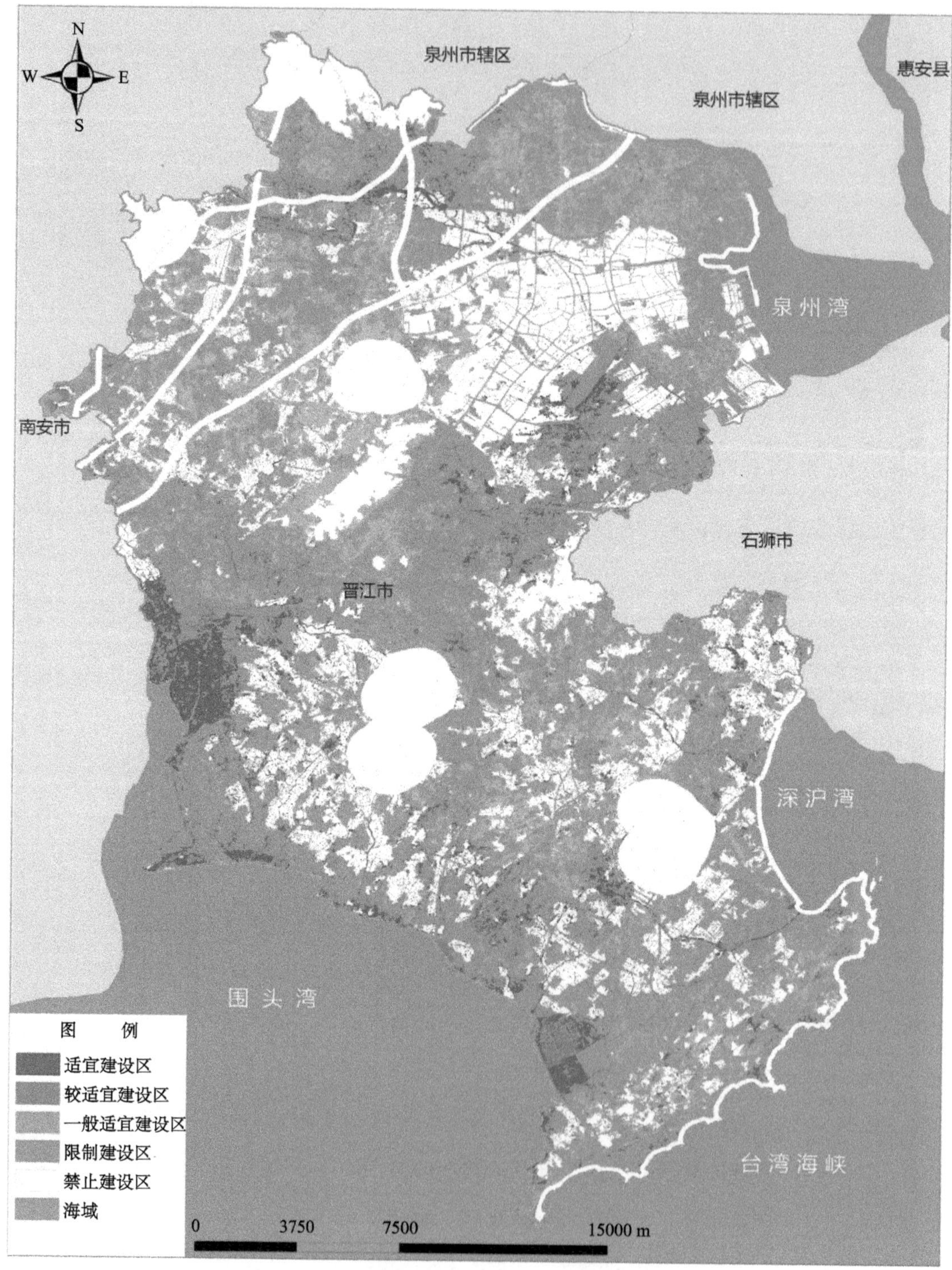

附图 2-17　晋江市建设用地空间拓展适宜性综合评价等级图

附录 3　邵武市基于多障碍因子约束的海西建设用地空间拓展图集

1. 邵武市建设用地空间拓展土地资源适宜性等级图

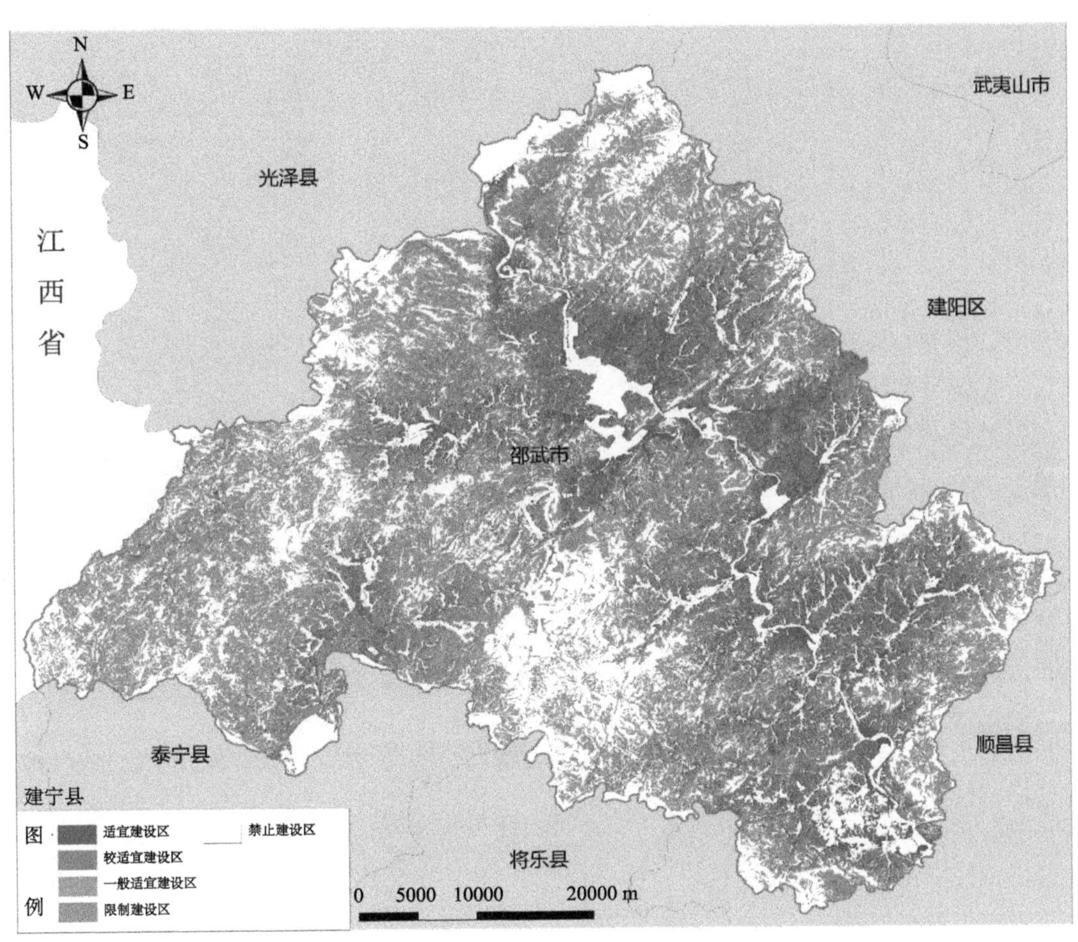

附图 3-1　邵武市建设用地空间拓展土地资源适宜性等级图

2. 邵武市建设用地空间拓展生态服务功能及生态安全评价相关图件

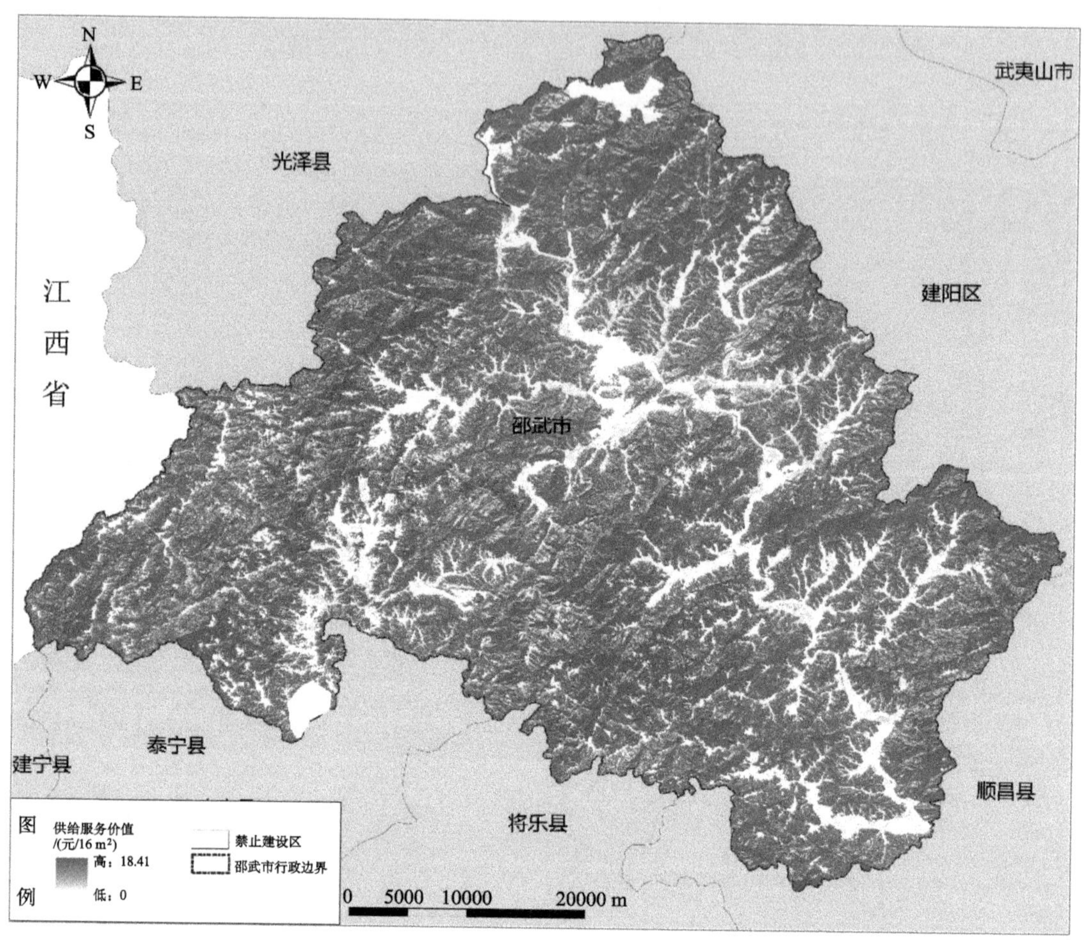

附图 3-2 邵武市建设用地空间拓展供给服务价值图

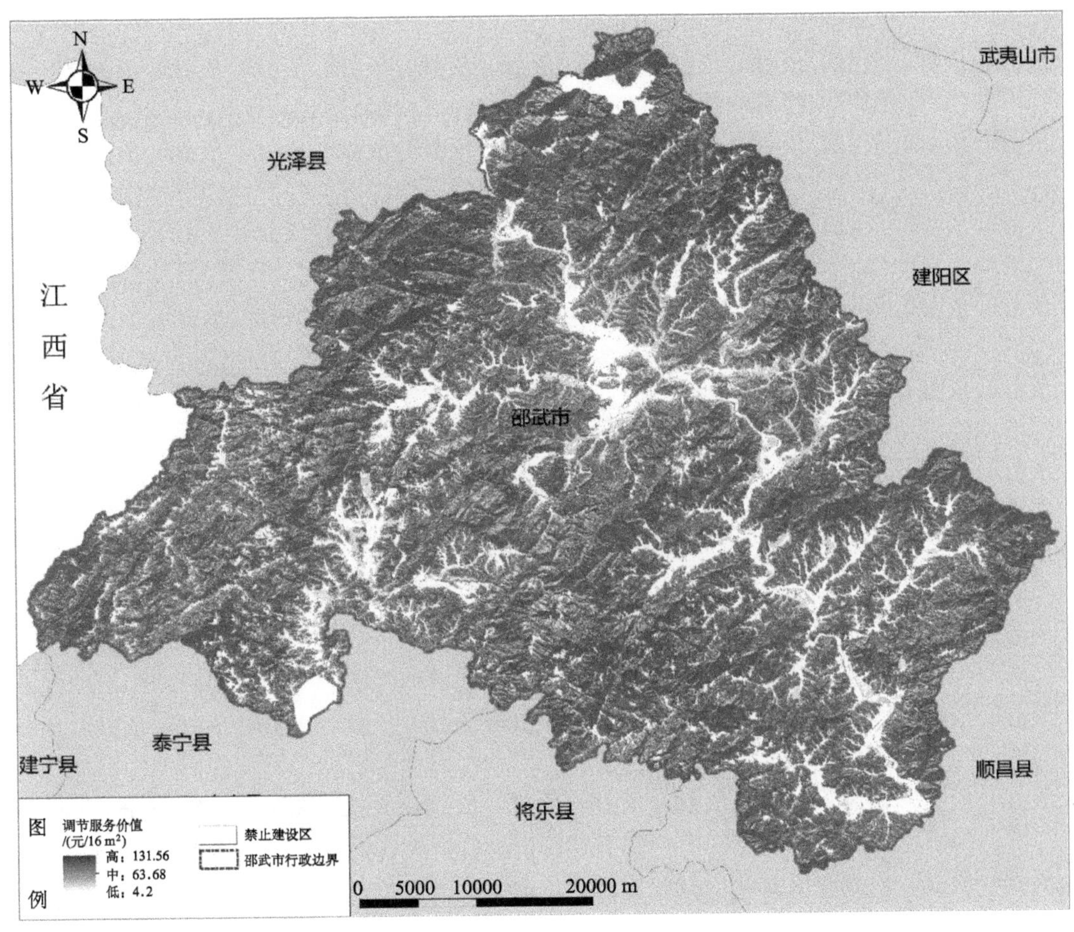

附图3-3　邵武市建设用地空间拓展调节服务价值图

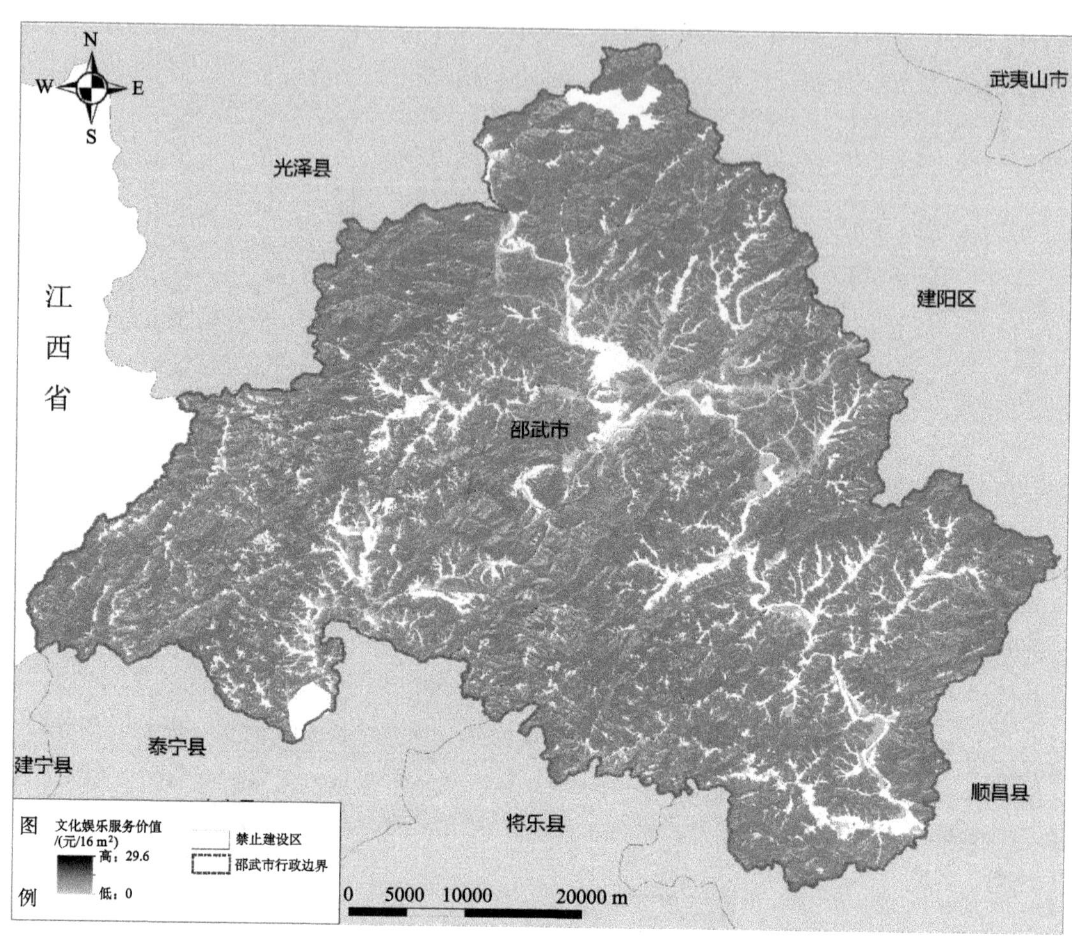

附图 3-4　邵武市建设用地空间拓展文化娱乐服务价值图

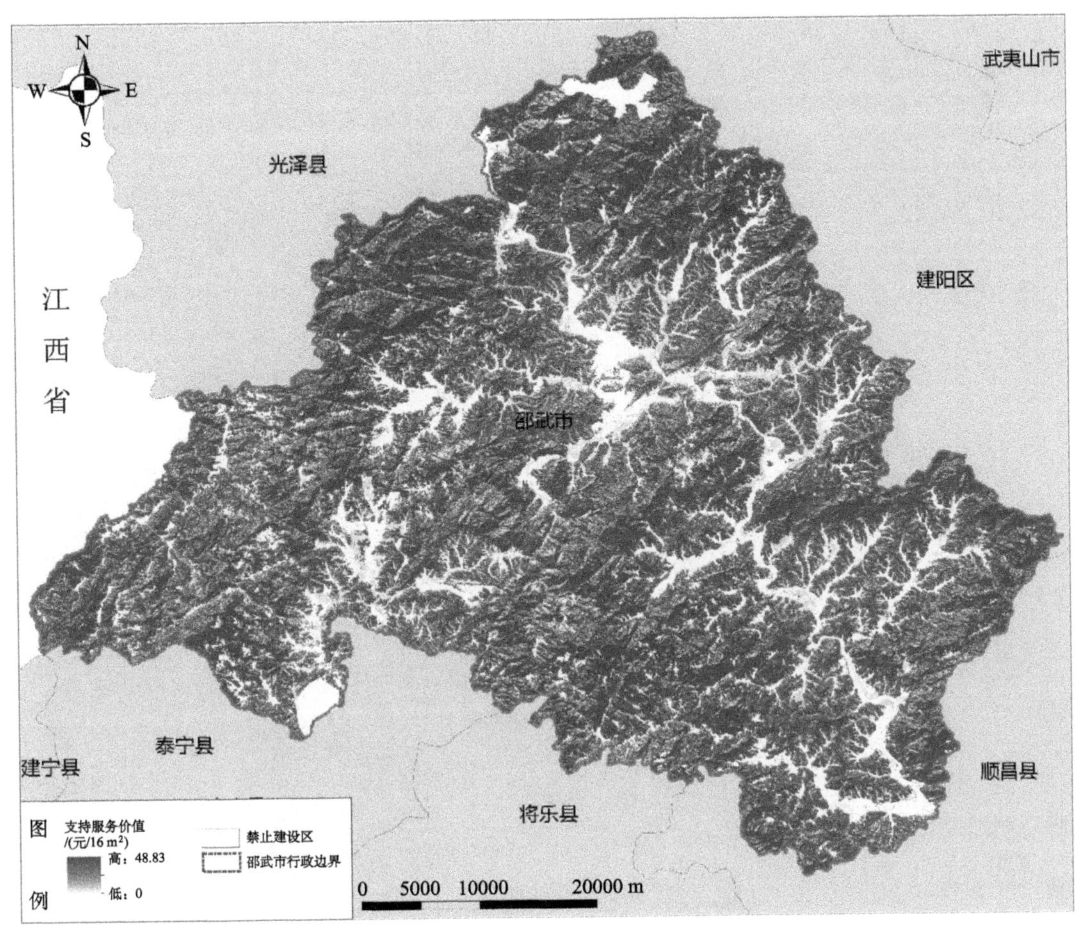

附图 3-5　邵武市建设用地空间拓展支持服务价值图

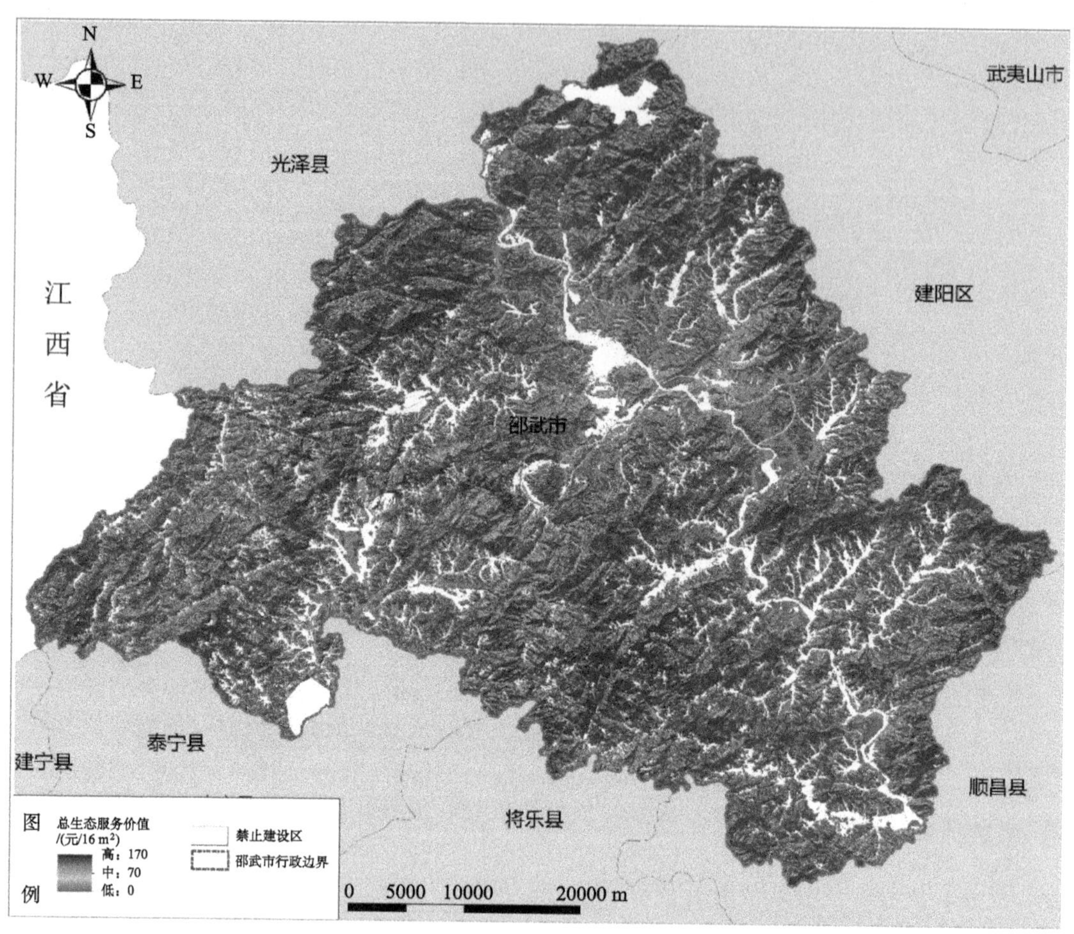

附图 3-6　邵武市建设用地空间拓展总生态服务价值图

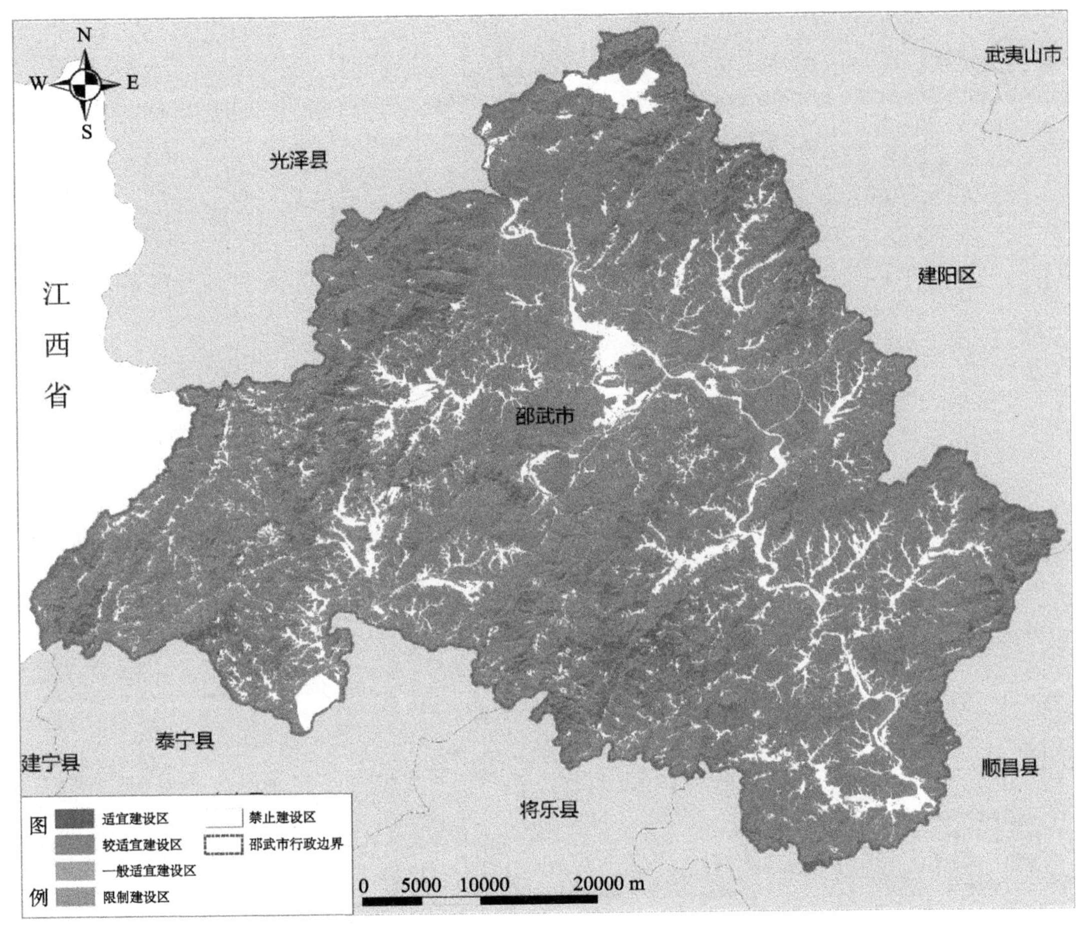

附图 3-7　邵武市建设用地空间拓展生态安全等级图

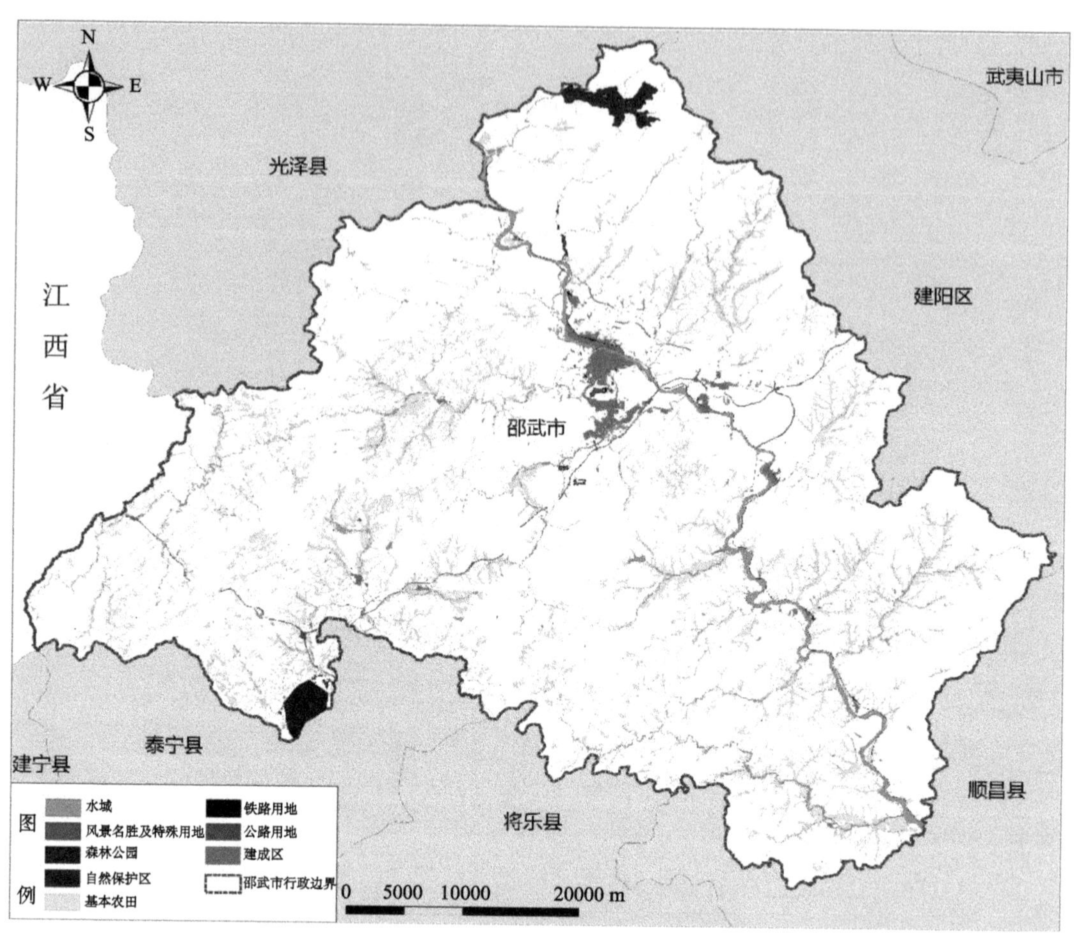

附图 3-8　邵武市建设用地空间拓展重要生态保护区

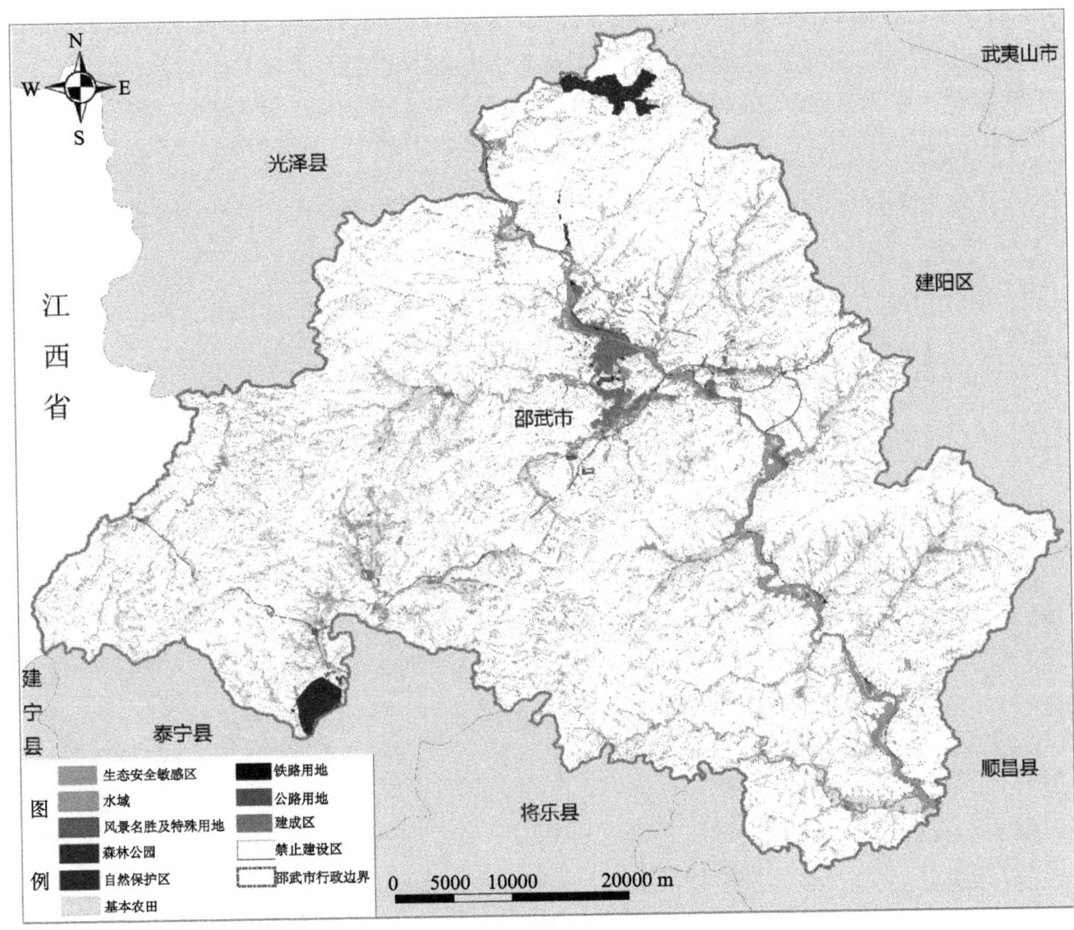

附图 3-9　邵武市建设用地空间拓展生态安全约束区

3. 邵武市建设用地空间拓展地质环境与灾害风险综合等级图

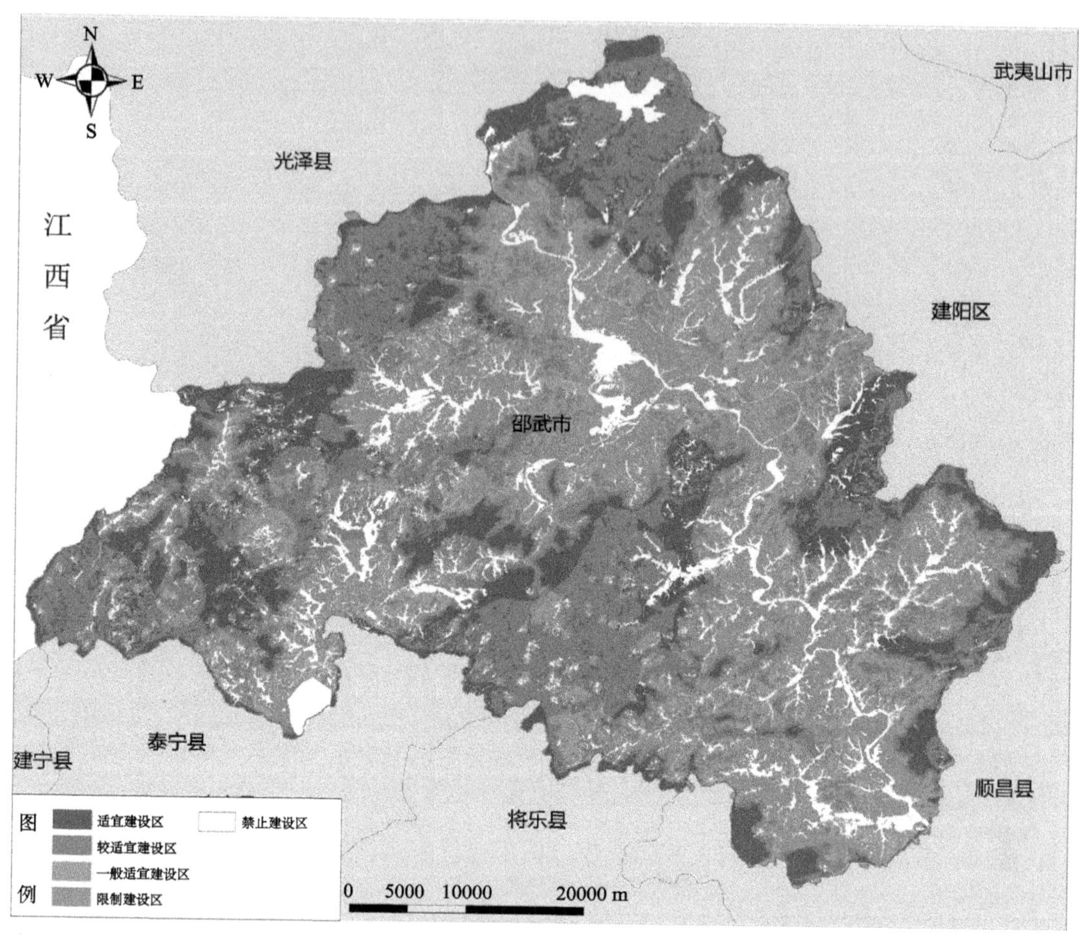

附图 3-10　邵武市建设用地空间拓展地质环境与灾害风险综合等级图

4. 邵武市建设用地空间拓展土地资源适宜性综合评价等级图

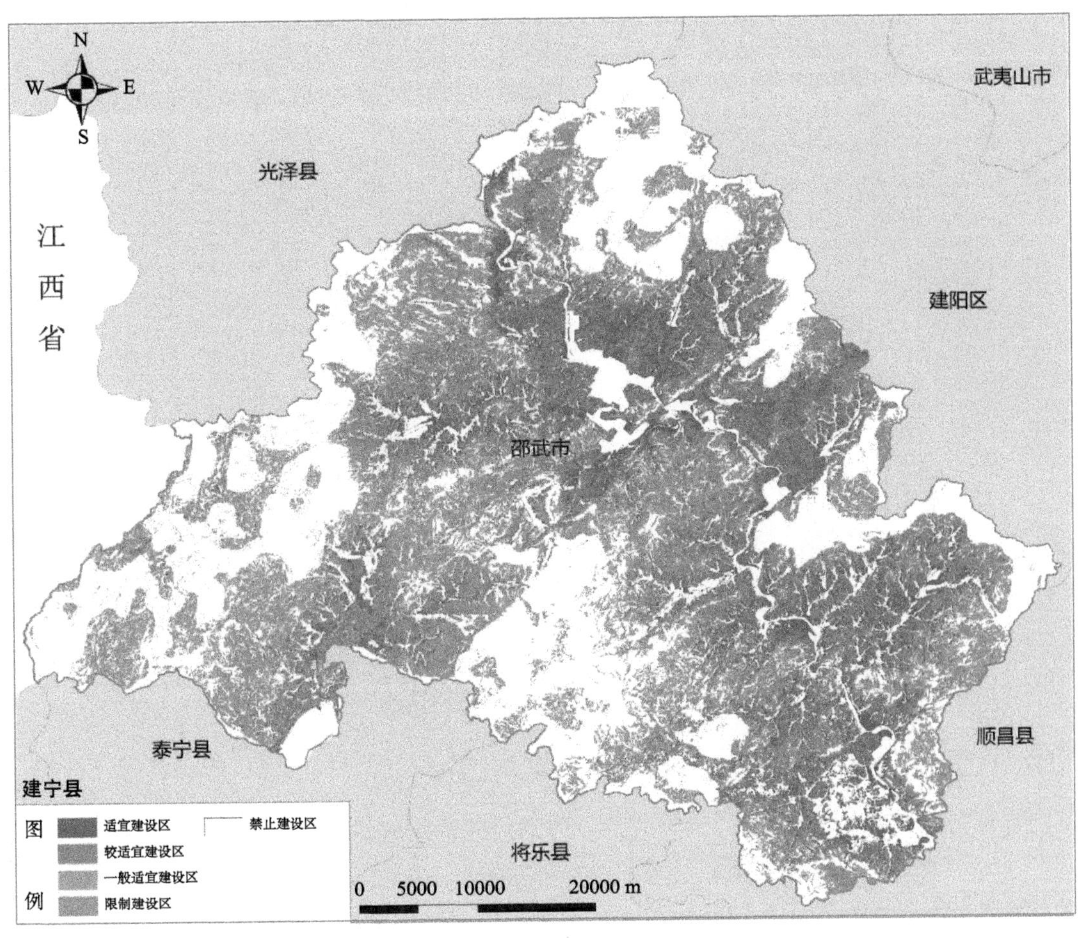

附图 3-11　邵武市建设用地空间拓展土地资源适宜性综合评价等级图